당신은 어디로 가고 있는가?

당신은 어디로 가고 있는가?

영적 여정의 길잡이

스와미 묵타난다 지음 | 김병채 옮김

 슈리 크리슈나다스 아쉬람

편집: 스와미 두르가난다
디자인: 세럴 크로포드
표지 삽화: 셰인 콘로이
한국어 번역: 김병채

원어: 힌디어

영어판: Where Are You Going? : A Guide to the Spiritual Journey
Copyright ⓒ 1981, 1989, 1994 SYDA Foundation
이 책의 영어판 저작권은 시다 파운데이션에 있습니다.

한국어판: 당신은 어디로 가고 있는가? : 영적 여정의 길잡이
Copyright ⓒ 2006 SYDA Foundation.
이 책의 한국어판 저작권은 시다 파운데이션에 있습니다.

이 책의 어떤 부분도 SYDA Foundation, Permissions Department, 371 Brickman Road, P.O. Box 600, South Fallsburg, New York, 12779-0600, U.S.A.에 서면으로 허락을 득하지 않고는 복사, 녹음, 저장, 검색을 포함한 어떤 전자나 기계적 방법으로 재생하거나 전송하는 것을 금합니다.

(스와미) 묵타난다, (스와미) 치드빌라사난다, 구루마이, 시다 요가, 시다 명상과 시다 재단은 SYDA Foundation의 등록상표입니다.

차례

머리말
6

당신은 어디로 가고 있는가?
17

참나
47

마음
73

내면의 힘
97

만트라
129

명상
159

구루
195

참나의 종교
233

주석
256

용어 풀이
265

찾아보기
289

스와미 묵타난다
그리고 시다 요가 스승들의 계보
303

더 읽을거리
310

머리말

스와미 묵타난다는 아쉬람의 뜰을 거닐다가 제자나 방문객을 만나면 종종 다음과 같은 질문으로 그들을 맞이하곤 하였다. "당신은 어디로 가고 있는가?" 이 단순한 질문이 때로는 깊은 묵상을 촉발시키기도 하였다. 당신은 스스로 묻곤 했을 것이다. "나는 어디로 가고 있는가?", "나는 내 삶을 진정 어떻게 보내고 있는가?"

바바(Baba)가 이 책의 제목을 "당신은 어디로 가고 있는가?"라고 정한 것은 적절해 보인다. 깨달은 존재가 당신의 삶 속으로 들어올 때, 그가 불러일으키는 것은 바로 이 질문이다. 그러한 마스터의 존재 자체는 생각하고 행동하는 우리의 세속적인 습관들에 하나의 도전이며, 우리가 삶에서 어디로 가고 있는지를 바라보고 우리의 길과 목표를 살펴보게 하는 묵시적인 요구이다. 우리가 그러한 도전을 받아들일 때, 스승과의 만남은 우리의 삶을 변형시킬 수 있다.

스와미 묵타난다는 풍부한 변형의 힘을 소유하고 있었다. 그래서 심지어 세상을 떠난 뒤에도 그는 자신을 알고 있던 사람들뿐 아니라 그의 생전에 그를 만나 본 적이 없는 수많은 사람들에게까지 계속 영향을 미치고 있다. 스와미 묵타난다는 시다 구루였다. 산스크리트로 시다(siddha)는 '완성된 자 또는 완전해진 자'를 의미한다. 스와미 묵타난다의 전통에 따르면, 그것은 인간이 이룰 수 있는 가장 높은 성취라고 모든 전통의 신비가들이 선언하는 상태, 즉 절대자와 완전히 하나인 상태에 도달한 사람에게만 붙여지는 이름이다. 시다는 내면세계의 주인이며, 영적인 길이라고 불리는 그 미묘하고 무한히 복잡한 영역의 정복자이다. 어떠한 한계도 없는 시다들은 자유와 행복에 대한 우리의 무한한 가능성을 말뿐 아니라 모범으로 증명해 보인다. 다시 말해, 그들은 우리 자신의 타고난 완전함을 우리에게 보여 주는 것이다.

그러나 시다 마스터가 더없이 진귀하고 소중한 까닭은 그가 우리 내면의 영적 에너지를 일깨워 완전함을 경험하게 해 주는 힘을 갖고 있기 때문이다. 다시 말해, 시다 구루는 단지 하나의 교사나 안내자가 아니다. 그는 인간에게 가능한 가장 심오한 성장 과정의 영적 시금석이요, 촉매제요, 자극제이며, 자양분을 제공하는 존재이다.

　내가 1974년에 스와미 묵타난다를 만났을 때, 그는 2년간 미국에 체류하기 위해서 막 도착한 참이었다. 그 시기는 많은 영적 마스터들이 미국에서 가르치고 있던 때였지만, '스와미 묵타난다'라는 이름은 항상 어떤 경외심과 함께 이야기되고 있었다. 사람들은 그가 고대의 전설적인 구루들과 같은 영적 마스터이며 실제로 신을 경험하게 해 줄 수 있는 존재라고 얘기했다. 그런 이야기를 들을수록 그를 만나고 싶은 마음이 더욱 커졌다. 그러던 어느 날 캘리포니아의 파사데나에서 한 방으로 걸어 들어갔을 때 그를 처음으로 보았다. 그는 밝은 오렌지색 명주옷을 걸치고 짙은 안경을 끼고 붉은색 스키 모자를 쓴 채 의자에 앉아 있었고, 쉰 명쯤 되는 사람들이 그를 둘러싸고 앉아 있었다. 그의 온몸은 에너지로 가득 차 있는 것처럼 보였다. 그의 얼굴은 유별나게 표정이 풍부하였다. 때로는 단호했고, 때로는 미소로 답하지 않을 수 없을 만큼 열정적인 미소를 지었다. 그러나 나를 사로잡은 것은 그의 외모가 아니었다. 그를 바라보면서 나는 어떤 발전소나 거대한 영적 불꽃 앞에 있는 것 같다는 느낌을 받았다. 그는 방 안에 흩어져 있는 모든 에너지를 받아들이고 있는 것처럼 보였다. 사랑과 미움, 두려움, 질문과 의심들, 감정적 혼란과 혼돈을 모두 받아들여 그의 상태의 불길 속에서 변형시키는 것 같았다. 그리고 마침내 해방된 사랑이라고밖에 묘사할 수 없는 감정만이 남았다. 그와 함께 그 방에 있으면서,

나는 가슴속이 꽉 차는 듯한 느낌을 받았는데, 그것은 마치 가슴속이 녹는 것처럼 점차 부드러워졌다. 신비한 기쁨의 흐름, 순수한 감미로움의 느낌이 온몸에 퍼지기 시작하였다. 나는 생각했다. '아, 사람들이 말하는 희열이 바로 이런 것이구나!'

몇 주일 후, 나는 바바(Baba, 사람들이 그를 부르는 애정 어린 호칭이다)와 함께 하는 명상 모임에 참가하였고, 그곳에서 나를 영원히 변화시킨 경험을 하게 되었다. 그가 참여한 자리에서 거의 3백 명쯤 되는 사람들과 함께 명상을 하며 앉아 있을 때, 나의 자각이 부풀어 오르기 시작하였다. 그것은 내 몸의 내부 영역에 한정되지 않고 커져서 방을 감싸고 건물 전체를 감싸더니 마침내 온 우주를 감싸게 되었다. 모든 형상과 모든 소리가 나의 자각 안에 들어 있는 것처럼 보였다. 갑자기, 이 우주에는 오직 하나의 에너지가 있으며 이러한 에너지가 나를 창조했음을 깨닫는 것, 아니, 경험하고 아는 것은 세상에서 가장 자연스러운 것이었다. 그 명상에서 빠져나왔을 때 나는 생면부지의 사람을 껴안는 것을 자제할 수 없을 만큼 사랑으로 충만하였다.

묵타난다를 만난 수많은 사람들뿐만 아니라 개인적으로 만나지 못한 수많은 사람들처럼 나도 그의 영적 에너지의 전수인 샥티파트를 받았다. 그러한 경험은 단지 시작에 불과하였으며, 그 자각의 힘은 지금까지 지속적으로 나를 변화시키고 이끌어 주고 있다. 처음에는 그것은 극적인 명상 경험뿐만 아니라 나의 생활 방식과 근본적인 태도에 일련의 놀랍고 미묘한 변화를 일으켰다. 자제, 균형, 평정과 같은 자질들이 나의 삶 속으로 들어오기 시작하였다. 나는 아주 자연스럽게 나 자신이 고요하고 명료한 내면의 중심, 외부의 상황에 거의 영향 받지 않는 중심과 접촉하고 있는 것을 발견하였다. 그것은 마치 묵타난다가 나에게 영적인 투석기를 주어 내면세계의 문들을 뚫고 나아가게 하는 것 같았다.

나의 경험은 비록 나에게 고유한 것이지만 시다 구루가 우리를 우리 자신의 중심, 우리 내면의 참나와 연결시킬 때 전형적으로 일어나는 경험이기도 했다. 우리 존재의 고요한 지점인 참나는 끊임없이 일어나고 가라앉는 감정과 느낌의 소용돌이로부터 분리된 채로 있는 우리의 일부이다. 경험을 수집하고 몸, 마음과 동일시하는 제한된 나 감각인 자아와 그것을 혼동하지 말아야 한다. 참나는 바바가 이 책에서 말하듯이 기쁨과 지혜 그리고 힘의 엄청난 저장고이며 우리들 자신의 가장 친밀한 부분이다. 실제로는 우리 자신과 너무 밀접해 있어서 보통 우리는 그것이 있는지조차 알아채지 못한다. 비록 우리 대부분은 자신 내부에 평상시 경험하는 것 이상의 강건함, 대담무쌍함, 사랑의 잠재력이 있다는 것을 직관적으로 알고 있지만, 우리는 그러한 잠재력을 위험과 위기의 순간이나 자연 속에 동화되었을 때 또는 사랑에 빠졌을 때와 같이 짧은 순간에만 접촉할 것이다.

시다 요가 명상은 그러한 내면의 잠재력을 드러내기 위해 고안된 고대 영적 과학의 현대적인 표현이다. 이것은 인간 의식의 미묘한 작용을 탐구하기 위하여 자신의 몸과 마음을 실험실로 사용한 사람들에 의해 오랜 세월에 걸쳐서 발전되어 왔으며, 그들의 발견들은 우파니샤드, 『바가바드 기타(Bhagavad G¥tå)』, 요가 경전 및 그 밖의 위대한 영적 철학 체계들로 나타났다. 고대의 선행자들처럼 스와미 묵타난다의 가르침은 평생에 걸쳐 내면을 탐구하고 현자들의 말씀을 경험을 통해 오랜 세월 검증하여 나온 것이다. 그래서 묵타난다가 우주의 만물은 신성한 의식으로 이루어져 있고 이러한 의식은 개개인의 가장 깊숙한 중심에 가장 순수한 형태로 존재한다고 선언할 때, 그리고 신은 우리 자신의 참나로서 우리 안에 거주하고 있다고 말할 때, 그는 책에서 읽은 것을 단순히 되풀이하는 것이 아니라 그 자신이 순간순간 경험한 것에 관하여 말하고 있는 것이다. 그가 가르친 것은 무엇이든지 자신이 직접 살았고 존재의 가장 깊은 수준에서 알게 된 것들이다.

그리고 무엇보다도 바바는 타고난 스승이었다. 그를 아는 사람들은 그에게서 자신들이 흠모하는 것을 발견하곤 했다. 그래서 사업가들은 그의 쾌활한 유머와 현실적인 세부 사항들에 대한 주의 깊은 안목을 즐겼고, 예술가들은 그의 아름다운 몸짓을 음미했으며, 아이들은 그의 장난스러움을 좋아했다. 바바가 요가를 가르칠 기회로 이용하지 않은 방식은, 심지어 가장 격식이 없고 세속적인 방식일지라도, 전혀 없었다. 그와 함께 악기를 조율하는 음악가는 하나에 집중하는 교훈을 얻었다. 사무실의

골치 아픈 문제를 논의하는 관리자는 사랑과 함께 규율을 적용하는 것에 관하여 배웠다. 요리 시간은 균형에 관한 강의 시간으로 바뀌곤 했다. 그저 바바를 지켜보는 것, 꽃이나 펜과 같은 일상적인 사물을 다룰 때의 세심함을 지켜보는 것, 또는 제자들뿐만 아니라 오클랜드의 이웃 사람, 택시 운전사, 뉴욕의 경찰관 등 그가 만나는 모든 사람을 무조건적인 받아들임으로 환영하는 것을 지켜보는 것은 모든 것 안에서 신을 본다는 것이 무슨 뜻인지를 보여 주는 훌륭하고 실제적인 가르침이었다.

그를 아는 대부분의 사람들에게 이러한 가르침들은 강연, 저술 그리고 비공식적인 대담이나 대화를 통해서 가장 직접적으로 주어졌다. 여행을 하는 동안에도 바바는 날마다 이야기하거나 질문들에 답을 하였고, 그러한 과정 속에서 제자들에게 인도 경전의 숭고한 가르침을 소개하였다. 바바는 결코 자신을 학자라고 한 적이 없지만, 그의 전통에 속한 철학들에 대해서 폭넓게 읽었다. 그의 이야기는 요가의 전체를 아우르며, 힌두 사상의 많은 고전적 갈래에서 온 가르침들을 망라하였다. 그것들은 그의 구루인 바가완 니티아난다에게 받은 은총을 기반으로 철학적인 지혜, 탐구, 헌신 그리고 봉사뿐만 아니라 요가를 망라하는 시다 요가 명상의 통합적인 특성을 보여 주었다. 대부분의 위대한 영적 스승들과 마찬가지로 바바의 철학은 정반대로 보이는 철학들도 포용할 수 있었다. 예를 들어, 그는 우파니샤드와 베단타의 지식 전통에 몰입되어 있었지만 찬송과 같은 헌신의 수행도 좋아했다. 그는 완전히 독립적이었으나 평생을 그의 구루에게 헌신하는 데 바쳤다. 그는 '신은 형상이 없는 순수한 의식'이라고 가르쳤지만 또한 개별적인 형태의 여러 신들을 숭배하였고, 마치 오래된 친한 친구에 관하여 이야기하듯이 인도의 신화에 나오는 이야기들을 들려주었다. 다시 말해서, 바바는 수많은 영적 형태들을 아우르고 다양한 종류의 전통적 수행 방법들을 통합하며 모든 종교들을 존중하면서도 끊임없이 하나임의 진실로 돌아가며 보편적인 영성을 가르쳤고, 언제나 우리에게 궁극적인 실재는 우리의 내면 의식의 경험과 다르지 않다는 것을, 참나만이 모든 형태들의 바탕이라는 것을 상기시켰다. 언젠가 어떤 사람이 "당신은 저 나무 속에서 신을 봅니까?"라고 물었을 때, 그는 대답하였다. "아니오. 나는 저 나무를 신으로 봅니다. 또한 당신을 신으로 봅니다."

바바는 영적인 것을 실재하는 것으로, 구체적인 것으로, 살아 있는 것으로, 그리고 뉴욕의 변호사나 파리의 회계사의 삶이나 히말라야 초원의 요기(yogi)에게도 적용할 수 있는 것으로 만들었다. 그는 그것을 책에서, 이상적인 세계에서 꺼내어 우리로 하여금 일상 경험에서 신의 현존을 보고 느끼고 접촉할 수 있게 하였다. 단지 바바가 당신 안에서 신을 보았다는 것을 알기만 해도 당신은 자신의 영혼을 진지하게 받아들이고 그에 따라 삶을 살기 시작할 수 있다. 바바 자신의 경험과 영적 에너지가 그의 말에 스며들어 있는 까닭에 그 말들은 당신을 꿰뚫을 수 있는 힘이 담겨 있다. 그래서 그의 얘기를 오랫동안 들은 사람은 그에게서 "증기가 물이 되고 물이 얼음이 되듯이 신성한 의식은 이 세상이 된다."와 같은 말을 듣게 되는데, 그런 말들은 불현듯 그들 자신 안에서 실제 경험으로 울려 퍼지는 경우가 종종 있다. 그들은 겉보기에 단단해 보이는 몸과 만물이 사실은 의식으로 만들어진 것이라는 것을 보고 느끼고 알게 된다. 이 세상의 배후에 있는 신성한 실체에 대한 바바의 친밀하고 더없이 구체적인 경험은 그의 이야기를 통하여 너무나 강력하게 오는 까닭에 이해하기 어렵지 않다.

이 책『당신은 어디로 가고 있는가?』를 읽을 때, 당신은 바바가 당신의 자각을 계속하여 한 가지 지점, 즉 우리 자신이 신성한 의식, 참나와 동일하다는 이해로 되돌린다는 것을 알아차릴 것이다. 그가 이 책에서 무엇을 얘기하든지, 만트라의 이론을 얘기하건, 원치 않는 생각들을 다루는 법을 묘사하건, 명상을 일상생활과 통합하는 법을 설명하건, 그가 말하고자 하는 핵심은 하나임에 대한 이해이다. 그는 그것만이 우리를 두려움에서 벗어나게 할 수 있게 하고, 서로의 참된 관계를 알아차릴 수 있게 하고, 삶의 부침 속에서 우리를 도울 수 있으며, 마침내 우리를 영적 여정의 목적지로 데려다 줄 수 있다고 말한다. "당신이 사다나(sādhanā)의 끝에 다다랐을 때, 당신은 모든 것이 참나임을 깨닫게 될 것이다." 그는 말한다. "만일 그렇다면, 왜 당신은 그것을 지금 기억하여 안팎에서 보이는 모든 것이 그 참나라는 자각으로 명상을 하지 않는가?" 때로는 유머러스하게, 때로는 달콤하게, 때로는 날카롭게 그는 우리의 진정한 정체성은 몸이나 마음이 아니라 참나임을 계속 되풀이하여 상기시키고 있다. 참나는 무한히 창조적이며, 무한한 능력이 있고, 무한히 기쁜 의식이며, 우리 존재의 토대이자 본질이다. 그러한 의식을 이해할 때 비로소 우리는 진정한 인간이 되는 것이 무엇인지를 이해하게 된다고 그는 말한다. 오직 우리가 자신 안에서 그것을 발견할 때 비로소 우리는 우리 삶의 의미를 발견한다.

이러한 발견에 이르는 과정이 이 책의 참된 주제이다.

『당신은 어디로 가고 있는가?』는 바바의 가르침의 개요이며, 그가 가르친 내면 여행의 지도가 될 수 있도록 구성되었다. 1974년부터 1976년까지 그리고 1979년부터 1981년까지 미국, 호주 그리고 유럽을 여행하는 동안에 행해진 강연과 질의응답, 인터뷰들을 편집한 이 책의 장들은 스와미 묵타난다의 가르침과 시다 요가 명상을 포괄적으로 소개하도록 구성되어 있다. 이 책은 시다 요가의 철학과 그 핵심적인 수행들을 보여 주고 있으며, 그런 수행들은 과정 자체가 아니라 우리가 과정에 연료를 주입하고 계속 진행되도록 하는 수단임을 분명히 하고 있다. 바바의 책의 각 장들은 이 길의 여러 측면들을 논의하고 있고, 기본적인 주제들을 함께 엮은 뒤에 새로운 주제들을 소개하며, 영적 여행의 목적에 대한 첫 이해부터 여행의 목적지인 완전한 자유와 기쁨의 상태의 성취에 이르기까지 영적 여행의 단계들을 다루고 있다.

그러나 여기에는 그 이상의 것이 있다. 이 책을 읽는 동안 스와미 묵타난다의 영적인 힘이 그의 말 속에 있음을 알아차리기 바란다. 그래서 이 책은 단지 가르침이나 영적인 조언을 종합한 것이 아니다. 바바의 말은 당신에게 경험을 줄 수 있는 힘을 가지고 있다. 그 말들은 당신을 변화시킬 힘을 가지고 있다.

—스와미 두르가난다

당신은 어디로 가고 있는가?

오, 나의 축복받은 이여, 깨어나라!
왜 그대는 무지 속에 잠들어 있는가?

— 카비르 —

우리 삶의 목적

오, 나의 친구여! 당신은 어디로 가고 있는가? 당신은 어디에서 왔으며, 무엇을 하려고 하는가? 당신은 지고의 진리에 속해 있지만, 자신의 근원을 잊어버렸다. 이제 바른 길로 돌아설 때이다.

오늘날 세상은 점점 더 발전하고 있다고들 한다. 그러나 어떤 점에서 더 나아졌다는 말인가? 살인, 절도, 싸움 그리고 파괴가 어디에서나 늘어나고 있다. 온 세계 도처에서 국가들 사이에 증오가 있고, 정당들 사이에 적대감이 있으며, 사회들 사이에 혐오가 있고, 종족과 계층 사이에 미움이 있다. 사람들은 혁신과 개혁에 대해 얘기하지만, 그들은 이것들의 이름으로 환경을 파괴하고, 가정생활을 붕괴시키고, 이기심과 적대감을 증가시키는 데만 성공했을 뿐이다.

이러한 세상에서 우리에게 필요한 것은 하나뿐이다. 그것은 인간의 가치에 대한 진정한 이해이다. 그러나 우리에게 부족한 것이 바로 이것이다. 왜 사람들은 지금처럼 행동하는 것일까? 왜 사람들은 자신과 타인 사이에 장벽을 만드는 것일까? 왜 사람들은 인류애의 느낌이 아니라 증오와 경쟁심으로 살아가는 것일까? 사람들이 이렇게 하는 까닭은 자기 자신에 대한 진정한 이해가 결여되어 있기 때문이다. 그들은 인간의 가슴속에 있는 위대함을 알지 못한다. 그들은 자기 자신을 나약하고 평범하고 잘못된 존재로 생각하며, 그저 이 세상에서 살다가 죽을 것이라고 생각한다. 그러나 만일 그들이 자신의 내면을 들여다본다면, 그들은 온 세상의 신성이 인간 안에 있다는 것을 깨닫게 될 것이다.

최근 서구의 과학자들은 인도의 철학자들이 수천 년 전부터 알고 있던 진실, 즉 온 우주는 하나의 에너지로 이루어져 있다는 것을 깨닫기 시작하였다. 영(靈)을 연구하는 과학자들이었던 우리의 고대 철학자들은 그 에너지를 순수 의식 혹은 신이라 불렀다. 이 지고의 의식은 그 자신의 존재로부터 온 우주를 창조하였다.[1] 건축가는 나무와 돌과 다른 물질들을 사용하여 무엇인가를 만들지만, 이 지고의 의식은 외부의 물질을 사용하지 않았다. 그것은 모든 것을 자신 안에서 가져왔다. 우리 모두는 이 의식으로 된 우주의 일부분이다. 우리는 서로 다르지 않으며, 우리는 신과 다르지 않다. 만일 어떤 사람이 망고 씨앗을 뿌린다면, 그는 레몬이 아니라 망고를 얻을 것이다. 이와 마찬가지로 신에게서 태어난 것은 신이 아닌 다른 것이 될 수 없다. 인간의 가슴속에는 밝기가 태양 빛을 능가하는 아른아른한 광채가 있다. 이 내면의 의식은 온 우주를 창조하고 움직이는 의식과 동일하다. 그러나 우리들은 이것을 깨닫지 못하고 있다. 우리는 이 의식에서 나왔음에도 불구하고 우리 자신에 대한 이해를 바꾸어 버렸다.

예전에 뭄바이에 살고 있을 때, 나는 아이들이 어떤 영화 주제가를 부르는 노랫소리를 들었다. 나는 그 가사를 지금도 기억하고 있다.

오, 남자여! 어찌하여 당신은 변해 버렸나요?
지구도 변하지 않았고,
물도 변하지 않았고,
불도 변하지 않았고,
공기도 창공도 변하지 않았고,
태양도 변하지 않았고,
달도 변하지 않았고,
동물들도 변하지 않았고,
나무들도 변하지 않았는데,
오, 남자여,
어찌하여 당신은 변해 버렸나요?

어찌하여 우리는 변했을까? 우리 모두는 각자의 이해에 따라서 이것이나 저것이 되었다. 우리는 자신이 남자나 여자, 부자나 가난한 사람이라고 믿는다. 우리는 자신이 선생님이나 군인, 정신과 의사라고 믿는다. 우리는 자신이 젊거나 늙은 사람, 뚱뚱하거나 마른 사람, 행복하거나 불행한 사람이라고 믿는다. 우리는 자신이 미국인이나 인도인, 러시아인이나 아랍인, 힌두교인이나 기독교인, 이슬람교인이나 유대교인이라고 믿는다. 그러나 실상 우리 안에 있는 진리는 하나다. 우리 모두는 같은 씨앗에서 나오며, 그 씨앗은 신이다. 우리는 단지 다른 배역들을 맡아 하고 있을 뿐이다. 만일 우리가 이런 배역들 밑에 있는 우리 자신의 신성을 통찰할 수만 있다면, 우리 모두는 자신이 신이라는 사실을 알게 될 것이다.

무엇이든 될 수 있는 자유

인간에게는 무엇이든지 될 자유가 있다. 인간은 자신의 힘으로 자기의 삶을 숭고하게 만들 수도 있고 비참하게 만들 수도 있다. 자신의 힘으로 천국에 이를 수도 있고 지옥으로 떨어질 수도 있다. 사실, 인간의 힘은 너무나 거대하여 인간은 자신을 신으로 변형시킬 수도 있다. 신은 모든 인간의 가슴속에 숨겨져 있으며, 모든 인간은 그것을 깨달을 수 있는 능력이 있다. 그러나 인간들은 어떻게 하는가? 자신 안에 있는 위대함을 알려고 노력하는 대신에, 먹고 마시고, 다른 사람들과 싸우고, 감각의 쾌락을 추구하며 인생을 낭비한다. 두세 명의 자식을 낳고 가족을 부양하며 자기 삶의 목적을 완성했다고 생각한다. 그러나 동물들조차도 이 같은 일들은 한다. 이 세상의 모든 존재들이 먹고 마신다. 이 세상의 모든 존재들이 가족생활을 한다. 동물도 밀림에 가서 일한 뒤에 배우자와 자식들과 즐기기 위하여 다시 돌아온다. 이와 마찬가지로 사람들도 세상에 들어가서 일을 하고, 돌아와서 가족들과 즐긴다. 인간의 자손들이 계속 증가하는 것처럼 개와 당나귀, 코끼리, 낙타, 말, 새들도 계속 증가한다.

위대한 여자 성자 풀리가 다음과 같이 말한 것은 이 때문이다. "만일 당신이 자신의 참나에 도달하지 못한다면, 당신이 지고의 희열을 경험하지 않는다면, 대체 인간의 삶이 무슨 쓸모가 있겠는가? 개나 돼지들도 그렇게 살지 않는가? 나무들도 그렇게 살지 않는가? 바위들도 이 세상에 존재하고 있지 않은가?"

그렇다면 인간이라는 존재는 어떤 점에서 독특한 것일까? 오직 인간만이 자신 안에서 진동하는 신성한 의식을 알아볼 수 있는 능력을 가지고 있다. 오직 인간만이 자신이 신과 동일함을 경험할 수 있는 능력을 가지고 있다. 이것이 바로 우리가 이 인간의 삶을 자신이 진정 누구인지를 밝히는 데 사용해야 하는 이유이다. 인도의 경전들은 "나는 누구인가?", "나는 왜 태어났는가?", "누가 나를 만들었는가?", "내가 무엇을 해야 하는가?"라는 질문을 숙고하는 사람만이 참으로 인간답다고 말한다.[2] 만일 인간이 자신의 참나를 알지 못하고 자신을 육체로만 한정지어 이해한다면, 그런 사람은 진정한 인간이라고 불릴 수 없다.

위대한 성자 카비르는 다음과 같이 말했다. "만일 당신이 자신의 참나를 보지 못했다면, 가슴의 매듭들을 꿰뚫고 마음의 오물을 씻어 내지 못했다면, 당신이 인간이라고 한들 무슨 의미가 있겠는가?"

인간 탄생의 가치

우리는 인간으로 태어난 것의 가치를 알아야 한다. 사람들은 자식을 쉽게 낳기 때문에 인간의 삶을 매우 하찮게 여기며, 그래서 이 몸을 얻은 뒤에도 우리 대부분은 감각들을 만족시키면서 삶을 낭비하고 있다. 그러나 인간의 몸은 값을 매길 수 없을 만큼 귀중하다. 성자들은 인간으로 태어나는 것은 매우 희귀한 일이라고 말하였다.[3] 수많은 생명 형태들을 거친 뒤에야 비로소 우리는 이 몸을 얻을 수 있는 것이다.

한번은 구루 나낙데바에게 한 제자가 찾아와서 물었다. "인간 존재의 가치는 무엇입니까?" 성자가 대답했다. "내일 다시 오라. 그러면 말해 주겠다." 다음 날 아침 제자가 다시 오자, 구루 나낙데바는 제자에게 다이아몬드 한 개를 주면서 이렇게 지시했다. "이것을 가지고 시장에 가서 값을 알아보아라. 팔지는 말거라. 그냥 모든 상인들에게 보여 주고 값만 물어보아라."

제자는 다이아몬드를 들고 상인들을 찾아갔다. 처음에는 과일을 파는 상인에게 가서 "이 다이아몬드 값으로 얼마를 줄 수 있겠습니까?"라고 묻자, 그는 "오렌지 두 개를 주겠소."라고 대답했다. 다음에 감자를 파는 상인에게 가니, "감자 4킬로를 주겠소."라고 대답했다. 그 뒤 평범한 보석상인 금 세공인에게 가서 다이아몬드의 가격을 물어보았다. 금 세공인은 "백 달러를 주겠소."라고 말했다. 제자는 여러 보석상들을 찾아갔는데, 그들은 저마다 조금씩 더 많은 돈을 주겠다고 했다. 마지막으로 제자는 그 도시에서 가장 좋은 보석상을 찾아가서 그 다이아몬드의 가격을 물어보았다. 보석상은 다이아몬드를 손바닥에 올려놓고 관찰하더니 말했다. "오, 손님! 손님은 이 다이아몬드를 팔 수 없습니다. 너무나 귀해서 값을 매길 수가 없습니다."

제자는 다이아몬드를 들고 스승에게 돌아와서 지금까지 있었던 일을 말했다. "이제 인간 존재의 가치를 이해하겠는가?" 나낙데바가 물었다. "인간은 자신을 오렌지 두 개나 감자 4킬로에 팔아 버릴 수도 있지만, 자기가 원한다면 값을 매길 수 없을 만큼 귀하게도 만들 수 있다. 그것은 오직 자신의 통찰력에 달려 있다."

위대한 성자 순다르다스는 이런 글을 썼다. "당신은 신의 은총을 입어 인간의 몸을 얻었다. 인간의 몸을 계속해서 얻을 수는 없다. 그러니 오, 망각을 잘 하는 이여, 기억하라. 이 인간의 육체는 값을 매길 수조차 없는 보석이다. 그것을 함부로 버리지 말라."

당신이 내면의 참나를 보게 되면 이 몸의 가치를 깨닫게 될 것이다. 인간의 몸은 사원이며, 그 안에는 신이 참나의 모습으로 거주하고 있다. 그러나 이것을 알려면 명상을 통하여 내면으로 향해야 한다. 현재 상태에서 당신의 지각은 부분적이다. 당신은 깨어 있을 때 나타나는 세상만을 알고 있으며, 그 너머의 세상은 모르고 있다. 비록 매일 밤 평소의 지각 너머에 있는 세상을 경험하고 있지만……. 깨어 있을 때는 주위에서 보이는 모든 것들이 당신에게 실재한다. 그러나 깊이 잠들어 꿈을 꿀 때, 깨어 있을 때의 세상은 존재하지 않으며 꿈속의 세상이 실재하게 된다.

고대 인도에 지혜롭기로 유명한 자나카 왕이 살고 있었다. 어느 날 그는 점심 식사를 마친 뒤에 꽃으로 수놓은 그의 침대에서 잠시 낮잠을 잤다. 하인들은 그에게 부채질을 해 주고 있었고, 경호원들은 보초를 서고 있었다. 잠을 자던 자나카 왕은 이웃나라 왕의 침략을 받아 전쟁에서 지는 꿈을 꾸었다. 이웃나라 왕은 자나카 왕에게 그의 왕국을 떠난다면 어디든지 가도 좋다고 하였다. 전쟁으로 지친 자나카 왕은 왕국을 떠났는데, 얼마 지나지 않아 배가 고파졌다. 정처 없이 헤매다가 옥수수 밭에 다다른 왕은 옥수수 두 개를 따서 먹기 시작했다. 마침 그곳을 지나던 밭주인은 낯선 사람이 그의 옥수수를 먹는 것을 보자 채찍을 집어 들고 인정사정없이 왕을 내리쳤다.

채찍을 맞다가 왕은 잠에서 깨어났다. 벌떡 일어나 앉아 보니, 자신은 여전히 침대에 있었고 하인들은 부채질을 하고 경호

원들은 보초를 서고 있었다. 그래서 그는 다시 자리에 누워 눈을 감았다. 왕은 다시 그 옥수수 밭에 있었고, 농부에게 맞고 있었다. 눈을 뜬 그는 자신이 여전히 침대에 누워 있는 것을 알게 되었다. 그러자 왕은 궁금해지기 시작했다. "꿈속의 세상과 지금 보고 있는 세상 가운데 어느 쪽이 진짜일까? 나는 이 문제에 대한 답을 알아야 한다."

그는 모든 위대한 학자, 성자, 현자, 무당, 발명가, 과학자들로 하여금 궁전으로 와서 그의 질문에 답하도록 온 나라에 포고령을 내렸다. 그들이 모두 모이자 왕이 물었다. "깨어 있는 상태와 꿈의 상태 중 어느 것이 실재인가?" 그러나 어느 누구도 그 질문에 어떻게 대답해야 할지 알지 못했다. 만일 꿈의 상태가 실재라고 한다면 깨어 있는 상태를 실재가 아니라고 하여야 하고, 만일 깨어 있는 상태를 실재라고 한다면 꿈의 상태는 실재가 아니라고 해야 했기 때문이다. 왕은 몹시 화가 났다. "나는 오랜 세월 그대들 모두를 먹여 살려 왔다. 그러나 그대들은 이 간단한 질문에도 대답하지 못한다. 그대들이 지금까지 해 온 일이라고는 먹고 살찌는 것뿐이었다." 왕은 그들 모두를 왕의 감옥에 가두라고 명령했다. 그러고 나서 다음과 같은 내용의 벽보를 왕국의 모든 공공장소에 붙이라고 명령했다. "꿈의 상태와 깨어 있는 상태 가운데 어느 쪽이 실재인가? 이 질문의 답을 아는 자는 누구든지 궁전으로 와서 나에게 설명하라."

많은 날들이 지나갔다. 잡혀 있는 성자들 가운데 한 명에게는 아슈타바크라라는 이름을 가진 아들이 있었다. 이 이름은 '여덟 군데가 불구인'이라는 뜻이었는데, 그의 몸이 태어날 때부터 완전히 불구였기 때문에 이런 이름을 갖게 되었다. 하루는 그가 어머니에게 물었다. "어머니. 아버지는 어디 가셨어요?"

어머니가 대답하였다. "아버지는 왕의 감옥에 갇혀 있단다."

"왜요? 무엇을 훔치셨나요?"

"아니다. 아버지는 왕의 질문에 대답하지 못해서 감옥에 갇힌 거란다."라고 어머니가 말하였다.

아슈타바크라는 "저는 그 질문에 대답할 수 있어요."라고 말한 뒤 곧장 궁궐로 갔다. 궁궐 앞에는 큰 북이 하나 있었는데, 그 옆에는 왕의 질문에 대답하고 싶은 사람은 누구나 북을 치라는 말이 적혀 있었다. 아슈타바크라는 북을 쳤다. 궁궐의 문이 열리고, 아슈타바크라는 궁전의 접견실로 안내되었다.

아슈타바크라가 접견실로 들어오는 광경을 보고서 모든 대신들이 웃기 시작하였다. 그들은 왕국의 내로라하는 사람들도 대답하지 못하는 왕의 질문에 이 불구의 소년이 스스로 대답할 수 있다고 믿는다는 것이 우스웠던 것이다. 그들을 보더니 아슈타바크라도 웃기 시작하였다.

왕이 말했다. "대신들은 그대의 걸음걸이가 몹시 기묘하고 또 그대가 너무 어려서 웃고 있다. 그런데 그대는 왜 웃고 있는가?"

아슈타바크라가 대답하였다. "왕이시여, 저는 전하와 대신들이 깨어 있는 분들이라고 들었습니다. 하지만 직접 와서 보니 참으로 어리석군요. 여러분은 저의 불구의 몸을 보고 웃지만, 그것은 단지 거죽에 불과한 것입니다. 모든 몸들은 똑같은 다섯 원소로 만들어졌습니다. 만일 여러분이 참나의 관점에서 저를 본다면, 여러분은 참나가 모든 존재 안에서 똑같고 웃을 것이 아무것도 없음을 알게 될 것입니다. 이제 왕의 질문에 대답하겠습니다. 오, 왕이시여, 깨어 있는 상태도 꿈의 상태도 실재가 아닙니다. 전하께서 깨어 있을 때는 꿈의 세상이 존재하지 않습니다. 전하께서 꿈을 꾸실 때는 깨어 있는 세상이 존재하지 않습니다. 그러므로 둘 다 진실일 수는 없습니다."

그러자 왕이 물었다. "만일 깨어 있는 상태와 꿈의 상태가 모두 실재가 아니라면, 대체 무엇이 실재인가?"

아슈타바크라가 대답하였다. "이 상태들 너머에 또 하나의 상태가 있습니다. 그 상태를 발견하십시오. 그 상태만이 실재입니다."

네 가지 상태

자나카 왕처럼 우리는 자신이 살고 있는 평범한 의식 상태만을 알고 있다. 우리는 실재를 전체적으로 알지 못한다. 깨어 있을 때는 깨어 있는 상태의 세상에 완전히 열중한다. 꿈을 꿀 때는 우리의 행위, 우리의 세상, 우리의 이해가 깨어 있을 때와는 판이하게 다르다. 깊은 잠의 상태에 들어가면 의식을 완전히 잃는다. 그러나 명상을 할 때는 깊은 수면 상태의 너머로 가서 참나의 상태로 들어가게 된다. 그 상태는 나머지 모든 상태들의 바탕이며, 오로지 그 상태만이 영원하며 변치 않는다.[4] 일단 우리가 이 상태에 들어가게 되면, 우리는 우리 자신에 대한 진리를 경험하게 될 것이다. 우리는 우리가 바로 순수 의식이라는 것을 깨닫게 될 것이다. 이 육체는 우리가 입고 있는 옷과 같은 것이다. 옷이 우리 몸을 덮고 있듯이 육체는 가장 깊은 곳에 있는 의식을 덮고 있을 뿐이다. 이 의식을 아는 것이 우리 삶의 목적이다.

만일 모든 사람들이 이 내면의 진리를 경험할 수 있다면, 모든 사람들이 자신의 진정한 본성을 이해할 수 있다면, 사람들 사이에는 더 이상 적대감이 없을 것이며 오로지 우정과 사랑 그리고 보편적인 형제애가 있을 것이다. 이런 이유로 우리 자신의 참나를 아는 것이 절대적으로 필요하다. 우리 자신의 참나를 알아야만 비로소 우리는 타인들을 알 수 있다. 자기 자신 안에 존재하는 위대함을 보아야만 비로소 우리는 타인 안에 있는 위대함도 볼 수 있다. 인간성에 대한 참된 이해로 우리 자신을 볼 때 우리는 모든 사람들 안에서도 같은 인간성을 볼 것이며, 그러면 이 세상의 모든 사람이 신의 자녀임을 깨닫게 될 것이다.

행복의 추구

인도의 경전들은 "인간 삶의 목적은 무엇인가?"라는 주요 질문을 제기하고 있다. 베단타 성자들에 따르면, 삶의 목적은 모든 고통을 없애고 지고의 즐거움을 얻는 것이다. 만일 우리가 돌이켜본다면, 우리가 살면서 하는 모든 것들은 이 두 가지를 위해서 한다는 것을 깨닫게 될 것이다. 우리는 무엇을 원하는가? 우리는 행복을 원한다. 우리는 황홀한 기쁨을 원한다. 우리는 사랑을 원하고, 활력을 원하고, 열중을 원한다. 어떤 식으로든 우리는 이것들을 얻으려고 노력한다. 행복을 위하여 우리는 사랑에 빠지고, 결혼을 하고, 자식을 낳아 기른다. 행복을 위하여 우리는 일을 하고, 돈을 벌고, 재산을 늘리고, 다양한 재능과 기술과 오락을 추구한다. 심지어 다른 사람들을 속이고 해를 끼칠 때에도, 우리는 그것이 자신에게 행복을 줄 것이라는 희망으로 그렇게 한다. 그러나 우리가 우리 자신을 진실하게 살펴본다면, 우리가 찾고 있는 행복은 오직 우리 안에서만 발견될 수 있다는 것을 깨닫게 될 것이다. 마하라슈트라 주의 한 시인 성자는 이렇게 적었다.

오, 사람이여! 그대는 바깥세상을 몹시도 방랑하였다.
이곳에서 저곳으로 떠돌아다니며
꽃들과 열매를 따고

셀 수 없이 많은 행위들을 하였으나
마침내 얻은 것은 피로뿐이었다.
이제는 무한한 내면의 창공으로
날아오를 때이다.
그대가 추구하는 것은 그곳에서
완전한 채로 발견될 수 있을 터이니.

자신의 내면으로 향하는 것이 왜 그토록 어려울까? 우리는 행복을 원하지만 끊임없이 고통의 요가를 행하고 있다. 우리는 고통의 씨앗을 뿌리면서도 언제 행복의 열매가 맺힐 것인지 궁금해 한다.

나는 여러 나라를 여행하며 여러 분야의 사람들을 만난다. 나는 부자도 만나고 가난한 사람도 만나지만, 모두들 내게 똑같은 이야기를 한다. 모든 사람이 불행하다. 그러나 사람들은 자신의 삶이 아무리 불만족스러워도 이제까지 줄곧 해 온 그대로 정확히 계속하고 있다. 그들은 고통을 끝내는 방법이 무엇인지 생각해 보기 위해 멈추어 서는 법이 없다. 대신에 그들은 남편이나 아내, 직장 상사, 정부 또는 시대를 비난하며 불평하고 있을 뿐이다. 그들은 생각한다. '만일 그가 나를 사랑하도록 만들 수만 있다면, 나는 정말 행복할 텐데. 만일 내가 좀더 나은 직장을 얻을 수만 있다면, 내 인생에 더 이상의 고통은 없을 텐데. 만일 그녀가 내가 원하는 대로만 해 준다면, 모든 것이 더없이 행복할 텐데.' 이러는 사이에 그들의 날들은 지나가 버린다.

매운 고추를 용감하게 먹다

이러한 상태를 아주 잘 설명해 주는 이야기가 하나 있다. 옛날에 쉐이크 나스루딘이라는 사람이 인도를 여행하였다. 델리 시내를 여기저기 돌아다니던 그는 과일과 야채를 파는 가게에 이르게 되었다. 그가 시장에 서서 구경을 하고 있는 동안, 많은 사람들이 한 가게에서 고추를 사고 있었다. 인도 사람들은 고추를 매우 좋아하지만 조금씩만 음식에 넣어 먹는다. 나스루딘은 고추가 틀림없이 맛있을 것이라고 생각하여 2킬로를 샀고, 나무 밑에 앉아서 먹기 시작하였다. 그가 고추 하나를 한 입 깨물어 먹자, 입에서는 불이 나고 눈물과 콧물이 줄줄 흘러내리기 시작하였다. 그는 신음을 토해 내며 입에 부채질을 해댔지만, 곧 다른 고추는 더 맛있을 거라고 생각하며 그 고추를 먹기 시작했다. 이런 식으로 그는 고추를 먹고 또 먹어서 고통을 받았지만, 이번 것은 앞에 먹은 것보다 더 맛있을 것이라는 희망을 버리지 않았다. 우리는 나스루딘과 똑같다. 우리 모두는 내일 먹을 고추는, 만일 그렇지 않다면 틀림없이 모레 먹을 고추는, 더 맛있을 것이라는 희망을 품고서 계속 고추를 먹고 있다. 우리는 고추들이 어느 날 어느 곳에서는 달콤해지기 시작할 것이라는 희망으로 서로에게 똑같은 고추들을 계속하여 주고 있다. 그러나 분명한 사실은 지금 이 순간 우리의 입에서는 불이 나고 있고,

눈에서는 눈물이 흐르고 있고, 코에서는 콧물이 줄줄 흐르고 있다는 것이다.

나스루딘이 용감하게 고추를 먹고 있을 때, 그를 지켜보고 있던 한 남자가 다가와서 지금 무엇을 하고 있느냐고 물었다. 나스루딘은 "많은 사람들이 맛있는 이것을 사기에 저도 사서 먹고 있는 겁니다."라고 대답했다.

그 남자는 "이보세요, 이것들은 고추입니다. 고추는 조금씩만 먹어야 합니다."라고 말해 주었다. 나스루딘은 알았다고 고개를 끄덕이더니 또 먹기 시작하였다. 남자가 놀라서 물었다. "이제 고추가 무엇인지 알 텐데, 어째서 먹는 것을 멈추지 않죠?"

나스루딘이 대꾸했다. "하지만 나는 이 고추들을 샀기 때문에 다 먹어야 합니다. 나는 고추를 먹고 있는 게 아닙니다. 내가 지불한 돈을 먹고 있는 거예요."

이것이 우리가 삶을 살아가는 방식이다. 우리는 우리의 문젯거리들을 샀고, 그것들이 몹시 맵다는 것을 깨달아도 그것들을 계속하여 먹는다. 거기에 투자를 했기 때문이다. 우리는 더 많은 재미와 더 많은 오락과 더 많은 사랑하는 친구들과 더 많은 부와 명예를 계속하여 추구하고 있다. 그러나 이것들 중 어느 것이라도 우리에게 진정한 만족을 주는가? 우리가 즐기는 것들은 우리에게 참된 기쁨을 주는가, 아니면 그저 무미건조함과 매운맛만을 주는가? 만족을 추구하면서 우리가 정말로 얻고 있는 것은 무엇인가?

시인 바르트리하리는 이런 시를 썼다.

나는 내가 감각의 쾌락을 즐기고 있다고 생각했다.
하지만 감각들이 나를 즐기고 있음을 깨닫지 못했다.
나는 내가 시간을 쓰고 있다고 생각했다.
하지만 시간이 나를 쓰고 있음을 깨닫지 못했다.[5]

당신의 삶을 바라보라. 당신의 눈을 뜨라. 당신이 욕망들의 충족을 추구하는 동안, 시간은 당신을 갉아먹고 있다.
확장되는 것은 욕망의 본성이다. 우리가 욕망을 더 많이 추구할수록 욕망들은 더 많이 늘어난다. 이 세상에서 무엇을 가지고 있건, 우리는 언제나 그 이상을 원한다. 1달러를 가지고 있으면 10달러를 원하고, 10달러를 가지고 있으면 100달러를 원한다. 폭스바겐을 가지고 있으면 벤츠를 원하고, 한 잔을 마시면 또 한 잔을 원한다. 내면으로 관심을 돌리고 참나의 만족을 발견하지 않는다면, 아무리 많은 돈을 벌고, 아무리 많은 친구들을 사귀고, 세상에서 아무리 많은 일들을 이룬다 해도 우리에게 영원한 만족은 없을 것이다. 바깥세상의 모든 즐거움은 일시적이다. 결코 오래갈 수 없다. 사실, 참나의 기쁨이 없다면 세속적인 즐거움들은 가치를 부여하는 앞 숫자가 없는 제로의 연속과 같은 것이다. 참나의 기쁨이 없다면 우리의 재산도 제로이며, 우리의 아름다움도 제로이고, 우리의 성취들도 제로이다. 오직 우리가 참나의 감로를 마실 때에 비로소 우리의 모든 제로들은 값을 갖게 된다.

개의 뼈다귀

행복은 우리들의 내면에 있다. 그 행복은 우리의 것이다. 하지만 우리는 언제나 내면의 기쁨을 바깥에 있는 어떤 것에 덧씌우고서 그 기쁨이 거기에서 온다고 생각한다. 자신의 행위들을 아주 섬세하게 조사해 본다면, 세속적인 기쁨조차도 즐거움의 대상들이 아니라 자신의 내면에서 온다는 것을 발견할 수 있을 것이다. 당신은 "음악을 들으면 기분이 참 좋아. 테니스를 치면 정말 행복해져."라고 말한다. 그러나 사실, 당신이 이런 것들을 할 때 경험하는 것은 자기 내면의 즐거움이다. 베단타에는 "세상의 기쁨은 개의 뼈다귀와 같다."라는 격언이 있다. 개는 뼈다귀를 발견하면 그것을 씹기 시작한다. 뼈다귀를 씹다 보면 뼛조각이 잇몸에 박혀 피가 나기 시작한다. 개는 그 피를 맛보면서 '정말 뼈다귀는 맛있어.'라고 생각한다. 뼈다귀를 씹을수록 잇몸에서는 더 많은 피가 난다. 피를 더 많이 맛볼수록 개는 뼈다귀를 더 달콤하게 느낀다. 이것은 끝이 없는 순환이다. 개가 자신의 피를 맛보고 있다는 것을 깨닫지 못하듯이, 당신은 이 세상에서 얻는 즐거움이 자신의 내면에서 나온다는 것을 깨닫지 못하고 있다.

당신의 삶에서 발견하는 행복에 대해서 생각해 보라. 그것은 어디에서 나오는가? 밥을 먹어 배가 부를 때, 당신은 만족스러운 순간을 경험한다. 오랜만에 친구를 만나 그를 껴안을 때는 잠시 기쁨을 느낀다. 예술가가 자신의 작품을 감상할 때, 그는 잠깐 평화를 경험한다. 그와 같은 순간들에 실제로 일어나는 일은 마음이 멈추고 내면에 있는 희열의 중심이 섬광처럼 드러나는 것이다. 그러나 당신이 경험하는 희열은 오래가지 않는다. 그것은 내면에 있는 희열의 그림자일 뿐이다. 이런 희열을 직접 경험하려면, 명상을 통하여 행복이 진정으로 거주하는 내면으로 방향을 돌리고 그곳에서 행복을 찾아야 한다.

문제는 당신이 내면을 바라보는 것을 원치 않는다는 것이다. 당신의 카메라는 오직 바깥세상에서 일어나고 있는 일만을 기록한다. 내면으로 방향을 돌려 안에서 일어나고 있는 일을 기록하지 않는다. 그러나 매일 밤 당신은 내면으로 향할 때의 혜택을 경험하고 있다. 낮 동안 당신은 많은 것을 모으고, 많은 친구들을 만나고, 열심히 일하고, 많은 즐거움들을 즐긴다. 당신은 이 모든 것들을 행복을 위하여 한다. 하지만 날이 저물면 집으로 돌아와 "아, 피곤해."라고 말한다. 낮 동안에 무슨 일을 하더라도, 설령 백만 달러를 벌거나 최고의 지위에 오르거나 또는 멋진 파티에 간다 해도, 하루 일을 마칠 때 당신은 피로를 느끼게 되며, 이제 당신이 원하는 것은 오직 잠자는 것뿐이다. 잠잘 때가 되면, 낮 동안에 그토록 열심히 일하여 모은 그 어떤 소유물도 아무런 쓸모가 없다. 그 순간에는 심지어 사랑하는 사람들조차 원하지 않는다. 오로지 원하는 것은 휴식뿐이다. 그래서 당신은 어두운 방으로 돌아가 따스한 담요로 몸을 감싼다.

다음 날 아침 누군가가 기분이 어떠냐고 물으면, 당신은 "기운이 넘쳐요."라고 대답한다. 몇 시간의 잠이 완전히 재충전시킨 것이다. 아무것도 먹지 않고, 아무것도 하지 않고, 아무것도 사지 않고, 어떤 것도 즐기지 않았지만, 당신은 완전한 원기 회복을 느낀다. 당신은 이것을 날마다 경험한다. 대체 왜 낮 동안 즐긴 활동들은 피곤하게 하고, 몇 시간의 잠은 건강하고 기운차게 하는 것일까? 당신의 잠은 힘과 에너지의 진정한 근원이 자기 내면에 있음을 거듭거듭 가르쳐 준다.

내면의 세계

낮 동안 당신이 내면으로 들어가 잠시라도 명상을 한다면, 당신은 그 근원과 연결될 수 있으며 지속적인 열의와 기쁨의 상태에 머무르게 될 것이다. 모든 사람의 내면에는 쿤달리니라고 불리는 신성한 의식 에너지가 있다. 명상을 통해 이 내면의 에너지가 일깨워지면, 이 에너지는 내면에서 자발적인 요가를 펼쳐 보인다.

많은 사람들은 요가를 신체적 동작들로 이루어진 하타 요가(hatha yoga)라고 생각하지만, 요가의 진정한 의미는 '재결합'이며, 당신이 분리되어 나온 참나와 다시 결합하는 것이다. 내면의 에너지가 일깨워지고 이 자발적인 요가가 시작되면, 당신의 몸 전체는 안으로부터 정화될 것이다. 당신의 자각은 내면을 향할 것이며, 당신은 내면의 세계들을 볼 수 있을 것이다.

내면의 에너지가 일깨워진 뒤에 일어나는 명상을 통하여, 마침내 당신은 자신의 진정한 본성과 내면의 참나를 인식하게 될 것이다. 당신은 즐거움과 고통 너머에 있는 중심에 다다를 것이며, 그 상태에서는 오로지 더없는 행복만을 경험할 것이다. 그것이 참나의 상태이다.

참나를 보고 참나를 경험하면, 당신은 완전히 바뀔 것이다. 당신의 세상도 바뀔 것이며, 당신은 세상을 완전히 다른 방식으로 보게 될 것이다. 이런 말이 있다. "까마귀에게는 낮이라도 올빼미에게는 밤이다." 이와 마찬가지로 무지한 사람에게는 수많은 어려움과 혼란들로 가득 차 있는 세상이라도 참나를 아는 사람에게는 천국이다. 신은 미덕과 아름다움과 위대한 솜씨들로 가득하며, 그것들을 우리 모두 안에 두었다. 그러나 당신은 바깥세상을 즐기느라 이것들을 보지 못하고 있다. 내면의 참 원리를 지각하기 위해서는 미묘한 눈을 가져야 한다.

당신은 자신의 내면에 존재하는 광대함을 알지 못한다. 이 몸은 작아 보이지만, 그것은 온 우주의 이미지이다. 이 몸 안에는 외부의 태양보다 천 배나 밝은 태양이 있는데, 그 태양은 뜨겁지 않고 서늘하게 한다. 머리 정수리에 있는 위대한 영적 중심인 사하스라라(sahasrāra)에 있는 내면의 빛으로 인해 당신의 얼굴은 윤기가 나고 눈은 빛난다. 가슴 안에는 지식의 중심이 있으며, 그 안에서 당신은 온 세상을 볼 수 있다. 사실, 당신 안에는 너무나 많은 것들이 있어 그것들을 설명하는 것만으로도 몇 권의 책을 쓸 수 있다. 당신이 바깥세상에서 보는 모든 놀라운 것들은 내면의 세상에서는 훨씬 커다란 정도로 발견될 수 있다. 당신이 찾는 모든 즐거움들은 내면에서 훨씬 커다란 분량으로 발견될 수 있다.

당신은 일생 동안 아름다운 광경들로 눈을 만족시키고, 감미로운 소리들로 귀를 즐겁게 하려 한다. 달콤한 향기들로 코를 만족시키고, 부드러운 감촉들로 피부를 즐겁게 하며, 새로운 맛들로 혀를 즐겁게 하려 한다. 좋은 음악을 듣기 위하여 로큰롤도 들어 보고, 교향곡도 들어 보고, 오페라도 들어 본다. 하지만 내면의 에너지가 일깨워져 사하스라라로 올라갈 때, 너무도 감미로워 도저히 말로 표현할 수 없는 그런 신성한 음악을 듣게 될 것이다. 그 음악을 듣는 동안 당신은 점점 더 행복해질 것이며, 심지어 육체의 질병까지 치료될 것이다. 이 음악이 내면의 공간에서 울려 퍼질 때, 신성한 감로가 혀 위로 흘러내릴 것이다.

당신은 언제나 맛있는 음식과 음료를 찾으려 한다. 맛있는 음식을 맛보기 위해 수많은 음식을 먹는다. 맛있는 음료를 맛보기 위해 수많은 음료수를 마신다. 하지만 내면의 감로를 마실 때, 그것은 너무나 달콤하고 완벽하게 만족스러워 외부의 어떤 맛도 이에 비할 수 없을 것이다.

이와 마찬가지로 당신은 향기를 즐긴다. 아름다운 향기가 나도록 몸에 향수를 뿌리지만, 몸이 나이 들면 고약한 냄새를 풍기기 시작한다. 그러나 명상을 통하여 내면으로 깊이 들어가면 매혹적인 향기가 당신의 존재를 가득 채우기 시작하며, 그 향기는 너무나 달콤하여 향기를 맡을 때 당신의 마음은 고요해질 것이다.

당신은 또한 감촉을 찾으려 한다. 감촉의 즐거움을 경험하기 위하여 다른 사람의 몸을 껴안고 비벼 댄다. 그러다가 마침내 촉감은 쇠약해져 더 이상 아무것도 느낄 수 없게 된다. 하지만 내면의 에너지가 일깨워지면, 그것은 내면에서 활동하기 시작하며 당신의 전 존재가 그것의 미묘한 감촉의 전율을 경험할 것이다. 당신은 더없이 절묘한 감각들로 가득 찰 것이며, 완전히 만족하게 될 것이다.

당신은 아름다운 외모를 동경하며, 자신의 외모를 아름답게 만들고 싶어 한다. 자신의 몸을 매력적으로 꾸미기 위해 얼굴에 파우더와 크림을 바르지만, 시간이 지나면 그 화학 성분이 피부를 해롭게 하여 화장을 안 하면 유령처럼 보일 것이다. 머리를 빗고 예쁜 옷으로 자신을 꾸며 보지만, 옷은 더러워지고 낡아진다. 이와 같이 외적인 아름다움은 일시적이다. 잠시 머문 뒤에는 곧 당신 곁을 떠나 버린다. 하지만 내면의 아름다움은 변치 않는다. 결코 늙지도 않고 손상되지도 않는다.

명상을 계속하여 내면의 에너지가 안에서 활동할 때, 당신은 감당하기조차 힘들 만큼 놀라운 아름다움을 지각하기 시작할 것이다. 사하스라라 안에 있는 빛나는 광채의 중심에는 '푸른 진주(Blue Pearl)'라고 알려진 작고 번쩍이는 푸른 빛이 있다 그것이 당신 안에 있는 참나의 빛이다. 그것을 본 위대한 시다들은 "신은 모든 인간 속에 존재한다."고 선언하였다.

당신이 이 세상에서 찾는 모든 것은 당신 안에 있다. 지고의 기쁨이 내면에서 타오르고 있다. 하지만 이것을 지적으로만 이해하는 것은 충분하지 않다. 내면으로 깊숙이 들어가야 한다. 내면을 파헤쳐 보아야 한다. 그때 비로소 당신은 희열의 모습으로 당신 안에 살아 있는 찬란한 의식을 보게 될 것이다.

위대한 수피 성자 만수르 마스타나는 말했다. "당신은 사원도 부술 수 있고, 모스크도 부술 수 있다. 당신은 카바 신전도 부술 수 있고, 키블라도 부술 수 있다. 하지만 인간의 가슴은 결코 부술 수 없다. 왜냐하면 그 가슴속에 신이 거주하고 있기 때문이다." 인간의 가슴은 신의 진정한 집이다. 그곳은 행복의 자리이며, 영원한 사랑의 거처이다. 그곳으로 가라.

꿀벌과 코끼리

옛날에 젊고 튼튼하며, 젊음의 뜨거운 피가 끓는 꿀벌이 있었다. 어느 날 그는 행복에 도취되어 이 꽃에서 저 꽃으로 날아다니며 꿀을 빨아먹고 있었다. 그는 곧 날이 어두워지고 돌아가야 한다는 것을 까맣게 잊고서 집에서 점점 더 멀리 벗어나고 있었다.

　꿀벌이 막 연꽃 속으로 들어갔을 때, 해가 졌고 연꽃잎이 닫혔다. 그는 갇혀 버렸다. 그러나 꿀벌은 날카로운 침을 가지고 있어서 쉽사리 연꽃잎을 뚫고 빠져나갈 수도 있었다. 하지만 그는 도취되어 있었다. 꿀벌은 생각했다. '오늘밤은 이곳에서 연꽃 꿀을 먹으면서 지내고, 내일 아침 연꽃잎이 열리면 집으로 날아가야겠다. 아내와 이웃과 친구들을 모두 데려와서 이 연꽃 꿀을 먹게 해야지. 모두들 즐거워할 거야, 모두들 내게 고마워할 거야!'

　곧 깜깜한 밤이 되었다. 젊은 코끼리가 숲속을 돌아다니고 있었는데, 이 코끼리도 흥분에 취해 있었다. 코끼리는 나무도 잡아채고 식물의 껍질도 벗겨 입 속으로 쑤셔 넣고 있었다. 그러다가 꿀벌이 한껏 즐기고 있는 연못으로 와서 연꽃들을 뜯어 먹기 시작했다. 아무것도 모르는 꿀벌은 여전히 꿀을 빨아먹으면서, '아내를 데리고 와야지. 이웃들도 데리고 와야지. 친구들도 다 데리고 와야지. 나는 커다란 꿀 공장을 갖게 될 거야.'라고 생각하고 있었다. 갑자기 씹는 소리가 크게 들렸다. "으악!" 꿀벌이 비명을 질렀다. "나 죽네. 나 죽어. 나 죽었네."

　꿀벌의 모든 계획은 연못 안에 남았다. 그의 모든 친구들은 그들의 집에 남았다. 그의 아내는 여전히 집에 남았다. 그리고 꿀벌은 코끼리의 입 속에 있었다.

그 꿀벌처럼 우리는 이 세상 안에서 자꾸자꾸 더 멀리 떠나면서 우리가 점점 더 진보하고 있다고 상상하지만, 우리가 우리의 근원으로부터 점점 더 멀어지고 있다는 것을 깨닫지 못한다. 날마다 죽음의 코끼리가 점점 더 가까이 다가오고 있지만, 우리는 그의 발자국 소리를 듣지 못한다.

이 세상은 무상하다. 비록 세상은 매혹적이지만, 우리가 여기에서 보는 모든 것은 언젠가는 소멸한다. 위대한 성자 카비르는 노래하였다. "당신은 지나가는 여행자와 같다. 당신은 재산을 모으고 부유함을 자랑한다. 하지만 이곳을 떠날 때 당신은 아무 것도 가져가지 못할 것이다. 당신은 주먹을 꽉 움켜쥐고 이 세상에 왔지만, 세상을 떠날 때 당신의 손은 열릴 것이다." 이 세상의 모든 것은 변하고, 모든 것은 소멸한다. 젊음은 나이 들고, 건강은 병들고, 아름다움도 변한다. 그는 또 말한다. "당신이 지켜보는 동안, 삶은 먼지로 변한다." 모든 제국, 모든 기념비, 모든 도시가 무너지는 때가 올 것이다. 수많은 왕과 황제와 위대한 지도자들이 있었건만, 그들은 다 어디로 갔는가? 오로지 내면의 참나만이 영원하다. 오직 내면의 의식만이 영원할 것이다.

참나에 대해 명상하지 않는다면, 그리고 영적 수행을 하지 않는다면, 당신이 얻을 수 있는 유일한 것은 죽음뿐이다. 대부분의 사람들은 젊은 날은 먹고, 마시고, 세상의 모든 즐거움을 마음껏 누리는 시기이며 몸이 늙고 쇠약해졌을 때 신에 대해 생각해도 된다고 생각한다. 그러나 당신의 육체가 늙으면 도대체 무엇을 할 수 있겠는가? 집에 불이 난 뒤에 우물을 판들 무슨 소용이 있는가? 이런 이유로 시인 바르트리하리는 이렇게 말했다. "당신의 육체가 건강하고 튼튼할 때, 당신의 감각들이 아직 멀쩡할 때, 당신 자신을 위하여 무엇인가를 하라."[6] 왜 기다리는가? 참나를 명상하고, 지금 그것을 얻어라. 인생은 매우 짧다는 것을 알아라. 당신은 그저 먹고 마시고 죽기 위하여 이 세상에 태어난 것이 아니다.

참나

가장 작은 것보다 더 작고
가장 큰 것보다 더 큰
이 참나는 모든 존재의 가슴속에 늘 있다.
욕망에서 자유롭고
마음과 감각이 정화된 사람은
참나의 영광을 보며
슬픔이 없다.

— 카타 우파니샤드 —

모든 즐거움의 근원

　세상에서 참나보다 더 위대한 것은 없다. 우리의 모든 즐거움과 영감 그리고 활력도 참나에서 나온다. 사실 참나는 우주의 모든 것을 포함하고 있다. 내면을 향하여 명상 중에 참나를 본다면 이러한 사실을 경험할 것이다.
　고대의 위대한 성자 중에 야그나발키야라는 분이 있었다. 그에게는 두 아내가 있었는데, 카티야야니는 나이가 많고 마이트레이는 젊었다. 하루는 야그나발키야가 두 아내를 불러 놓고 이렇게 말했다. "나는 이제 가정생활을 접고 숲으로 들어가서 수행자의 삶을 살고자 하오. 내가 가진 전 재산을 둘로 나누어 그대들에게 나누어 주겠소."
　나이 든 아내는 그녀의 몫을 받았지만, 젊은 마이트레이는 남편에게 물었다. "왜 당신은 모든 재산을 포기하고 떠나려 하나요?"

"참나는 재산에 만족할 수 없기 때문이라오." 야그나발키야가 대답했다.

"이 재산이 저에게 불멸을 줄까요?" 그녀가 물었다.

"아니오. 당신의 삶도 재산과 마찬가지로 영원할 수는 없는 것이오. 재산을 통해 불멸을 얻을 수 있는 사람은 아무도 없을 것이오." 야그나발키야가 말했다.

"그렇다면 저도 그런 것을 원하지 않습니다. 제가 늙은 당신과 결혼한 것은 당신의 재산 때문이 아니라 당신의 지혜 때문이었습니다. 저도 당신처럼 참나를 얻고 싶습니다."

이 말을 듣고 야그나발키야는 매우 기뻤다. "오, 마이트레이, 당신은 언제나 나에게 사랑스런 여인이었소. 그러나 지금은 더욱 사랑스럽구려."

"당신의 모든 물질적 재산은 카티야야니에게 주시고, 저에게는 당신이 가진 지혜의 재산을 주세요."

이에 야그나발키야는 그녀에게 참나의 위대함을 설명하기 시작했다. "오, 마이트레이, 우리가 서로 사랑하는 것은 서로를 위함이 아니고 참나를 위함이오. 아내가 남편을 사랑하는 것은 남편을 위해서가 아니고 참나를 위해서라오. 또한 남편이 아내를 사랑하는 것도 아내를 위함이 아니라 참나를 위함이오. 우리가 모든 창조물을 사랑하는 것도 그들을 위해서가 아니라 참나를 위해서요. 참나는 세상에서 가장 사랑스러운 것이오. 오, 마이트레이, 참나를 보고, 참나를 듣고, 참나를 묵상하고, 참나를 명상해 보시오. 그리하여 참나가 당신 앞에 나타나게 해 보오. 참나의 본성에 대하여 듣고, 참나의 본성에 대하여 묵상과 명상을 하고, 참나의 본성을 지각한다면, 당신은 알려질 수 있는 모든 것을 알게 될 것이오."[1]

순수한 나

참나는 무엇인가? 그것은 "나는 존재한다."라는 순수한 자각이며, 우리가 이 세상에 온 이래 늘 우리 안에 있었던 근원적인 '나 의식'이다. 비록 그 '나'라는 것이 여자 안에 있다 해도, 그것은 여자가 아니다. 비록 그것이 남자 안에 있다 해도, 그것은 남자가 아니다. 참나는 형태도 없고, 색깔도 없고, 그 어떤 속성도 없다. 우리는 참나 위에 "나는 여자다.", "나는 남자다.", "나는 미국인이다."와 같은 여러 가지 생각들을 덧씌워 놓았다. 그러나 우리가 이 모든 것들을 씻어 없애면, 참나는 바로 순수 의식이며[2] 지고의 진리이다. 참나를 깨달은 위대한 성자 샹카라차리야는 아함 브라마스미(aham Brahmâsmi),[3] 즉 "나는 절대자다."라고 선언하였다. 참나를 깨달은 위대한 수피 만수르 마스타나는 아날 하크(ana'l-Haqq), 즉 "나는 신이다."라고 말하였다.

참나는 이 세상의 원천이다. 반얀 나무의 씨앗 한 개는 아주 작고, 깨뜨려 보면 안에 아무것도 없다. 그러나 그 씨앗에는 뿌리와 가지와 잎들이 달린 나무 전체가 담겨 있다. 마찬가지로 참나는 씨앗이며, 우주 전체가 그 안에 담겨 있다.[4] 모든 것이 참나 안에 있기에 참나를 알게 되면 우리는 알려질 수 있는 모든 것을 알게 된다. 바로 이런 이유로 성자들은 계속해서 참나를 묵상하고, 참나를 명상하고, 참나 안에서 자기를 잃는다.

참나의 힘이 우주의 모든 것을 관장한다. 그리고 우리 안에서 모든 것을 가능하게 만드는 것도 바로 그 힘이다.[5] 참나의 뜻에 따라 숨이 들어오고 나간다. 참나의 뜻에 따라 마음이 여러 가지 대상들에게로 움직인다. 참나가 있기 때문에 우리는 말을 할 수 있다. 참나가 있기 때문에 우리는 서로의 말을 이해할 수 있다.[6] 내면에서 진동하는 참나의 힘이 감각들을 작용시키며, 눈으로 보게 하고, 귀로 듣게 하고, 손으로 쥐게 한다. 참나가 우리 안에 존재하고 있기 때문에 우리는 서로를 사랑할 수 있다. 참나로 인해 우리는 서로의 아름다움과 빛남을 알아볼 수 있다. 참나가 우리 몸을 떠나는 순간, 우리 몸은 가치를 잃고 버려진다.

참나가 진정한 신이다

참나에 대한 지식이 없다면 종교 수행조차도 우리를 신에게로 데려다 주지 않을 것이다. 신은 모스크나 사원이나 교회에서만 발견되는 것이 아니라고 위대한 성자들은 말했다. 신은 모든 것의 형태 없는 기초이다. 참나가 진정한 신이며,[7] 모든 종교와 경배 방식의 기초이다.

우리가 어떻게 신을 경배하건 우리에게 경배의 열매를 주는 것은 참나이며, 우리가 바깥에 있는 어떤 것을 사랑한다 해도 그렇게 하여 얻는 행복은 내면으로부터 온다. 이러한 이유로 진리를 아는 자는 모든 종교와 의례를 버리고 참나만을 경배한다. 모든 것이 참나에서 나온다는 것을 알게 될 때, 우리는 참나 외의 다른 어떤 것을 경배하는 것은 의미가 없다는 것을 깨닫는다. 한때 나는 쉬바 신의 열렬한 숭배자였다. 나는 구루를 찾아갈 때마다 그의 아쉬람 근처에 있는 쉬바 사원에 먼저 갔고, 신의 나타나지 않은 형상의 상징인 링감을 씻는 의식을 행하였다. 어느 날 내가 스승님에게 갔을 때, 스승님이 물었다. "오, 묵타난다야, 어디를 다녀오느냐?"

"쉬바 신을 경배하고 오는 길입니다."라고 나는 대답했다.

"왜 너는 바깥에 있는 쉬바 신을 경배하느냐? 쉬바는 내면에 있다. 그곳에서 신을 경배하라."고 스승님이 말하였다.

어느 인도 성자는 이렇게 노래하였다. "사람들이여, 당신들은 돌로 만든 우상을 숭배하고, 그 우상은 당신들의 신이 된다. 의식은 모든 것의 내면에 존재한다. 따라서 만일 당신이 신의 이미지를 만들고 그것을 숭배하게 되면, 당신의 감정으로 인해 뭔가를 얻게 될 것이다. 그러나 신은 당신의 내면에 있다. 이러할진대 당신이 자신의 참나를 숭배한다면, 당신은 신이 되지 않겠는가?"

참나의 본성

참나는 모든 미묘한 것들 중에서 가장 미묘한 것이다. 이것은 대단히 비밀스럽고 신비하며, 이름도 없고 색깔도 없고 형태도 없다. 비록 참나는 속성이 없지만, 성자들은 그 본성을 삿 칫 아난다(sat chit ånanda), 즉 절대 존재, 절대 의식, 절대 희열로 묘사해 왔다.[8]

삿(sat)은 모든 곳, 모든 사물, 모든 시간에 존재하는 절대적인 진리를 의미한다. 만일 진리가 어디에나 존재하는 것이 아니라면, 그것은 진리가 아니며 절대적인 실존도 아닐 것이다. 예를 들어, 뉴욕에 있는 의자는 로스앤젤레스에는 존재하지 않는다. 그것은 지금 존재하지만, 작년에는 존재하지 않았다. 따라서 그 의자에게는 절대적인 존재가 없다. 하지만 참나는 동서남북 어디에나 존재한다. 그것은 모든 나라에 존재한다. 그것은 오늘 여기에 있고, 어제도 여기에 있었으며, 내일도 여기에 있을 것이다. 참나는 장소나 사물, 시간에 구애받지 않는다. 케쉬미르 쉐이비즘의 성자들은 묻는다. "쉬바가 없는 시간이 대체 언제인가?* 쉬바가 없는 장소가 대체 어디인가? 쉬바가 없는 사물이 대체 무엇인가?" 신, 참나는 어디에나 충만하게 존재한다.[9] 그는 어디에나 존재하므로 우리 안에도 존재한다.

---

*쉐이비즘에서 말하는 쉬바는 힌두교의 신이 아니라 어디에나 편재하는 의식이며 지고의 절대자다.

칫(chit)은 모든 것을 밝게 비추는 의식이다. 칫은 우리로 하여금 외부의 모든 사물뿐만 아니라 우리 내면의 느낌들도 자각하게 한다. 우리가 당황하거나 불행을 느낄 때에 의식은 이런 감정들을 비추며, 우리가 행복을 느낄 때에도 의식은 이런 감정들을 자각하게 한다. 이 의식은 내면에 존재하는 신을 자각하게 하며, 설령 우리가 신을 보지 못하여 신이 존재하지 않는다고 생각할 때에도 그 이해를 일으키는 것은 바로 이 의식이다. 칫은 모든 시간, 모든 사물, 모든 장소에 존재하는 실재를 밝게 비춘다. 참나는 칫이다. 그리고 이것은 자기 자신뿐만 아니라 세상 모든 것을 밝게 비추어 준다.

아난다(ānanda)는 희열이다. 그 희열은 우리가 참나를 얻었을 때 비로소 이해할 수 있는 것이다. 삿과 칫으로서의 참나의 본성에 대해서는 논의할 수 있지만, 참나의 희열은 반드시 명상 속에서 경험되어야 한다. 이 희열은 아름다운 모습을 보거나 감미로운 음악을 듣거나 맛있는 음식을 먹거나 부드러운 감촉을 접할 때 느끼는 희열보다 훨씬 더 대단한 것이다. 감각에서 생긴 기쁨은 감각에 의존하므로 만일 즐거움의 대상이 사라지면 그 희열 또한 사라진다. 그러나 참나의 희열은 그 어떤 외적 요인에도 의존하지 않는다. 이것은 완전히 독립적이며, 내면으로부터 조건 없이 일어난다. 마음과 지성이 참나에 가까이 가면, 그것들은 참나의 희열을 경험할 수 있다. 위대한 존재인 갸네쉬 바라 마하라지는 "참나의 광채는 언제나 새롭다."고 말했다. 참나의 희열은 끊임없이 스스로를 새롭게 한다. 예전에 인도를 떠돌아다닐 때 나는 늘 웃고 있는 성자들을 만나곤 했다. 나는 '저렇게 계속 웃어도 지치지 않나?' 하고 궁금해 했다. 이제 나는 그들이 늘 웃고 있는 이유를 이해한다. 그들은 희열을 느끼고 웃다가, 다음 순간에는 새로운 종류의 희열을 느껴 다시 웃는다. 그들의 희열이 언제나 새롭기에 그들은 웃고 또 웃는 것이다. 행복을 감각에 의존하고 있는 사람은 스스로 만족하기 위해 끊임없이 새로운 것을 갈구한다. 그는 새로운 맛, 새로운 음악, 새로운 사랑을 얻어야 한다. 그러나 참나의 희열은 언제나 새롭기 때문에 요기는 결코 싫증을 내지 않는다.

참나는 우리의 가장 친한 친구이다. 그것은 바로 가슴속에 있으며 완전한 채로 우리 안에 존재한다. 참나는 언제나 우리와 함께 있지만, 너무나 미묘해서 대부분의 사람들은 그것을 보거나 듣지 못한다. 참나는 만물의 형태 없는 바탕이자[10] 우리 삶의 토대이다. 눈으로는 그것을 볼 수 없고, 말로는 그것에 도달할 수 없다. 혀는 참나에 대해 말할 수 있지만, 참나의 본성을 진실로 묘사하는 것은 침묵이다. 마음이나 감각을 통해서는 참나에 이를 수 없다. 내면의 정신적 도구들이 명상을 통해 정화될 때, 참나는 스스로 자신을 드러낸다. 이런 이유로 인도의 성자들은 명상을 매우 강조한다. 『바가바드 기타』에서 크리슈나는 아르주나에게 디야넨 아트마니 파슈얀티(dhyånen åtmani pashyanti),[11] 즉 "참나는 명상을 통해 보인다."라고 말한다. 우리가 평화롭게 명상할 때, 참나는 우리 앞에 나타날 수 있다.

내면의 아는 자

나는 한 위대한 존재가 쓴 시 한 편을 읽었다. "오, 내 사랑하는 이여, 나의 말을 들어 보라. 참나의 지혜는 아주 쉽게 얻을 수 있다. 평범한 사람이라도 명상을 통해 내면을 들여다보면 참나의 빛을 보게 될 것이다." 참나는 숨어 있지 않고 드러나 있다. 우리가 일상의 감각으로 참나를 감지하지 못하는 이유는 참나가 바로 지각자이기 때문이다.

한번은 어떤 사람이 위대한 성자에게 물었다. "참나가 무엇인가요?" 성자가 대답했다. "참나는 마음의 목격자다."[12] 우리 안에는 우리가 깨어 있을 때 하는 모든 활동을 관찰하고 있는 존재가 있다. 밤에 우리가 잠들 때에도 그 존재는 잠들지 않고 깨어 있다가, 아침에 우리에게 우리가 꾼 꿈에 대해서 알려 준다. 그 아는 자는 누구인가? 『카타 우파니샤드(Katha Upanishad)』에서는 꿈의 상태와 깨어 있는 상태를 모두 지각하는 자가 모든 것에 스며 있는 참나라고 말한다.[13]

라마가 성자 바시슈타에게 "참나의 본성이 무엇입니까?"라고 물었을 때 바시슈타는 이렇게 설명하였다. "오, 라마여, 네가 형태와 맛과 냄새와 감촉을 식별하고 인지하는 것은 참나를 통해서이다. 네가 사랑의 감촉의 즐거움을 아는 것도 참나를 통해서이다. 오, 라마여, 네가 모든 것을 아는 것은 참나를 통해서이며, 그 참나가 바로 지고의 진리이다."[14]

케쉬미르 쉐비이즘에서는 참나를 프라카샤(prakåsha)와 비마르샤(vimarsha)[15]라고 한다. 이 단어들은 매우 의미심장하다. 프라카샤는 '빛'을 의미하며, 참나는 프라카샤로서 모든 것을 비춘다. 예를 들어 우리 앞에 항아리 하나가 있다면, 그 항아리를 우리 앞에 보이게 하는 것이 프라카샤다. 비마르샤는 '자각'을 의미한다. 그것은 우리에게 어떤 것이 무엇인지를 알게 하는 이해력이다. 프라카샤가 항아리를 비추면, 비마르샤는 우리가 진흙으로 만들어진 항아리를 보고 있다는 것을 알게 해 준다. 프라카샤와 비마르샤는 모든 것 안에 존재하며, 내면의 세계뿐만 아니라 외부의 세계도 비추고 있다. 프라카샤이자 비마르샤인 참나는 마음을 비추고, 지성을 비추고, 모든 감각들을 비춘다. 『바가바드 기타』에서 크리슈나는 아르주나에게 이렇게 말한다. 사르벤드리야구나 바삼 사르벤드리야비바르지탐 아삭탐 사르바브리치 차이바 니르구남 구나복트리 차(sarvendriyagunå bhåsam sarvendriyavivarjitam; asaktam sarvabhrich chaiva nirgunam gunabhoktri cha),[16] 즉 "그것은 우리들의 모든 감각을 통해 비추지만 감각 없이 있다. 그것은 감각들을 지탱하지만 그것들에게서 분리되어 있다. 그것은 자연의 모든 성질들을 경험하지만 그것들에게서 떨어져 있다." 내면이나 외부에서 무슨 일이 일어나더라도 참나는 그것을 보며 안다. 그 참나, 그 의식은 명상을 통하여 스스로를 알게 된다.

희귀한 선물

비록 참나는 항상 우리와 함께 있지만, 참나에 대한 지식은 아주 희귀한 선물이다. 그것은 오직 신의 은총을 통해 온다. 참나를 알게 되면 모든 고통이 사라지고 최상의 희열을 얻게 된다. 참나 속에 잠겨 그 기쁨을 얻기 전까지 마음은 끊임없는 애착과 미움의 불꽃 속에 타오른다. 그러나 참나를 얻은 사람은 더없이 자유로운 기쁨을 얻게 되며, 세상의 어떤 아픔도 그것을 건드릴 수 없다. 희열의 내부에서 감로의 샘이 솟아오른다. 이런 희열을 얻은 사람이 어떻게 배고프거나 목마를 수 있겠는가? 자신의 참나를 이해하는 사람이 어떻게 세상의 비참함 때문에 고통 받을 수 있겠는가? 따라서 당신 자신의 즐거움을 위해 참나를 구하라. 한번 참나의 영광을 깨닫게 되면, 당신은 세상에 이보다 더 위대한 것은 없다는 것을 알게 될 것이다.

신은 결코 가슴을 떠나지 않는다

인도에 하즈라트 바야지드 비스타미라는 위대한 수피가 살고 있었다. 비스타미는 젊었을 때 메카로 순례를 떠났다. 순례 길에 그는 희열에 찬 수도승을 만나게 되었다. 그 수도승은 "어디로 가시오?" 하고 물었다.

"메카로 갑니다." 비스타미가 대답하였다.

"왜 가시오?"

"신을 만나기 위해서 갑니다."

"당신은 돈을 얼마나 가지고 가시오?"

"4백 디나르를 가지고 갑니다."

그는 "그 돈을 나에게 주시오."라고 말한 뒤, 돈을 받아서 자기 주머니에 넣더니 이렇게 말했다. "당신이 메카에 가면 뭘 하겠소? 그저 신성한 바위를 일곱 번 돌 것이오. 그러는 대신 내 주위를 일곱 번 도시오." 비스타미가 그렇게 하자 수도승이 말했다. "이제 당신은 떠나도 좋소. 당신은 목적을 이루었소. 그 전에 한 가지 말해 줄 게 있소. 메카가 세워진 이래, 신은 그곳에 머문 적이 없소. 그러나 가슴이 만들어진 이래, 신은 그곳을 떠난 적이 없다오. 집으로 가서 명상하시오."

누구나 신에게 이른 사람은 인간의 가슴 안에 있는 신에게 이르렀다. 가슴은 신의 가장 위대한 사원이다.

강물과 그릇의 물

개인의 영혼과 지고의 영혼의 차이점은 무엇입니까?

개인의 영혼과 지고의 영혼은 다른 것이 아니다. 개인의 영혼이 지고의 영혼이다. 지고의 영혼인 신은 자신이 모든 것에 존재한다는 자각을 갖고 있는 반면, 개인의 영혼은 단지 머리에서 발끝까지만 존재한다고 믿고 있다. 실제로는 그 둘 사이에 아무런 차이가 없지만, 당신의 이해가 차이를 만들고 있다. 이것은 무지 때문이며, 무지란 자신의 참나에 대한 지식의 결핍이나 잘못된 이해를 말한다. 참나를 완전히 이해하게 되면, 차이가 있다는 생각이 사라진다.

어느 날 구루가 그의 제자에게 "신과 영혼은 하나이며 같은 것이다. 신은 그 자신 안에 존재하는 것처럼 우리 모두 안에도 똑같은 정도로 존재한다."라고 설명하고 있었다.

그러자 제자 가운데 한 사람이 일어나 이렇게 말했다. "오, 구루시여, 신은 너무나 위대합니다. 신의 힘은 너무나 대단합니다. 무한한 세계들이 신 안에 존재하고 있습니다. 어떻게 우리가 신일 수 있겠습니까?"

구루가 말하였다. "나의 물병을 들고 야무나 강으로 가서 강물을 가득 담아 오너라."

제자는 강으로 떠났고 얼마 되지 않아 물병을 들고 돌아왔다. 구루는 물병을 들여다보며 말했다. "나는 너에게 야무나 강물을 떠오라고 했다. 이것은 야무나 강물일 리가 없다."

"오, 구루시여, 그렇지 않습니다. 이 물은 야무나 강물입니다." 제자가 대답하였다.

"야무나 강에는 물고기들이 있는데, 이 물에는 물고기가 없다. 야무나 강에는 거북이들도 많은데, 이 물에는 거북이도 없다. 또한 야무나 강가에는 소들이 많이 서 있는데, 이 물에는 소들도 없다. 야무나 강에는 많은 사람들이 목욕을 하는데, 이 물에는 목욕하는 사람이 아무도 없다. 이러고도 어떻게 이 물을 야무나 강물이라고 할 수 있겠느냐? 다시 가서 야무나 강물을 떠오너라."

"그러나 이것은 적은 양의 강물일 뿐입니다. 어떻게 이 안에 그 모든 것이 담길 수 있겠습니까?" 제자가 항변했다.

"네 말이 옳다. 이제 이 물병을 가지고 가서 야무나 강에 다시 붓고 오너라." 구루가 말했다.

제자는 강으로 가서 물병의 물을 다시 붓고 돌아왔다.

"이제 그 모든 것들이 그 물 안에도 존재하지 않느냐? 개인의 영혼은 물병에 담긴 물과 같다. 그것은 신과 하나이다. 그러나 제한된 형태로 존재하기 때문에 신과 다른 것처럼 보이는 것이다. 네가 물병의 물을 강물에 부었을 때, 그 물은 강물 속에 담긴 물고기, 거북이, 소와 그 외의 모든 것을 다시 담게 되었다. 이와 마찬가지로 네가 명상과 지식을 통하여 너의 내면에 있는 참나를 보게 된다면, 너는 네가 바로 그것이며 너 자신이 신과 마찬가지로 모든 곳에 충만하여 있음을 깨닫게 될 것이다. 그때 너 또한 신의 모든 힘으로 가득 찰 것이다."

우리 모두는 신이다

스승님은 자신을 신이라고 보십니까?"

그렇다. 나는 당신도 신으로 본다. 위대한 존재 시다루다는 나에게 베단타를 가르쳤다. 그는 끊임없이 "나는 쉬바다."라는 의미인 쉬보함(shivo'ham)을 되뇌었다. 어느 날 어떤 사람이 그에게 물었다. "당신은 자신을 쉬바라고 부릅니까?"
"물론입니다."라고 그가 대답했다.
그 사람이 다시 물었다. "어떻게 그럴 수 있습니까?"
시다루다는 이렇게 대답했다. "당신은 당신의 어떤 이해와 지식 때문에 자신이 쉬바가 아니라고 생각합니다. 나는 나의 어떤 이해와 지식 때문에 나 자신을 그렇게 생각합니다."
이와 마찬가지로 만일 어떤 사람이 나에게 "당신은 신인가요?"라고 묻는다면, 나는 나의 이해 때문에 이렇게 대답할 것이다. "신은 내 안에 존재할 뿐만 아니라, 내 육체의 머리끝에서 발끝까지 모든 세포 속에도 존재한다. 그는 나의 존재 전부이다."
나는 내 안의 순수한 참나를 지각한다. 그런데 내가 왜 나 자신을 신으로 보면 안 되는가? 한 방울의 물이 비가 되어 산꼭대기에 내린다. 비가 되어 내린 많은 물방울은 계곡물이 되고, 그 계곡물은 산 아래로 흘러내려 강물이 된다. 강물은 흘러 바다와 합쳐진다. 강물이 바다와 합쳐질 때, 최초의 물방울은 자기를 무엇이라고 부르겠는가? 하나의 빗방울이라고 보겠는가, 아니면 바다라고 보겠는가?

당나귀의 성지

쉐이크 나스루딘의 아버지는 위대한 성자의 무덤 성지를 지키는 관리인이었다. 많은 수도승들이 그곳에 와서 경배를 드렸다. 나스루딘은 그들의 이야기를 들으면서 자랐기에 진리를 알고 싶은 갈망을 느끼게 되었다. 아버지는 그가 집에 남아 성지를 돌보기를 원했지만, 나스루딘은 세상에 나가 신을 찾아보는 것을 허락해 달라고 간청했다. 마침내 아버지는 허락을 했다. 아버지는 그에게 당나귀 한 마리를 주었다. 나스루딘은 길을 떠났다. 그는 숲에서 숲으로, 모스크에서 모스크로, 성지에서 성지로 오랜 세월 방랑하였다. 사람이 미혹에 빠지면 그는 미혹 속에서 계속 헤매게 된다. 위대한 성자 나낙데바는 이것을 매우 아름답게 표현했다. "왜 당신은 그를 찾아 이 숲에서 저 숲으로 떠도는가? 그는 어디에나 있다. 그는 당신 안에 살고 있다. 그런데 왜 그를 다른 곳에서 찾고 있는가?"

나스루딘은 끊임없이 떠돌아다녔고, 결국 어느 날 그의 당나귀는 쓰러져 버렸다. 나스루딘과 당나귀는 예전부터 절친한 친구였고 오랫동안 함께 여행을 다니고 있었다. 그래서 당나귀가 죽었을 때 나스루딘은 너무나 슬펐다. 그는 땅에 쓰러져서 머리를 치면서 울었다. "아이고, 내 당나귀가 죽다니! 내 친구가 나를 떠나다니!"

나스루딘이 그곳에 엎드려 울고 있을 때, 지나가던 사람들이 그의 가엾은 상황을 보게 되었다. 몇몇 사람들은 죽은 당나귀 위에 나뭇가지와 잎사귀를 덮어 주었다. 다른 사람들은 흙을 덮어 주었다. 마침내 무덤이 만들어졌다. 나스루딘은 슬픔에 잠겨 그곳에 앉아 있었다. 지나가는 사람들은 무덤 앞에 앉아 있는 그를 보고 위대한 성자의 무덤 성지를 모시는 제자라고 생각하였다. 그래서 그들은 그 성지에 꽃과 돈을 바쳤다. 곧 많은 사람들이 그곳에서 경배하기 시작하였다. 많은 성직자들도 찾아오기 시작하였다. 성지에 바칠 물건들을 팔기 위해 향 장수, 과일 장수, 꽃 장수들이 모여들기 시작했다. 갈수록 더 많은 사람들이 몰려들었다. 더욱더 많은 사람들이 그 성지에 봉헌을 하여 그곳은 매우 부유해졌다. 얼마 되지 않아 거대한 모스크가 세워졌고, 천여 명의 사람들이 그 주위에서 살게 되었다. 그 성지에서 기도하면 모든 소원이 이루어진다는 소문이 퍼져 나갔다. 나스루딘은 슬픔을 잊기 시작했다. 물론 그가 신을 찾은 것은 아니지만 그는 매우 유명해졌다.

마침내 그 성지에 대한 소문은 나스루딘이 살던 마을에까지 퍼졌다. 소문을 들은 나스루딘의 아버지는 그 성지를 관리하는 위대한 수도승을 만나러 순례 길에 올라야겠다고 결심했다. 마침내 성지에 도착한 그는 우선 성지의 거대한 규모에 깊은 감동을 받았다. 그는 당나귀를 바깥에 있는 나무에 매어 두고서 수도승을 뵙고자 청했다. 놀랍게도 그는 자신의 아들 나스루딘이었다. 아버지는 이루 말할 수 없이 기뻤다. 그는 뛸 듯이 기뻐하며 아들을 껴안고서 말했다. "나스루딘, 네가 이렇게 유명해졌구나! 너의 명성이 이렇게 자자하다니 놀라운 일이야. 그런데 이 성지에 묻힌 위대한 성자는 어떤 분이냐?"

"오, 아버지, 어떻게 말씀드려야 할까요?" 나스루딘이 대답했다. "이 무덤은 아버지께서 제게 주신 당나귀의 무덤입니다."

"이상한 일도 아니로구나." 나스루딘의 아버지가 탄성을 질렀다. "내게도 이와 똑같은 일이 일어났었지. 내가 관리하는 성지 역시 당나귀의 무덤이란다."

참나를 모르고 숭배하는 것은 나스루딘의 당나귀 성지를 숭배하는 것과 같다.

깨달음은 당신 것이다

제가 깨달음을 얻을 수 있겠습니까?

깨달음은 이미 당신 것이다. 그것을 이해하기만 하면 된다. 당신은 이미 신을 깨달았다. 단지 신이 당신 안에 있다는 것을 모르고 있을 뿐이다. 당신은 자신이 신에게서 멀리 떨어져 있다고 상상한다. 이 점을 생각해 보라. 만일 당신이 지금 즉시 신을 갖지 않고 영적 수행인 사다나(sådhanå)를 통하여 신을 얻고자 한다면, 신을 다시 잃을 가능성은 언제나 존재한다. 예를 들어, 나에게 목걸이가 없다고 가정하자. 나는 노력해서 목걸이를 갖는다. 그러나 목걸이는 나의 일부분이 아니기에 얼마 후면 잃어버릴 수 있다. 이와 마찬가지로 당신이 이미 신을 가지고 있지 않다면, 당신이 그를 얻는다 해도 미래에는 잃을 수 있다. 이것은 이해의 문제이다. 당신은 이미 신을 깨달아 있다. 그러나 그것을 자각하지 못하고 있다.

제가 자각할 수 있을까요?

당신이 얻어야 하는 것은 바로 그 자각이다. 이것은 마치 당신이 10달러를 주머니에 넣어 두었다는 사실을 잊어버리고 돈이 없다고 하는 것과 같다. 그러다가 주머니에 손을 넣어 보고는 "와, 10달러 찾았네."라고 말한다. 그 돈을 찾았다고 말한다는 것은 무슨 뜻인가? 그것은 이미 그곳에 있었다. 당신은 이미 가지고 있던 것을 찾은 것이다.

신을 발견하기 위해 어떤 노력을 해야 하는가? 우리는 있는 그대로의 신을 찾고 있는가, 아니면 우리가 원하는 모습의 신을 찾고 있는가? 우리는 있는 그대로의 신을 찾고 있는가, 아니면 우리의 마음이 신이라고 말하는 신을 찾고 있는가? 우리는 우리의 문제들을 해결할 사다나를 찾고 있는가, 아니면 사다나의 문제들을 찾고 있는가?

나의 위대한 친구인 쉐이크 나스루딘에 대한 이야기를 들려주겠다. 어느 날 나스루딘은 술에 몹시 취해 늦은 밤에야 집으로 돌아왔다. 그는 집 주위를 이리저리 왔다 갔다 하기 시작했다. 그의 아내가 잠에서 깨어 "누구세요?" 하고 외쳤다.

"나요."라고 나스루딘이 대답했다.

"왜 집 밖에서 어슬렁거리나요? 열쇠를 잃어버렸나요?" 아내가 물었다.

"아니, 열쇠는 있소." 나스루딘이 대답했다. "문제는 문이 잠겨 있지 않다는 거요!"

이것이 바로 우리가 하고 있는 일이 아닐까? 우리는 우리의 생각에 따라 신을 찾고 있는가, 아니면 있는 그대로의 신을 찾고 있는가?

신을 찾기 위해 뭔가를 버려야 할 필요가 있습니까?

만일 당신이 정말로 무엇인가를 가지고 있다면, 당신은 그것을 버릴 필요가 있다. 그러나 당신은 자신의 것이라 할 수 있는 무엇을 가지고 있는가? 당신의 삶은 신의 선물이다. 당신이 이 세상에서 보는 것은 무엇이나 신이 창조하였다. 그러므로 당신은 정말로 자신의 것이라 할 수 있는 무엇을 가지고 있는가? 간단한 예를 하나 들겠다. 내 시계는 아쉬람의 소유다. 내가 이 시계를 집어던지고는 "오, 신이시여, 제가 시계를 버렸나이다."라고 말할 수 있는가? 나의 것이 아닌 것을 버렸기에 그것은 진정한 버림이 아니다. 마찬가지로 당신은 당신이 버릴 수 있는 그 어떤 것도 가지고 있지 않다. 당신이 무엇을 가지고 있건, 그것들은 모두 다른 이의 것이다. 당신의 몸조차도 당신의 것이 아니다. 그것은 당신 부모의 정자와 난자가 결합한 것이다.

신은 어떤 행위나 기술 또는 길을 통하여 발견되지 않는다. 이것은 진실이다. 신은 올바른 이해를 통해서 발견된다. 사람들이 미혹되고 고통 받는 것은 이해가 부족하기 때문이다. 따라서 만일 정말로 무엇인가를 버리고 싶다면, 육체가 자신의 것이라는 이해를 버려라. 당신의 자아를 버리고, 당신의 자만심을 버려라. 만일 자신의 자아를 버릴 수 없다면, 적어도 그것을 좋은 용도로 사용하라. "나는 남자다."라고 말하는 대신에 "나는 신이다."라고 말하기 시작하라. 그것은 매우 좋은 자아이다.

당신의 내면에는 모든 것을 알고 있는 존재가 있다. 그를 이해하도록 노력하라. 그는 신이다. 그가 존재하기 때문에 당신도 존재한다. 하나의 그림이 그려지려면, 먼저 캔버스가 있어야 한다. 신이라는 캔버스 위에 당신의 그림이 그려지고 있다. 이해되는가?

거의 이해가 됩니다. 그러나 제가 무엇인가를 포기해야 하느냐고 물었을 때, 저는 물질적인 것을 의미하지 않았습니다. 저는 세상을 이성적으로 이해하기 위해 애쓰면서 살고 있습니다. 제가 정말로 묻고 싶었던 것은, "신에게 도달하려면 세상을 이성적으로 이해하려는 노력을 버려야 하는가?"였습니다.

오직 당신의 잘못된 이해를 버려라. 다른 것은 버릴 것이 없다.

제가 그렇게 할 수 있을까요?

이 잘못된 이해를 가지고 있는 것은 당신이다. 따라서 분명히 당신은 그것을 버릴 수 있다. 우리는 잘못된 질문들을 한다. 우리는 가지고 있지도 않은 것을 버리려고 노력한다. 우리는 이미 가지고 있는 것을 찾고 있다.

나는 당신에게 신은 우리 모두 안에 있다고 말할 수 있다. 우리가 그를 이해하건 이해하지 못하건 상관이 없다. 왜 우리는 그를 경험하지 않는가? 우리의 눈은 다른 대상들을 볼 수 있지만 자기 자신은 볼 수 없다. 마찬가지로 신을 보는 것은 매우 어렵다. 왜냐하면 신은 모든 것을 보는 자이기 때문이다.

내 말을 이해하겠는가? 신은 지식의 대상이 아니다. 그는 아는 자이다. 케쉬미르 쉐이비즘에서는 우리가 여러 가지 영적 수행을 하더라도 신에게 이를 수는 없다고 말한다.[17] 기법들은 그를 드러낼 수 없다. 태양이 모든 것을 비추고 있는데, 손전등이 태양을 밝게 할 수 있는가?

어느 날 쉐이크 나스루딘은 동트기 전 새벽에 일찍 일어났다. 그리고 제자 마하무드를 불러서 "밖으로 나가 해가 떴는지 보고 오라."고 말했다. 마하무드가 밖으로 나갔다가 돌아와서 말했다.

"아직도 깜깜합니다. 태양을 전혀 볼 수 없습니다."

그러자 나스루딘이 화를 버럭 내면서 소리쳤다. "이런 바보 같으니! 너는 어째서 손전등을 사용할 생각조차 못했느냐?"

우리는 정확히 이렇게 하고 있다. 내재하는 신이 영적 기법을 통해 드러나기를 바라는 것은 손전등으로 태양을 밝히기를 바라는 것과 같다. 손전등은 태양 옆에서는 비출 수 없다. 태양과 마찬가지로 참나는 그 자신의 찬연한 광채로 항상 빛나고 있다. 어떤 사다나가 그 참나를 밝게 비출 수 있겠는가? 오직 미묘하고 숭고한 지성을 통하여 우리는 그것을 알 수 있다. 우리가 명상과 영적 수행을 하는 까닭은 참나의 광채를 충분히 반영할 만큼 지성을 순수하게 하기 위한 것이다.

의자에 아주 조용히 앉아서 내면을 향한 뒤, 누가 안쪽에서 당신의 생각을 지켜보고 있는지를 보도록 노력하라. 이런 식으로 꾸준히 지켜본다면 참나를 알게 될 것이다. 당신은 결코 잃어버린 적이 없는 것을 찾고 있다. 이미 가지고 있는 것을 어떻게 다시 얻을 수 있겠는가? 참나는 이미 당신 안에서 일하고 있다. 어떤 행위로 참나를 찾으려 하는가? 참나를 이해할 때 참나를 찾을 것이다. 꾸준히 참나를 묵상하고 참나를 이해하려고 노력한다면, 참나는 그 자신을 당신에게 드러낼 것이다. 그러므로 내면을 향하라. 그 내면의 아는 자를 찾아라. 신은 당신의 가슴속에 있다. 당신이 신을 자신의 가슴속에서 잃어버렸다. 따라서 당신은 오직 자신의 가슴속에서만 그를 찾게 될 것이다.

마음

자신의 생각이 바로 자신의 세상이다.
한 사람이 무엇을 생각하면
그는 그 생각이 된다.
이것은 영원한 신비이다.
마음이 지고의 참나 속에 있으면
그치지 않는 행복을 누릴 것이다.

— 마이트리 우파니샤드 —

우리의 가장 나쁜 적이자 가장 좋은 친구

우리가 참나를 알지 못하도록 가로막고 있는 가장 큰 장애물이 하나 있는데, 그것은 바로 마음이다. 마음은 내면의 참나를 가리고 우리가 보지 못하도록 감춘다. 마음은 신이 우리에게서 아주 멀리 떨어져 있으며 행복은 바깥에서 찾아야 한다고 느끼게 한다. 그러나 우리를 참나에게서 갈라놓은 바로 그 마음이 또한 우리를 참나와 재결합하도록 도와준다. 이런 이유로 진정한 심리학자들이었던 고대의 성자들은 마음이 속박과 해방의 근원이며, 슬픔과 즐거움의 근원이고, 우리들의 가장 좋은 친구이자 가장 나쁜 적이라고 결론지었다. 이런 이유로 이 세상에서 우리가 알아야 할 가치 있는 것이 있다면, 그것은 바로 마음인 것이다.

우파니샤드의 성자들은 마음이 참나의 몸이라고 말했다.[1] 참나는 마음을 통해 빛나며 마음을 움직인다. 그러나 참나가 그토록 마음 가까이 있어도 마음은 그것을 알지 못한다. 마음은 언제나 바깥으로만 움직이며 외부 대상에 초점을 맞추기에 그 결과로 매우 둔해져 버렸다. 호수의 물이 침전물로 가득 차면 태양 빛을 반사할 능력을 잃어버리듯이, 마음도 참나의 광채를 반사할 능력을 잃어버렸다. 그러나 우리가 명상을 하면 마음은 내면으로 점점 더 깊이 들어가서 더욱더 고요해진다. 마음이 진정으로 고요하면, 우리는 참나의 감로를 마시기 시작한다. 요가와 명상이 생겨난 이유는 바로 이것이다. 마음을 고요하게 하고 생각으로부터 자유롭게 함으로써 자기의 근원과 접촉할 수 있게 하기 위함인 것이다.

마음의 가치

성공적으로 명상을 하려면 우선 마음을 이해해야만 한다. 마음은 무한한 가치가 있다. 우리가 인간 존재로 불릴 수 있는 것도 마음이 존재하기 때문이다. 나의 구루는 이렇게 말하곤 하였다. "사람은 손을 잃어도 살 수 있다. 발을 잃어도 살 수 있다. 눈을 잃어도 여전히 멋진 인생을 살아갈 수 있다. 하지만 마음을 잃어버린 사람은 죽은 것과 같다."

어느 날 큰 기업체를 운영하고 있는 사업가 한 명이 들것에 실려서 나의 구루에게 실려 왔다. 그는 칠만 명의 직원을 거느린 회사의 사장이었지만, 마음을 쓰지 못하게 되었기에 자기의 주위에서 무슨 일이 일어나는지조차 의식하지 못했다. 그를 돌보기 위해 비서와 두 명의 의사, 두 명의 간호사가 필요했다. 나의 구루인 니티아난다가 그를 보고 말하였다. "마음이 떠나가면 모든 것이 떠나간다. 이 남자는 수많은 사람을 돌보고 있지만, 그의 마음을 잃어버렸기에 자기의 몸조차도 돌볼 수 없게 되었다."

아무리 많은 재산을 가지고 있어도 자기 마음의 축복을 받지 못한다면, 그의 재산은 그에게 아무런 쓸모가 없다. 아무리 많은 기술을 가지고 있어도 자기 마음이 떠난다면, 그의 기술은 아무런 가치가 없다. 비록 그의 육체가 대단히 튼튼하고 건강하다 해도, 그의 지각 기관들과 운동 기관들이 완벽하게 돌아가고 있다 해도, 만일 그의 마음이 건강하지 못하면 그의 인생이 제대로 돌아가지 않는다. 매우 젊고 아름다운 몸을 가진 사람이라도 마음이 병들면 가장 나이 든 사람보다 더 늙은 것이다. 반면에 육체는 매우 늙고 외부 상황은 비참하고 가정생활이 무너지고 있는 사람이라도 마음이 강하고 고요하면 불행이나 슬픔도 그를 건드릴 수 없다. 바로 이러한 이유로 만일 어떤 사람이 나에게 "이 세상에서 가져야 할 가장 중요한 것이 무엇입니까?"라고 묻는다면 나는 "좋은 마음이다."라고 대답할 것이다.

인도에는 위대한 심리학자와 정신 치료사들이 많이 있지만 정신병원은 매우 드물다. 이것은 인도 사람들이 마음을 대단히 중요하게 여기기 때문이다. 고대 인도의 성자들과 철학자들은 내면세계에 대해 많은 연구를 했고 수많은 경전과 철학적인 작품들을 집필했다. 이 막대한 저서들 가운데 신에 대해 쓰인 부분은 아주 미미하다. 그 대신에 마음을 다루고 있으며, 마음을 고요하게 하고 순수하게 정화시키는 수많은 방법들을 논하고 있다. 요가와 종교 의식 그리고 모든 영적 수행들은 오직 마음을 위해 존재한다. 성자들은 마음이 순수할수록 더욱 행복하게 느낀다는 것을 알아냈다. 아이들의 마음은 안정되어 있지 않지만 매우 순수하다. 이 때문에 아이들은 대부분의 어른들보다 더 행복하다. 그러나 가장 큰 행복은 마음이 고요해질 때 찾아온다. 대부분의 사람들은 이렇다는 것을 모른다. 대신에 그들은 밤이고 낮이고 마음을 자유롭게 다니도록 놓아둔다. 마음이 생각에 빠지도록 놓아둔다. 이렇게 하여 그들은 스스로를 동요하고 쉬지 못하게 만든다. 그들은 마음이 고요해지면 둔해질 것이라고 믿지만 사실은 그렇지 않다. 소란스럽고 빙빙 돌아가고 가만히 있지 못하는 마음은 나약하다. 나약한 사람은 끊임없이 안절부절못하고 불안해하지만, 강한 사람은 고요하고 평온하다. 마찬가지로 강한 마음은 고요한 마음이다. 그런 마음은 모든 것을 이룰 수 있다. 사실, 사다나를 행하거나 마음을 고요하게 한 사람들은 더없이 행복하여, 비록 가진 것이 아무것도 없어도 늘 기쁨이 유지된다. 당신은 직접 이것을 시험해 볼 수 있다. 잠시라도 마음을 고요하게 해 보라. 그리하면 다른 방법으로는 경험할 수 없는 기쁨을 경험하게 될 것이다.

마음을 고요하게 할 필요가 있다고 해서 억지로 억누르거나 힘으로 고요하게 하려는 것은 아무런 의미가 없다. 성자들은 말한다. "오, 사람들이여, 당신은 마음을 통제하기 위해서 노력하고 있지만, 그 마음이 당신을 지배할 것이라는 것은 거의 깨닫지 못한다." 마음을 좇거나 억지로 조용하게 만들기 위해 노력하는 것은 소용이 없다. 그럴수록 우리는 더욱 동요하고 고생하게 될 뿐이기 때문이다. 그러나 마음의 진정한 본성을 이해한다면, 마음은 저절로 고요해질 것이다.

참나의 빛

마음은 무엇인가? 마음은 물체도 아니고 대상도 아니다. 마음은 참나의 빛의 파동이다. 마음은 의식의 축소된 형태이며, 이 의식은 우주를 창조한 의식이다.

『프라티야비갸나흐리디얌(Pratyabhijnåhridayam)』에서는 치티 레바 체타나 파다다바루다 체티야 산코치니 치탐(chitireva chetana padådavarūdhå chetya sankochin¥ chittam),[2] 즉 "치티(Chiti) 곧 우주 의식이 순수 의식으로 있는 높은 상태에서 하강하면 치타(chitta) 곧 마음이 된다."고 말한다. 창조하는 것은 의식의 성질이다. 의식은 심지어 자신을 한정하여 마음이 될 때에도 그 본성을 잃지 않는다. 외부 세계에서 우주 의식이 무한한 우주들을 창조하듯이, 의식은 축소되어 마음이 될 때에도 내면에서 무한한 우주들을 창조한다.

만일 우리가 마음을 들여다본다면, 우리는 마음이 순간순간 생각과 공상의 새로운 내면세계들을 만들고 잠시 유지한 뒤에 해체하는 것을 볼 수 있을 것이다. 이 과정은 끊임없이 계속된다. 심지어 우리가 잠을 자는 동안에도 마음은 꿈의 세계들을 계속 창조한다. 마음은 의식의 순수한 에너지이기 때문에 억누를 수 없는 것이다.

마트리카 샥티

　의식이 우리 내면에서 창조하는 모든 세상들의 바탕은 알파벳의 낱자이다.[3] 낱자와 낱말들은 생각을 창조하고, 생각들은 행복과 불행, 우울함과 들뜸, 욕망, 사랑, 자부심, 기대 그리고 질투심 같은 감정들을 창조한다. 당신은 낱자들의 힘을 스스로 경험해 볼 수 있다. 매우 고요히 앉아 있어 보면, 낱자들과 낱말들이 어떻게 내면에서 계속하여 일어나는지를 알아차리게 될 것이다. 당신이 문득 '나는 바보다.'라고 생각한다고 가정해 보자. 낱자들은 모여 낱말들을 이루고, 낱말들은 문장을 이루고, 문장은 의미를 갖게 되고, 의미는 효과를 창조한다. 그 생각이 마음을 스쳐 가면 당신은 아픔을 느낀다. 이번에는 '나는 아름다워.'라고 생각한다고 가정해 보자. 그 생각이 마음을 스치자마자 당신은 행복을 느낀다. 낱자들은 이런 식으로 당신의 내면 상태를 창조한다.

　케쉬미르 쉐비이즘의 성자들에 따르면, 이 모든 낱자들과 낱말들을 만드는 힘은 마트리카 샥티(mātrikā shakti), 즉 '알파벳 낱자들에 내재된 힘'이라고 불린다. 산스크리트로 마트리카는 '낱자'를 의미한다. 마트리카 샥티는 우주 의식의 한 형태이며, 마음의 모든 동요를 일어나게 하는 것은 이 힘이다. 이것은 밤 낮으로 우리의 내면에서 작용하며 무수히 많은 생각과 감정의 세계들을 창조한다. 개인의 의식은 밤낮으로 이 내면의 세계들 사이에서 움직이며 고통과 즐거움을 경험하고 있다.

마트리카 샥티는 우리가 개별적인 존재이며 분리되어 있다는 느낌의 근원이다. 쉬바 수트라의 한 경구는 이것을 갸나 디슈타남 마트리카(jnånå dhishthånam måtrikå),[4] 즉 "제한된 지식의 근원은 바로 알파벳 안에 내재된 소리의 힘이다."라고 말한다. 마트리카 샥티의 활동에 의해 창조된 생각들 때문에 우리는 우리 자신을 모든 것에 퍼져 있는 참나가 아니라 불완전한 개별 존재로 여기게 되었다. 우리는 우리가 하나임을 깨닫지 못하고 우주 안에서 이원성을 보게 되었다. 우리는 우리의 전능함을 경험하지 못하고 제한된 활동의 행위자가 되었다. 따라서 우리의 속박 상태의 원인은 결국 마트리카 샥티이다. 그러나 이 점을 이해하게 되면, 우리의 자각을 제한하는 바로 그 마트리카 샥티가 우리의 자각을 확장하도록 도울 수 있다. 우리의 생각들은 우리를 약하게 하고 작게 할 수 있듯이 또한 우리를 더욱 강하게 하고 참나에 더 가까이 데려갈 수도 있다. 만일 우리가 우리 자신을 초라하고 하찮고 나약한 존재라고 계속 생각하면, 우리는 속박된 채로 있게 된다. 그러나 만일 우리가 자신과 온 우주를 순수 의식으로 여긴다면, 우리가 우리 자신을 계속해서 참나라 생각하고 참나의 만트라를 반복한다면, 우리는 마트리카 샤티를 이용하여 우리의 진정한 본성을 경험하도록 돕고 있는 것이다.

마트리카 샤티의 작용을 이해한다면, 우리는 그것으로부터 아주 쉽게 해방될 수 있다. 많은 사람들은 마음속에서 일어나는 변화들과 참나를 혼동하고 있다. 이 때문에 그들은 마음에 의해 이리저리 이끌리게 된다. 그러나 마트리카 샤티의 작용을 이해하는 사람은 마음이 흔들릴 때 흔들리는 것은 자기 자신이 아니라는 것을 안다. 그는 마음속에서 일어나는 모든 소용돌이들이 단지 마트리카의 작용이라는 것을 안다. 그는 자신을 내면의 관찰자, 흔들림의 목격자로 인식하며, 마트리카의 끊임없는 활동들로부터 거리를 두고 그저 지켜볼 뿐이다. 그는 자신의 마음을 안정시키고, 나쁜 생각들을 좋은 생각들로 돌린다. 깨어난 쿤달리니의 도움으로 그의 마음은 내면을 향하며 고요해진다. 그러면 참나는 그에게 스스로를 드러낸다.

성자들의 치료

명상은 치료사에게 어떤 도움이 될 수 있습니까?

진정한 심리학은 명상에서 시작된다. 명상에 관한 문헌들은 가장 위대한 심리학 작품들이다. 심리학은 그저 대화하고, 대화하고, 대화하는 것이 아니다. 진정한 심리학은 요가이다. 옛날에 위대한 성자인 마하리쉬 파탄잘리가 있었는데, 그가 지은 『요가 수트라(Yoga Sūtras)』는 권위 있는 요가 서적이다. 파탄잘리는 요가를 통하여 마음의 움직임을 고요하게 할 수 있다고 말하였다. 이것이 진정한 심리학이다. 대화를 통해서는 마음의 문제들을 치료할 수 없으며, 허브와 약을 이용해도 마음을 고요하게 만들 수 없다. 약물은 마음을 잠시 안정시킬 수는 있지만, 약효가 떨어지면 이전 상태로 되돌아올 것이다. 오직 마음을 동요하게 하는 생각과 감정들을 가라앉히고 마음을 고요하게 만들어야만 마음을 바로잡을 수 있다. 만일 심리 치료사들이 마음이 무엇인지를 진정으로 이해하고 명상을 통해 그들 자신의 마음을 개선한다면, 그들은 위대한 치료를 할 수 있을 것이다.

명상이 치료사들에게 이롭다고 말씀하시는데, 그것은 치료사들이 명상을 가르칠 수도 있다는 뜻입니까?

그들은 명상을 가르칠 수 있고, 직접 명상을 하면 더 나은 치료사가 될 수 있다. 그러면 다른 사람들을 도와서 쉽게 마음을 안정시킬 수 있다.

화나 증오 같은 감정을 분출시키는 심리 치료와 마음을 고요하게 하고 감정을 가라앉히는 동양 수련법의 차이점에 대해 얘기한 사람들이 많습니다. 이 점에 대해 말씀해 주시겠습니까?

동양 철학에서는 마음을 정화하고 강화시켜야 한다고 말한다. 이것은 자신의 감정을 억누르라는 말이 아니다. 만일 감정들이 일어날 때 그냥 놓아둔다면, 그것은 좋다. 자신의 감정에 사로잡히지 않고 감정대로 행동하지 않는 한, 어떤 해로움도 없을 것이다. 그러나 올바른 이해를 통하여 부정적인 감정들을 없앨 수 있다면, 그것은 더욱더 좋다.

서양의 심리학에서는 자신의 감정을 표현해야 한다고 말한다. 그러나 만일 당신이 자살 충동을 느끼는 사람을 만난다면, 그 사람에게 뭐라고 말하겠는가? 그에게 자살하라고 말하겠는가, 아니면 자신을 다스리라고 말하겠는가?

환자들에게 감정을 억제하지 말라고 가르쳤던 심리 치료사에 대한 이야기를 들은 적이 있다. 어느 날 그는 중요한 토론회에서 화를 표출하는 것의 필요성에 대해 강의하고 있었다. 심리 치료사가 말하는 동안, 그 토론회에 우연히 참석한 한 환자가 그에게 달려오더니 난데없이 그의 수염을 잡고서 뺨을 후려갈겼다. 사람들이 환자를 붙잡고서 심리 치료사에게서 떼어 내려고 애썼다. 그러자 환자가 물었다. "왜 날 말리는 거요? 나는 단지 내 감정을 표출하고 있을 뿐이란 말이오."

그들이 이런 태도로 치료를 하기 때문에 많은 사람들이 자기 자신을 파괴하고 있다. 만일 당신이 계속하여 감정들을 표출하고 감정대로 행동한다면, 감정들은 멈추지 않고 계속하여 올라올 것이다. 자신의 마음을 살펴보라. 이제까지 그 마음이 하나의 생각에 만족한 적이 있었는가? 자신의 인생을 살펴보라. 욕망대로 행동한다고 해서 이제까지 욕망이 만족한 적이 있었는가? 욕망과 감정은 끝을 모른다. 하나를 만족시키면 다른 것이 일어난다.

당신이 사람들에게 감정들을 다 표현하라고 말한다면, 당신이 어떻게 그들을 구해 내겠는가? 행동은 감정의 결과로 행해지는 것이므로 결국 그들은 감정에 따라 행동할 것이다. 감정을 표현하라고 사람들을 부추기는 대신에 요가를 통해 마음을 다스리라고 가르친다면, 그들은 더 이상 맹목적으로 행동하지 않을 것이다. 요가 경전들을 보면, 마음은 전차를 끄는 말로 묘사되어 있다. 고삐는 당신의 손에 들려 있다. 말이 가고자 하는 대로 어디나 가게 내버려둔다면, 당신은 구덩이에 빠질 수도 있을 것이다. 자신의 마음에게 패배하면 안 된다. 마음을 고요하게 하고, 마음을 순수하게 하고, 마음을 단련해야 한다. 지성으로 마음을 다스려야 한다.

어린 시절에 전혀 사랑받지 못했다고 느끼는 많은 사람들이 심리 치료를 받기 위해 찾아옵니다. 어떻게 하면 그들이 어린 시절의 감정들을 극복할 수 있겠습니까?

바로 지금부터 그들은 자기 자신을 사랑하기 시작해야 한다. 어린 시절에 사랑받지 못한 것을 기억하려고 애쓰는 것은 아무런 의미가 없다.

예전에 내가 베단타를 배우고 있을 때, 내게는 나중에 스와미가 된 한 친구가 있었다. 우리가 부모님에 대한 이야기를 나눌 때마다 나는 우리 부모님에 대해 자랑스럽게 이야기했다. 나는 그 친구에게 우리 부모님이 얼마나 나를 잘 보살펴 주셨고 나에게 얼마나 멋진 선물들을 주셨는지, 그리고 나를 얼마나 훌륭하게 키워 주셨는지를 얘기했다. 내가 이런 얘기를 할 때면 그 친구는 자기 부모님은 자기에게 아무것도 해 준 게 없고 아무것도 주지 않았다고 불평하며 화를 내곤 했다. 하루는 내가 물었다. "너희 집은 땅이 얼마나 되니? 너희 식구들은 몇 명이야?"

"우리는 땅이 없어. 아버지는 돌아가셨고, 어머니는 천한 일을 하면서 푼돈을 버셨지. 어머니는 나를 먹여 살리기 위해 힘들게 일하셨고, 나는 다른 친척집에 맡겨져야 했어."라고 친구가 대답했다.

"너는 참 바보구나!" 내가 말했다. "너는 부모님이 갖지도 않은 것을 너에게 주지 않았다고 불평을 해 왔어. 우리 부모님은 부유했고 많은 것을 갖고 있었기 때문에 나에게 그 모든 것을 주실 수 있었던 거야. 하지만 너희 부모님은 아무것도 갖고 있지 않은데 어떻게 너에게 뭔가를 주실 수 있었겠어?"

내 친구의 부모님에게 돈이 없었듯이 많은 부모들에게는 사랑이 없다. 부모들은 자식들을 아주 잘 보살필 수 있으며 또 그 래야만 한다. 그들은 자식들을 먹이고, 가르치고, 학교에 보내고, 훈련시킬 수 있으며, 그들에게 사랑을 포함한 모든 것을 주려고 노력한다. 하지만 그들의 가슴에 사랑이 없다면, 어떻게 그들이 자식들에게 사랑을 줄 수 있겠는가? 마찬가지로 자식들도 내면에 사랑이 없고 사랑을 받아들일 수 없다면, 어떻게 부모님에게서 사랑을 이끌어 낼 수 있겠는가? 요즘에는 사람들이 계속하여 "사랑해요."라고 말하는 것이 관습처럼 되었다. 그러나 그런 말을 듣는다고 하여 어떤 사랑이라도 정말로 얻을 수 있는가? 오직 내면을 향하고 자신의 참나에 잠길 때에만 진정으로 사랑을 경험할 수 있다. 그러므로 우리는 우리 자신 안에 있는 사랑을 찾아야만 한다. 타인에게서 행복을 얻을 수 있는 사람은 아무도 없다.

저는 심한 우울증이나 정신병을 앓고 있는 환자들에게는 명상을 권유하는 것이 망설여집니다. 그들이 우울증 속으로 더 몰입될까 봐 염려스럽기 때문입니다. 명상은 모든 사람을 위한 것입니까?

만일 당신이 그런 사람들에게 명상이 무엇인지를 설명하고 명상을 가르친다면, 그들은 대단히 성공적으로 명상을 할 것이며 또 명상은 그들을 도울 것이다. 가끔 연약한 마음을 지닌 사람들이 우리 아쉬람에 오는데, 그들도 명상을 통해 개선된다.

생각의 힘

옛날에 비슈누푸리라는 마을에 한 사원이 있었다. 그 사원의 헌신자들은 매달 기부함에 금화 한 닢씩을 기부하는 관습이 있었다. 그 헌신자들 중 한 명이 여러 달 동안 이것을 지켜보다가 마음이 약간 꼬이게 되었다. 그는 '딱 한 번만 구리 동전을 넣어야겠다. 아무도 눈치 채지 못할 거야.'라고 계속 생각하고 있었다. 그러다가 어느 달에 한 번 기부함에 구리 동전을 넣었다. 그 달 말에 헌신자들이 기부함을 열었을 때, 그 안에는 금화는 한 닢도 없고 온통 구리 동전뿐이었다. 나머지 모든 헌신자들도 구리 동전을 넣었던 것이다.

생각은 막대한 힘을 갖고 있다. 한 사람이 늘 좋은 생각을 한다면 백 사람으로 하여금 좋은 생각을 하게 할 수 있다. 그러나 만일 한 사람이 늘 나쁜 생각을 하고 있으면, 그는 천 사람으로 하여금 자신과 같이 생각하게 할 수 있다. 이것이 마음의 힘이다.

성자와 매춘부

인도의 어느 도시에 출가 승려인 한 사두가 살고 있었다. 그는 매우 존경을 받고 있었고, 그의 제자들 중에는 많은 왕들, 예술가들, 과학자들, 그리고 여러 방면의 중요 인물들이 있었다.

이 사두는 매우 엄격한 순결의 규칙을 지키고 있었다. 그는 고기와 생선을 먹지 않았다. 마늘과 양파도 멀리했다. 술도 마시지 않았고 담배도 피우지 않았다. 그리고 하루에 세 번씩 꼭 기도를 했다. 그는 항상 두 눈을 감고 만트라를 읊조리는 듯이 보였고, 다른 사람을 쳐다봐야 할 때만 눈을 뜨는 것 같았다.

사두는 자기 건물의 1층에 살고 있었는데, 맞은편 건물의 1층에는 매춘부가 살고 있었다. 매춘부는 날마다 직업에 따라 일했고, 노래하고 춤추는 등 매춘부가 하는 모든 일들을 하고 살았다. 비록 사두는 금욕자였고 육체적으로 순결했지만, 마음속에서는 그녀에게 사로잡혀 있었다. 그는 그녀를 계속 지켜보며 생각하곤 하였다. '음, 오늘은 저 녀석이 두 번째 손님이군. 이제 세 번째 녀석이 왔군. 네 번째 녀석이 가고 있네. 이런, 여자가 저 녀석을 껴안고 있네!' 하루 종일 사두는 매춘부가 얼마나 사악하고 죄 많은 여자인지를 생각하며 그녀를 지켜보고 있었다. 그는 '왜 나같이 순결한 사람이 저렇게 타락한 매춘부와 맞은편 건물에 살아야 하지?'라고 생각하며 의아해 했다.

한편 매춘부는 틈이 날 때면 길 건너에 있는 사두를 바라보며 양심의 가책에 사로잡혔다. 그녀는 생각하곤 했다. '저분은 얼마나 성스럽고 순결한 분인가. 그런데 내 꼴 좀 봐, 나는 정말 형편없이 살고 있는 거야. 아아, 나에겐 희망이 없어.'

이런 식으로 오랜 세월이 흐르다가, 어느 날 두 사람이 죽었다. 사두는 제자들에게 둘러싸인 채 죽음을 맞이했고, 그의 장례식은 성대하게 치러졌다. 백단향과 향이 피워졌고, 갖가지 진귀한 물건들이 그의 시신 위에 놓였다. 그러나 매춘부는 쓸쓸하게 혼자 죽었고, 시신이 썩어 악취를 풍길 때까지 아무도 그녀의 죽음을 알지 못했다. 마침내 시청 공무원이 와서 집에 소독약을 뿌린 뒤, 시체를 질질 끌고 가서는 아무런 장례식도 없이 태워 버렸다.

사두와 매춘부의 영혼은 다르마(dharma, 정의)의 출입 사무소에서 조사받기 위하여 다음 세상으로 갔다. 그들의 삶이 기록된 파일들이 검토되었고, 둘은 각자 그들이 갈 곳이 적힌 종이쪽지를 받았다. 매춘부의 종이쪽지에는 '천국'이라고 쓰여 있었고, 사두의 종이쪽지에는 '지옥'이라고 적혀 있었다.

사두는 충격을 받았고 경악했다. 그는 울며 소리쳤다. "이것이 정의란 말이오? 타락한 창녀는 천국으로 보내고 나같이 순결한 사람은 지옥으로 보내다니! 이걸 도대체 어떻게 설명하시겠소?"

출입 사무소 관리가 말했다. "이리로 와 보시오." 그는 파일을 꺼내어 사두에게 보여 주었다. "당신이 육체를 순결하게 지키고 수많은 종교 의식과 의례를 행한 것은 사실이오." 그는 계속 설명했다. "그래서 당신이 죽었을 때 당신의 육신은 대단한 존중을 받으며 다루어졌고 더없이 명예롭게 묻혔던 거요. 자, 당신이 무엇에 대해 생각했는지를 보여 주는 자료는 바로 이것이오. 날이면 날마다 당신은 '저 여자는 타락한 피조물이다. 참으로 사악해. 저 여자를 찾아오는 저 모든 남자들 좀 봐.' 하고 생각했소."

그리고 나서 출입 사무소 관리는 매춘부의 파일을 꺼냈다. "이것은 그녀가 생각해 왔던 것이오. 그녀는 날마다 혼자서 이렇게 말했소. '오, 사두여, 당신은 참으로 순결하고 숭고합니다. 오, 사두여, 성스러운 분이시여, 저를 구원해 주세요. 저를 구해 주세요.' 물론 그녀의 육체는 순결하지 못한 행동을 해 왔고, 그 결과로 그 육신은 존경받지 못하고 빈민들의 무덤에 던져졌던 거요. 그러나 그녀의 생각들은 높고 순결했기 때문에 그녀는 천국으로 가게 된 것이고, 당신은 죄와 사악함에 대해 생각했기 때문에 지옥으로 가야 하오."

그 사두처럼 우리는 우리 자신의 적이 되었다. 우리는 심지어 30분 동안이라도 좋은 생각을 하려고 하지 않는다. 우리는 남을 좋게 생각하는 습관을 키우지 못했다. 우리는 줄곧 "그는 무슨 결함을 가지고 있는가? 그녀는 무슨 잘못을 저지르는가?"라고 묻는다. 우리는 사람들의 순수함이나 좋은 점들을 발견하는 법을 전혀 배우지 못했다. 우리는 다른 사람들을 부정적으로 생각함으로써 우리 스스로 온통 부정적인 세상을 창조하고 있다는 사실을 잊고 있다. 우리의 모든 생각들은 우리의 영혼에 그 흔적을 남긴다. 부정적이든 긍정적이든 우리가 다른 사람들을 향해 품는 생각들이 가장 강력한 영향을 미치는 대상은 실제로는 바로 우리 자신이다. 모든 생각들은 마음속에 뿌려진 씨앗과 같다. 우리는 그것들의 열매를 나중에 받을 것이다. 신의 위대한 헌신자인 프랄라드가 그의 아버지에게 말하였다. "오, 아버지시여, 만일 다른 사람에게 해를 끼치려고 생각한다면, 또 만일 생각이나 행동으로 해를 끼치는 행위를 범한다면, 그것들은 모두 자신의 마음에 깊은 인상을 남기며 새겨집니다. 그것들은 그 사람에게 나중에 고통과 슬픔, 근심을 일으키는 원인이 됩니다." 그러니 당신의 마음속에 오직 좋은 생각만 일어나게 하라.

소원을 이루는 나무 아래에 앉아서

옛날에 이리저리 방황하며 떠돌아다니는 불행한 남자가 있었다. 평소처럼 방랑하던 그는 어느 숲에 당도하게 되었다. 그는 한 나무 아래에 앉았는데 마음이 매우 고요해지는 것을 느꼈다. 산들바람이 불고 있었다. 주위를 둘러보던 그는 자신이 앉아 있는 숲이 아름답다는 것을 알게 되었다.

그는 생각했다. '내게 연인만 있다면 너무도 행복할 텐데.' 우연히도 그가 앉아 있는 나무는 소원을 이루어 주는 나무였다. 소원을 이루어 주는 나무는 신성해서 어떤 사람이 나무 밑에 앉아서 소원을 말하면 그 즉시 소원을 이루어 주었다. 그래서 바로 그 순간 아름다운 여자가 나타났다. 남자는 황홀했다.

여자는 그의 곁에 앉았고, 한동안 그는 완전히 만족했다. 그런데 그 뒤에 그는 생각했다. '우리 둘이 이렇게 비바람에 노출

된 채 나무 밑에 앉아 있다는 것은 참 서글픈 일이야. 만일 우리에게 몇 개의 방과 모든 집기가 갖추어진 식당이 딸린 집 한 채만 있다면 훨씬 더 좋을 텐데. 그러면 더 이상 부족한 게 없을 거야.' 즉시 그가 원하던 집이 나타났다.

너무도 기쁜 마음으로 남자는 연인과 집 안으로 들어가서 자리에 앉아 즐겁게 담소를 나누었다. 그런 다음 그는 말했다. "아, 이런 집에서 빈민처럼 산다면 무슨 의미가 있겠소? 나는 귀족처럼 살고 싶다오. 우리에게 음식을 시중들 하인 두 명과 집사 한 명만 있다면 얼마나 좋을까." 그러자 눈 깜짝할 사이에 집사 한 명과 하인 두 명이 나타났다.

남자는 하인들을 불러 말하였다. "우리에게 맛있는 음식을 준비해 주시오." 얼마 지나지 않아 집사는 훌륭하게 차린 음식이 담긴 접시를 들고 왔다. 남자가 음식을 맛보니 아주 맛있었다. 그러나 다음 순간 남자는 궁금해졌다. "도대체 무슨 일이 일어나고 있는 거지? 아내를 원하자 아내가 나타나서 나를 사랑해 주었다. 그 다음 집을 원하자 아름다운 집이 생겼다. 또 집사와 하인 두 명을 원하자 그들이 나타났다. 맛있는 음식을 원하자 그것도 주어졌다. 도대체 어떻게 된 일이지? 분명 악마에 홀린 거야!"

그러자 즉시 남자 앞에 악마가 입을 크게 벌리고 나타났다. "오, 안 돼, 악마가 나를 잡아먹을 거야!" 하고 남자가 울부짖었다. 물론 악마는 그를 삼켜 버렸고, 이로써 모든 것이 끝났다.

이 가련한 남자는 자신의 상상의 덫에 걸린 것이었다. 그는 처음에는 좋은 것들을 생각했지만, 그것들을 상상하는 과정에 악마와 자신의 죽음까지도 상상해 버렸다. 만일 악마를 상상하는 대신에 '틀림없이 신께서 이 모든 것을 주고 계실 거야.'라고 생각했다면, 그의 운명은 바뀌었을 것이다. 만일 그가 깨달은 사람인 위대한 시다가 되기를 원했다면, 그는 대단한 것을 얻었을 것이다. 그러나 그 대신 그는 죽음을 상상했기에 그렇게 되어 버렸다.

우리가 살고 있는 세상도 이와 같다. 가슴속에는 소원을 이루어 주는 나무인 신성한 의식이 있으며, 우리는 바로 그 그늘 아래에 앉아 있다. 우리는 자신의 생각과 상상의 세계를 계속 창조하고 있다. 우리는 생각한다. '나는 죄인이다. 나는 열등하다. 나는 이것이다. 나는 저것이다.' 우리는 자신이 만든 거미줄에 걸려든다. 그러다가 어느 날 우리는 죽는다.

어느 위대한 성자는 그가 보는 세상을 이렇게 묘사했다. "세상도 없고, 남자도 없고, 여자도 없고, 죄도 없고, 환영도 없다. 우리가 보는 것은 바로 우주 의식의 지고한 놀이일 뿐이다." 우리도 세상을 이렇게 보아야 한다. 우리는 우리 자신을 우주 의식으로 생각해야 한다. 우리는 우리 자신을 참나라고 생각해야 한다.

깨달은 상태의 마음

깨달은 상태에서 마음의 역할은 무엇이며, 그 상태에서 마음이 경험하는 것은 무엇입니까? 생각은 여전히 일어납니까?

참나를 실현한 뒤에도 마음은 여전히 살아 있다. 그 성질은 변할지라도 마음은 결코 존재하기를 그치지 않는다. 마음이 바깥으로 나가 외부 대상들 가운데에서 움직이고 있을 때, 마음은 축소된다. 마음은 불순물들로 덮이며 세속적으로 변한다. 참나를 깨달은 상태에서는 바깥을 향하는 마음의 습성이 줄어든다. 바깥을 향하는 대신에 마음은 내면을 향한다. 마음이 바깥을 향하고 세상의 대상들 가운데에서 움직일 때, 마음은 그 대상들의 형태를 갖는다. 이와 마찬가지로 마음이 내면을 향할 때, 마음은 참나 속으로 스며들며 참나의 형태를 취한다. 깨달음이란 마음이 참나 속에 잠겨 합쳐지는 것이다. 경전들에서는 이 상태를 마음의 죽음이라 하지만, 사실 마음은 죽지 않는다. 마음은 참나 속으로 녹아들어 참나와 하나가 된다. 마음의 성질은 여전히 존재하지만, 마음은 우주 의식과 다르지 않다.

육체가 계속 존재하는 한 우리는 이 세상에 살아야 하고, 마음은 우리를 도와 일상적인 기능들을 수행하도록 도와준다. 그러나 깨달은 상태에서는 마음의 성질이 다르다. 그것은 단순한 마음으로만 기능하지 않는다. 그것은 의식의 모든 힘을 갖고서 기능한다. 마음은 안정되고 생각으로부터 자유로워진다. 마음은 고요해진다. 불행이란 생각의 그물일 뿐이며, 생각 너머로 가게 될 때 우리는 지고의 희열을 경험한다. 더욱이 참나와 하나 된 마음은 참나의 힘을 갖는다. 그러면 그것은 많은 일을 할 수 있다. 심지어 생각을 통하여 샥티를 전달할 수도 있다.

내면의 힘

쿤달리니를 묵상하라.
그것은 지고의 의식이며,
척추의 기저에서부터
머리끝의 정수리에 이르기까지 활동하며,
번개처럼 빛나고,
연꽃 줄기의 섬유처럼 섬세하며,
무수한 태양들처럼 찬란한 광채를 발하고,
수많은 감미로운 달빛만큼이나 서늘한 빛줄기이다.

― 슈리 비디야 안타르 야가 ―

참나의 힘

마음의 문제들을 정말로 다루고 싶다면, 내면으로 방향을 돌려 우리 자신의 내면의 힘을 일깨워야 한다. 그러면 마음은 쉽게 제어될 수 있으며, 우리는 아주 자연스럽게 참나를 경험하게 될 것이다. 참나는 지식을 통하여 얻을 수 있다고 말한다. 그러나 참나를 드러내는 지식은 책이나 학교에서 얻는 세속적인 지식이 아니다. 그것은 하나임을 내면에서 이해하는 것, 우리 자신이 절대자와 하나이며 같다는 깨달음이다. 어떻게 해야 이러한 지식을 얻을 수 있는가? 이것은 내면의 에너지가 깨어나 우리 안에서 펼쳐질 때 저절로 우리에게 온다.

이 내적 에너지를 쿤달리니(Kundalini)라고 한다. 이것은 모든 인간 존재 안에 살고 있다. 쿤달리니는 두 가지 측면을 가지고 있다. 하나는 우리가 세상에서 기능할 수 있게 하는 것이고, 다른 하나는 가장 높은 진리로 우리를 인도하는 것이다. 바깥을 향하는 세속적인 쿤달리니의 측면은 완벽하게 기능하고 있지만, 내적이고 영적인 측면은 잠들어 있다. 우리가 쿤달리니를 의식하지 못하는 것은 이 때문이다.

쿤달리니는 여러 가지 이름들로 불리지만 거의 모든 전통에서 언급되고 있다. 중국에서는 이것을 기(氣)라 부른다. 일본에서도 기라고 한다. 성경에서는 이것을 성령이라 부른다. 그런데 쿤달리니는 무엇인가? 쿤달리니는 샥티 곧 우주적인 에너지이다. 인도의 성자들은 샥티를 우주의 어머니로 숭배한다. 샥티는 속성이 없고 형태가 없는 절대자의 역동적인 측면이다. 그녀는 신의 창조적인 힘이며, 이 형상들로 된 우주를 나타나게 하는 힘이고, 모든 것을 존재하게 하는 지고의 힘이다.

쿤달리니의 또 다른 이름은 치티(Chiti) 즉 우주적 의식이다. 케쉬미르 쉐이비즘의 주요 경전 중 하나인『프라티야비갸나흐리다얌』은 그녀를 이렇게 묘사한다. 치티 스바탄트라 비슈바 시디 헤투(chitih svatantrå vishva siddhi hetuh),[1] 즉 "치티는 자신의 자유의지로 온 우주를 창조하였다." 치티는 절대적으로 자유롭다. 어느 누구도 그녀에게 이 우주를 창조하라고 강제하지 못한다. 그녀는 자신의 의지로 이 일을 한다. 더욱이 외부의 물질들을 전혀 사용하지 않고 자신의 존재로부터 이 우주를 창조한다.[2] 치티는 이 물질 세상의 모든 입자들이 되며, 우리가 주변에서 보는 모든 형태와 형상으로 나타난다. 그녀는 보이거나 보이지 않는 우주의 모든 곳에 퍼져 있으며 무한한 기능을 수행한다. 비록 그녀는 우주가 되었지만 자신의 힘이나 순수성을 결코 잃지 않는다.

이 거대한 힘이 우리 참나의 힘이다. 외부의 우주를 창조한 바로 그 샥티가 인간의 머리끝에서 발끝까지 충만해 있으며, 이러한 형태의 그녀를 쿤달리니라 한다. 쿤달리니는 우리 몸 안의 모든 것을 활동하게 하는 생명력이다. 그녀는 눈을 통하여 보게 하고, 귀를 통하여 듣게 하고, 피부를 통하여 접촉을 경험하게 한다. 쿤달리니의 힘이 심장을 고동치게 하고, 피가 흐르게 하며, 우리 몸으로 숨이 들어오고 나가게 한다. 이것이 우리 삶을 지탱하는 쿤달리니의 외적인 측면이다. 쿤달리니는 모든 곳에 퍼져 있지만, 척추의 기저에 있는 물라다라 차크라(mūlādhāra chakra)에 특정한 자리를 갖고 있다. 그곳에서 그녀는 7억 2천만 개의 주요 나디(nādy)와 보조 나디들로 이루어진 네트워크를 통하여 우리의 모든 생리 체계를 통제하고 유지한다.

이 같은 쿤달리니의 외적 측면이 우리로 하여금 외부 세상에서 기능할 수 있게 하듯이 쿤달리니의 내적 측면은 우리 안에서 영적인 과정이 진행될 수 있게 한다. 내면의 쿤달리니가 깨어날 때 비로소 우리의 영적 여행은 진정으로 시작된다. 만일 쿤달리니 샥티가 일깨워지고 펼쳐지지 않는다면, 아무리 많은 기법들을 수행하고 아무리 많은 경전들을 공부한다 해도, 우리는 자기 자신이 내면의 참나와 하나라는 것을 결코 깨닫지 못할 것이다.

현재 상태에서 우리의 자각은 바깥으로 흐른다. 마음과 감각의 한계로 인하여 우리는 우리 자신을 몸이라 생각하고 감각적인 경험과 동일시한다. 우리는 의식이 모든 것에 가득 차 있음을 알지 못하고 우리 자신의 신성에 대해서도 모른다. 그러나 일단 쿤달리니가 일깨워져 우리 안에서 활동하기 시작하고 우리의 마음과 감각이 내면을 향하게 되면, 우리는 우리의 진정한 본성을 알게 된다.

『프라티야비갸나흐리다얌』은 이렇게 말한다. 발라라베 비슈밤 아트마삿 카로티(balalåbhe vishvam åtmasåt karoti),[3] 즉 "쿤달리니의 힘을 얻게 되면 온 우주를 자신 안으로 받아들일 수 있다." 그는 더 이상 유한하거나 속박된 피조물로 남아 있지 않는다. 그는 신과 완전한 합일을 이룬다.

일깨움

쿤달리니가 일깨워질 수 있는 방법은 여러 가지가 있다. 그녀는 육체적 수행이나 호흡법 그리고 만트라의 반복과 같은 집중적인 요가 수행을 통해 일깨워질 수 있다. 또는 신에 대한 강렬한 사랑과 찬송을 통해서도 일깨워질 수 있다. 경우에 따라서는 전생에 행한 수행의 결과로 자연스럽게 일깨워지는 것을 경험할 수도 있다. 그러나 쿤달리니를 일깨우는 가장 확실하고 안전한 방법은 샥티파트(Shaktipat)이다. 이것은 시다 구루가 완전하게 펼쳐진 자신의 샥티를 제자에게 직접 전수함으로써 잠자고 있는 쿤달리니를 활동시켜 완전히 작용하도록 하는 과정이다.

샥티파트는 위대한 성자들의 비밀스러운 입문이다. 그것은 고대로부터 구루에게서 제자들에게로 전해져 내려왔다. 이것은 인도 전통의 독점물이 아니다. 모든 종교 전통의 위대한 존재들은 자기 내면의 에너지를 일깨웠고 다른 사람들 안에 있는 에너지를 일깨울 수 있었다. 어떤 사람들은 그것에 대해 명확히 말하였고, 다른 사람들은 그렇게 하지 않았다. 만일 예수가 그의 손을 어떤 사람 위에 댔다면, 그 사람은 변형되고 위대한 사랑과 행복이 그의 안에서 일어났을 것이다. 그것이 바로 샥티파트였다. 성 프란체스코 역시 이런 힘을 가지고 있었다. 라마크리슈나 파라마함사가 제자인 스와미 비베카난다에게 절대자를 잠시 경험하게 한 것도 샥티파트를 통해서였다.

구루는 구도자에게 네 가지 방법으로 샥티를 전할 수 있다. 첫 번째 방법은 접촉을 통해서이다. 진정한 구루는 자기 스승의 은총과 집중적인 수행을 통하여 그의 쿤달리니 에너지를 완벽하게 펼쳤고, 그리하여 그 에너지는 몸의 모든 모공과 혈액 세포들에 충만해진다. 샥티는 끊임없이 그에게서 흘러나와 그가 접촉하는 모든 사람에게 전해진다.

전수의 두 번째 방법은 구루가 그의 에너지를 만트라를 통해 제자에게 전하는 것이다. 그가 주는 만트라는 자신의 구루로부터 받은 것이며, 사다나를 하는 기간 내내 오랫동안 반복한 것이다. 그는 그 만트라의 힘을 완전히 실현하였고, 그래서 이러한 방식으로 만트라를 의식의 생명력으로 가득 채웠다. 만일 제자가 구루의 만트라를 믿음을 가지고 규칙적으로 반복한다면, 그 힘을 통해 쿤달리니가 일깨워진다. 그러나 만일 제자가 높은 자질을 갖고 있다면, 구루가 그의 귀에 대고 만트라를 속삭이는 것만으로도 쿤달리니는 활동하게 될 것이다.

세 번째 전수 방법은 구루의 시선을 통해 일어난다. 나의 구루가 이 방법으로 나를 입문시켰을 때, 나는 구루의 에너지가 한 줄기 빛의 형태로 그의 눈에서 나의 눈으로 들어오는 것을 경험하였다. 구루가 바깥을 바라보고 있는 것처럼 보일 때에도 그런 구루의 시선은 늘 내면의 참나에 초점이 맞추어져 있다. 그런 이유로 그의 시선은 의식의 힘을 쉽게 전달할 수 있다.

네 번째 전수 방법은 구루가 생각을 통하여 제자에게 그의 샥티를 전달하는 것이다.

그러나 시다 구루의 힘은 너무도 위대하여 우리는 의도적인 전수가 아니라도 그의 샥티를 받을 수 있다. 그의 존재를 충만히 채우고 있는 샥티는 그가 사용하거나 입었던 물건들은 물론 그를 둘러싼 공기에도 널리 스며들어 있다. 그러므로 만일 수용력이 있는 사람이라면 구루 곁에 가까이 가는 것만으로도 그 에너지를 받기에 충분하다. 나의 구루의 경우도 이와 같았다. 그는 격식을 갖추어 전수하는 법이 드물었다. 그러나 너무나 많은 샥티가 그에게서 흘러나왔기 때문에 사람들은 심지어 그의 모욕적인 말을 통해서도 샥티파트를 받았다. 이따금 그는 어떤 사람에게 떠나라고 말했는데, 그러면 그 사람은 머뭇거렸다. 그러면 나의 구루는 손을 들어 수건이나 다른 물건을 그에게 집어 던지며 "당장 나가!"라고 소리쳤다. 바로 그 순간 그 사람은 샥티파트를 받곤 하였다.

샥티파트의 효과

비록 똑같은 샥티가 모든 사람에게 전해진다 해도 사람들의 수용력은 같지가 않다. 그래서 샥티가 일깨워질 때에도 사람마다 다르게 나타난다. 언젠가 내가 감기에 걸렸을 때 동종 요법 의사는 나에게 약을 주면서, "이것을 한 번 드시면 괜찮아지실 겁니다."라고 했다. 나는 그의 처방을 따랐고 감기는 즉시 나았다. 감기가 금방 낫는 것을 경험한 나는 그 약을 다른 사람들에게도 권하고 싶다고 말했다. 그러자 의사는 "안 됩니다. 그 약을 다른 사람에게 주면 안 됩니다."라고 말했다.

"왜 안 됩니까? 나에게 효과가 있었습니다."라고 내가 말하자, 의사는 "당신의 몸은 다른 사람들의 몸과 다릅니다. 그 약은 다른 사람에게는 같은 방식으로 작용하지 않을 것입니다."라고 말했다.

이와 마찬가지로 어떤 사람이 샥티파트를 받아들이는 정도는 그의 내적 상태, 그의 과거 행위들, 샥티파트에 대한 믿음과 그것을 받고자 하는 열망, 과거에 쌓은 악업과 선업에 따라 다르다. 어떤 사람들에게는 샥티가 아주 강렬하게 작용하고, 다른 사람들에게는 중간 정도로, 또 어떤 사람들에게는 매우 낮은 강도로 작용한다. 경전에 따르면, 샥티파트를 받을 수 있는 정도는 샥티의 수용력에 따라 27등급이 있다고 한다.

매우 자질 높은 사람이 샥티파트를 받게 되면, 그는 자신이 모든 곳에 퍼져 있음을 즉시 경험할 것이다. 그러나 대부분의 사람들은 이와 같은 경험을 즉시 할 만한 힘을 갖고 있지 않다. 어떤 사람들은 샥티가 일깨워질 때 내면의 빛이 진동하는 환영을 본다. 어떤 사람은 강렬한 희열을 경험한다. 다른 이들은 극도의 정신적 흥분을 느낀다. 어떤 사람들은 몸 전체에 통증을 느낀다. 또 어떤 사람들은 초연해지거나 우울해진다. 어떤 사람들은 무아경의 사랑을 느낀다. 어떤 사람은 놀라운 육체적 에너지를 경험한다. 예전에 호주의 사업가가 우리의 아쉬람에 와서 명상 홀에 앉아 있는 동안 샥티파트를 받았다. 그의 몸은 너무도 많은 에너지로 가득 차서 그는 밖으로 뛰쳐나가 아쉬람 마당을 달렸다. 너무나 빨리 뛰어서 아무도 그를 붙잡을 수 없었고 심지어 6피트 높이의 담을 뛰어넘기도 하였다.

처음에는 아무것도 느끼지 못하는 사람들도 있다. 그러나 이런 사람들도 걱정할 필요가 없다. 왜냐하면 조만간 그들은 일깨워진 샥티를 경험할 것이기 때문이다. 예전에 프랑스 여인이 우리의 아쉬람을 찾아왔다. 그녀는 8일 동안 머물렀다. 마지막 날에 그녀는 나에게 찾아와서, 그 동안 샥티를 전혀 체험하지 못했으며 이제 떠날 것이라고 말했다. 나는 "아주 좋습니다."라고 말했다. 그날 그녀는 프랑스로 떠났다. 그녀가 비행기에 올라 자리에 앉자마자 샥티가 그녀를 붙잡았고 명상 상태에 빠져들게 하였다. 일단 샥티를 받게 되면, 그가 어디를 가든지 샥티는 늘 함께 머물 것이며 조만간 활동하기 시작할 것이다.

시다 요가

쿤달리니가 시다 구루에 의하여 활성화되어 시작하는 과정은 시다 요가(Siddha Yoga, 완전한 요가) 혹은 마하 요가(Maha Yoga, 위대한 요가)로 알려져 있다. 시다 요가는 완벽한 마스터들의 길이다. 그 방법을 통하여 모든 위대한 성자들과 현자들이 완전함을 얻었다. 이 시다 스승들의 계보는 창조가 시작된 이래 존재해 오고 있으며, 그 힘은 구루로부터 제자에게로 중단 없이 전해져 내려오고 있다.

시다 요가는 완전히 자력으로 추진된다. 일단 움직이기 시작하면 자동으로 작동하는 기계처럼, 시다 요가의 과정은 일단 움직이기 시작하면 쉼 없이 계속된다. 샥티가 활성화되면, 요가는 내면에서 자연스럽게 일어난다. 그런 사람은 요가를 수행하기 위해 노력을 기울일 필요가 없다. 요가는 그가 일상 활동을 하는 동안 줄곧 계속된다. 사무실이나 공장에서 일을 하고 있건, 장사를 하고 있건, 혹은 자녀를 돌보고 있건, 샥티는 그의 내면에서 계속 펼쳐진다. 한번 쿤달리니가 일깨워진 구도자는 치열한 영적 수행을 할 필요가 없다고 말하는 것은 이 때문이다. 샥티 스스로 모든 개인들에게 필요한 경험을 준다.

쿤달리니가 일깨워진 구도자에게는 모든 전통적인 요가들이 자연적으로 일어난다. 이런 이유로 시다 요가는 다른 요가들을 모두 망라한다고 말한다. 예를 들면 요가 자세, 잠금, 호흡의 기법들이 명상하는 동안에 자연스럽게 일어날 수 있다. 때때로 육체가 진동하고 흔들릴 수도 있다. 크리야(kriyås)라고 알려져 있는 이 모든 움직임들은 하타 요가에서 나타나는 현상들이다. 이것들은 우리 몸속의 통로들을 정화하기 위해 일어난다. 이러한 통로들이 깨끗하지 않으면 샥티가 완전한 힘으로 활동할 수 없기 때문이다.

개인에게 일어나는 특정한 자세들과 움직임들은 정확히 그의 체계를 정화하는 데 필요한 것들이다. 이것은 시다 요가를 매우 의미 있게 만드는 것들 가운데 하나이다. 우리가 혼자서 하타 요가를 할 때는 우리 신체에게 정말로 필요한 동작이 무엇인지를 모를 때가 많다. 그래서 불필요하거나 심지어 해로운 자세들을 취할 수도 있다. 그러나 하타 요가가 쿤달리니의 활동을 통해 자연스럽게 일어나게 되면, 우리는 자동적으로 자신에게 적절한 자세들을 취하게 된다.

쿤달리니가 일깨워진 뒤에 하타 요가가 일어나는 것처럼 다른 요가들도 필요하면 자연스럽게 일어난다. 박티 요가(bhakti yoga)에서처럼 사랑이 내면에서 솟아오른다. 갸나 요가(jnåna yoga)에서처럼 참나에 대한 지식이 스스로 일어나기 시작한다.

카르마 요가(karma yoga)에서처럼 이 세상에서 사심 없이 일하기 시작한다. 탐욕은 사라지고 인내심과 자기 통제, 자제, 단련, 자비와 같은 긍정적 자질들이 개발되기 시작한다. 명상이 자연스럽게 이루어지므로 명상하기 위해 엄청난 노력을 할 필요가 없다. 명상 중에는 라야 요가(laya yoga)에서처럼 내면의 빛들이나 환영을 볼 수도 있고 내면의 소리들을 들을 수도 있다. 만트라 요가(mantra yoga)에서처럼 찬송을 하고 신의 이름을 읊조리고 경전들을 읽는 데 대한 관심이 크게 성장한다. 마침내 쿤달리니가 최고의 영적 중심인 사하스라라에 오르게 되면, 우리는 동등하게 자각하는 상태인 사마디(samâdhi) 상태에 이르게 된다. 이것은 라자 요가(râja yoga)에서 나타나는 것으로서 내면에 있는 신을 깨닫는 데서 절정을 이룬다.

많은 사람들은 사마디 상태에 있는 것이 통나무처럼 움직이지 않는 상태를 의미한다고 생각한다. 그러나 만일 그렇다면 기둥도 사마디에 잠겨 있을 것이다. 진정한 사마디 상태란 마음과 지성이 완전하게 균형을 이룬 상태이며, 그 결과로 우리는 절대적인 내적 평온을 경험한다. 이 상태에서 우리는 참나와 하나가 된다. 마음의 모든 변형들은 참나 속으로 들어가 합쳐지며 완전히 고요해진다. 이것이 시다 요가의 사마디이다. 이것은 자연스러운 상태이며, 이 상태에 있을 때 우리는 강렬히 깨어 있으면서 활동하게 되며, 세상에서 계속 기능하면서도 희열과 사마디의 내적 평온을 경험한다.

세상 여행

쿤달리니가 우리 내면에서 활동할 때, 그녀는 우리의 내면 상태뿐만 아니라 외부 생활도 자동적으로 변형시킨다. 우리의 관점은 변하며, 우리는 주변의 모든 것을 새로운 눈으로 보기 시작한다. 고통스럽고 메말라 보이던 인간관계가 즐거워지고 애정으로 가득 차게 된다. 우리는 가족과 친구들을 향해 더욱더 커지는 사랑을 느끼며, 점차 우리 주위에 있는 모든 사람들을 자기 참나의 다른 형태들로 보기 시작한다. 지루하고 무미건조해 보이던 일상의 활동과 일들이 새로운 맛을 띠기 시작한다. 쿤달리니는 동기부여와 영감의 위대한 원천이다. 그녀는 작가를 더 좋은 작가로, 의사는 더 나은 의사로, 정치가는 더 훌륭한 정치가로, 사업가는 더 멋진 사업가로, 엄마는 더 좋은 엄마로 만든다. 모든 재능과 기술은 그녀의 자궁 안에 있기에 쿤달리니가 일깨워지면 이런 능력들이 우리의 삶에 나타난다. 쿤달리니는 향상이 필요한 것은 무엇이나 향상시키며, 우리의 결점이 있는 곳은 강하게 하고 균형 잡히게 한다.

흔히 세상의 즐거움과 영적 완성을 동시에 찾을 수는 없다고들 한다. 그러나 우리가 쿤달리니의 길을 따를 때는 그렇지 않다. 한 경전에 다음과 같은 내용이 있다. "자유가 있는 곳에는 즐거움이 없다. 즐거움이 있는 곳에는 자유가 없다. 하지만 지극히 아름다운 쿤달리니의 길을 걸을 때는 해방과 세상의 즐거움들이 손을 맞잡고 함께 간다." 결국 이 세상은 쿤달리니의 창조물이며 쿤달리니 자신이다. 따라서 쿤달리니가 우리 삶의 모든 측면을 돌볼 수 있다는 것은 놀라운 일이 아니다.

중앙 통로

우리 삶의 외적 변화들은 쿤달리니가 실제로 활동하고 있다는 표시일 뿐이다. 쿤달리니가 그녀의 기적을 창조하는 곳은 바로 우리의 내면이다. 앞서 말했듯이 인간 유기체에는 7억 2천만 개의 나디들 즉 통로들이 있다. 일부는 피를 운반하고, 일부는 영양분을 운반하고, 또 일부는 프라나(prāna) 즉 생명력을 운반한다. 이 나디들 중 수슘나 나디(sushumnā nād¥)가 가장 중요하다. 중앙 통로로 알려져 있는 수슘나는 미묘한 몸 안에서 신체의 척추에 대응하는 영역에 위치하며, 쿤달리니가 잠들어 있는 자리인 척추 기저로부터 머리의 정수리에 있는 가장 높은 영적 중심까지 쭉 뻗어 있다. 수슘나는 모든 나디들의 기능을 통제함으로써 우리의 모든 심신 체계를 지탱하고 있다. 우리의 영적 진화의 모든 여정은 그것 안에서 일어난다. 『프라티야비갸나흐리다얌』은 마디야 비카사치 치다난다 라바(madhya vikåsåch chidånanda låbhah), 즉 "중앙 통로가 열릴 때, 의식의 희열을 경험한다."고 말한다.

일반적으로 우리는 잠들어 있는 쿤달리니 샥티가 수슘나의 입구, 즉 척추의 기저에 있다고 말한다. 그러나 실제로는 몸 안에 서로 다른 세 가지 유형의 쿤달리니가 있으며, 이들은 각자 신체의 다른 장소에 있다. 하나는 프라나 쿤달리니(Prana Kundalini)로 알려져 있고, 또 하나는 칫 쿤달리니(Chit Kundalini)로 알려져 있으며, 나머지 하나는 파라 쿤달리니(Para Kundalini)로 알려져 있다. 이 가운데 어느 곳에서든 쿤달리니는 일깨워질 수 있지만, 그녀는 보통 척추의 기저에서 활성화된다.

샥티파트를 받으면, 쿤달리니는 수슘나 나디로 들어간다. 수슘나는 열리고 펼쳐지기 시작하며, 쿤달리니는 그녀의 길에 놓여 있는 여섯 개의 차크라 즉 영적 중심들을 관통하면서 위로 상승한다.

내면의 정화

프라나는 몸의 가장 중요한 요소이다. 샥티는 프라나의 형태로 몸과 감각, 마음을 지탱하고 있다. 사실, 온 우주는 프라나로부터 생겨난다. 심지어 나무와 산, 동물들조차도 프라나의 지원으로 존재한다. 프라나는 본래 하나이지만, 인체 내에서는 상이한 신체 기능들을 수행하기 위하여 다섯 가지 형태를 취한다. 프라나는 들이쉬고 내쉬는 호흡이다. 아파나(apāna)는 몸으로부터 불필요한 부산물을 배출시킨다. 사마나(samāna)는 음식의 자양분을 온몸에 배분한다. 비야나(vyāna)는 운동의 힘으로서 온몸에 퍼져 몸을 기능하게 한다. 우다나(udāna)는 수슘나에 거주하며 위쪽으로 작용한다.

깨어난 쿤달리니는 프라나와 섞여서 몸속을 돌아다니며 모든 나디들을 정화시키고, 영적 사다나를 하기에 적합하도록 우리의 체계를 강하게 만든다. 이 정화 과정은 매우 중요하다. 화, 무기력, 질투, 탐욕과 같은 부정적인 성품들과 육체의 질병들이 생기는 원인은 나디들 안에 프라나의 흐름을 막는 불순물들 때문이다. 일단 나디들이 정화되어 프라나가 몸속을 원활하게 다닐 수 있게 되면, 몸은 원기를 회복하고 마음은 순수해진다.

이 정화 과정이 일어나는 동안에 잠재된 정신적 경향성들이 종종 표면으로 떠오른다. 수슘나 나디는 무수히 많은 생애들의 모든 인상들이 담겨 있는 저장고이다. 그것의 하층부에는 욕망, 탐욕, 분노, 불안, 열등감 같은 감정들이 놓여 있으며, 상층부에는 평화, 행복, 지식과 같은 품성들이 놓여 있다. 쿤달리니는 수슘나의 위쪽으로 여행하면서 모든 부정적 인상들과 느낌들을 몰아낸다. 그런 것들이 일어날 때 우리는 그것들을 경험하게 된다. 예를 들어, 당신의 마음에 동요하는 성향이 있다면, 마음의 동요가 한동안 더 심해지는 것처럼 보일 수 있다. 만일 당신에게 공포심을 느끼는 성향이 있다면, 당신은 한동안 더 심한 공포를 느낄 수도 있다. 그러나 이런 감정들을 두려워하지 말아야 한다. 쿤달리니는 그저 당신의 모든 카르마들과 인상들을 몰아내기 위해 일하고 있을 뿐이다. 그 결과로 당신의 마음은 정화되고 이런 경향성들은 당신 곁을 영원히 떠날 것이다.

활성화된 쿤달리니는 잠재해 있는 육체의 질병도 추방한다. 당신에게 잠재적인 질병이 있을 때는 쿤달리니가 깨어난 뒤에 잠시 아픈 현상이 일어날 수 있는데, 이것은 이 때문이다. 이것은 무언가가 잘못되어 가고 있다는 것을 나타내는 것이 아니다. 쿤달리니는 모든 것을 아는 지성적인 힘이다. 따라서 그녀는 당신의 체계 안에서 어떻게 일해야 하는지를 정확히 알고 있다.

그렇지만 내면의 샥티를 돌보는 것은 중요한 일이다. 일단 그것이 구루에 의해 일깨워지면, 당신은 규칙적으로 명상을 해야 하고, 구루가 준 만트라를 반복해야 하며, 절제된 생활을 해야 하고, 이런 식으로 내면의 힘을 향상시켜야 한다. 이것은 어려운 일이 아니다. 왜냐하면 일단 쿤달리니가 일하기 시작하면 자연히 영적 수행에 흥미를 느끼게 될 것이기 때문이다. 당신은 만트라를 반복하고 명상을 하는 것에 점점 더 흥미를 느끼게 될 것이며, 이런 수행들을 계속하면 구루의 은총의 샥티가 이른 시일 내에 수행의 열매를 맺도록 해 줄 것이다. 내면의 샥티의 작용과 자신의 노력의 힘은 당신을 목적지까지 데려가는 새의 양 날개와 같다고 한다. 당신이 사다나를 계속하면, 쿤달리니는 당신에게 필요한 수행을 스스로 보여 줄 것이다. 샥티 자신이 당신을 올바른 길로 인도할 것이다.

이것이 샥티파트을 통하여 일어나는 요가의 위대함이다. 구루의 은총의 요가는 결코 인위적이거나 강제적인 것이 아니다. 외부로부터 당신에게 부과되는 것은 아무것도 없다. 시다 요가 사다나의 과정 중에 일어나는 것은 무엇이든 당신 자신의 것이며, 당신에게 적합한 것이다.

가슴 중심

쿤달리니가 수슘나를 통하여 상승할 때, 당신은 명상 중에 수많은 경험들을 하게 될 것이다. 가슴속에는 위대한 영적 중심이 있다. 쿤달리니가 그곳에서 작용하기 시작하면 희열의 파도가 잇달아 일어나게 될 것이다. 당신은 내면의 행성들을 경험하게 될 것이며, 왜 현자들이 바깥 세계보다 내면의 세계가 훨씬 더 크다고 했는지를 이해하게 될 것이다.

나는 명상 사다나를 하는 동안에 천국, 지옥, 달의 세계 그리고 조상들의 세계와 같은 많은 세계들을 방문하였다. 만일 당신이 천국과 지옥이 있음을 믿지 않는다면, 내면의 샥티를 일깨우고 명상을 잘 해 보라. 그러면 그런 세계들을 보게 될 것이다.

가슴 중심이 열릴 때, 당신은 미래에 일어날 일들을 보고 멀리 떨어져 있는 것의 소리도 듣기 시작한다. 다른 초능력들이 아주 자연스럽게 당신에게 올 수 있다. 그러나 이런 것들은 그다지 중요한 것이 아니므로 여기에 사로잡히지 말아야 한다. 그와 같은 경험들은 내면 여행의 목적지가 아니며, 단지 길 위에 있는 이정표일 따름이다. 게다가 모든 사람이 이 모든 경험들을 하는 것도 아니다. 그러나 체계적으로 명상을 하는 사람이라면 틀림없이 이 가운데 일부를 경험하게 될 것이다.

감각의 정화

수슘나를 따라 올라가는 여정 동안에, 쿤달리니는 감각 기관들을 관통하며 정화한다. 그리고 그것들은 신성한 능력들을 갖기 시작한다. 시각이 정화되면 먼 곳의 사물들을 보기 시작하고, 조만간에 우주를 있는 그대로 즉 반짝이는 푸른 빛 덩어리로 보는 능력을 얻게 될 것이다. 쿤달리니가 다른 감각 기관에 작용을 하면, 내면에서 천상의 음악을 듣고, 온몸에 사랑의 전율을 느끼고, 신성한 내면의 향기를 맡고, 내면의 달콤한 감로도 맛보기 시작할 것이다.

사하스라라

모든 중심들을 정화한 뒤, 마침내 쿤달리니는 머리의 정수리에 있는 사하스라라에 도달하고 거기에서 유희하기 시작할 것이다. 그러면 희열이 당신의 몸 구석구석에서 고동치기 시작할 것이며, 당신은 신과 하나 됨을 경험할 것이다.

사하스라라는 특별한 중심이다. 그리고 그 광대한 공간 안에는 푸른 진주라고 알려진 작고 빛나는 푸른 빛이 있다. 이 아름답고 매혹적인 푸른 빛은 한없이 값진 것이다. 왜냐하면 그것은 내면의 참나의 형상이기 때문이다. 위대한 성자 투카람 마하라지는 그의 시 한 편에서 그것을 이렇게 묘사하였다. "우주의 신은 참깨 씨앗 크기의 집을 짓고 그곳에 거하신다." 비록 푸른 진주는 작아 보이지만, 그것은 온 우주를 포함하고 있는 씨앗이다. 그것은 지극히 미묘하며 번개처럼 움직인다. 때때로 명상 중에 그것이 눈으로 들어오고 나가는 것을 볼 수 있다. 푸른 진주는 바로 인간 존재의 생명이다. 그것은 사후에 몸을 떠나 다른 세계로 여행하는 영혼의 운반체이다.

이 빛을 보고 꾸준히 계속 보고 그 속으로 들어가려면 오랜 기간 명상을 해야 할 것이다. 그러나 당신이 쿤달리니의 은총을 통하여 명상을 계속 한다면 결국 그것을 경험하게 될 것이다. 일단 시다 구루에 의해 내면의 샥티가 일깨워지고 쿤달리니의 길을 걷기 시작하였다면, 당신은 반드시 목적지에 도달하게 된다. 푸른 진주를 명상하다 보면, 어느 날 그 광채가 끝없이 확장되고 당신은 자신이 온 우주에 가득 차 있음을 알게 될 것이다. 당신은 자신의 신성한 실재를 알게 될 것이며, 기쁨은 결코 당신을 떠나지 않을 것이다.

내면의 아름다움

위대한 성자 라마누자는 어느 날 시장에 갔다가 깜짝 놀랄 만한 광경을 보았다. 읍내에서 가장 뛰어난 씨름꾼 한 명이 젊은 창녀를 뒤따르며 양산을 받쳐 주고 부채를 부쳐 주며 세심하게 보살피고 있었다. 라마누자는 한동안 바라보다가 그 씨름꾼을 불러 말했다. "당신은 출중한 씨름꾼이오. 그런데도 창녀에게 양산을 받쳐 주고 부채를 부쳐 주고 있구려. 당신은 그녀에게 너무나 빠져 있어서 태양이 불같이 내리쬐는데도 아무렇지도 않은 것 같소. 무슨 사정으로 이렇게 반한 것이오?"
 씨름꾼이 말했다. "선생님, 저는 이 여자의 아름다운 외모에 매혹되었습니다. 이 아름다움에 너무나 반해서 그녀를 보지 않으면 만족할 수가 없습니다. 그래서 이 여자를 따라다니는 것입니다."
 "내가 만일 더 큰 아름다움을 당신에게 보여 준다면 어떻게 하겠소?" 라마누자가 물었다.
 "그녀를 떠나겠습니다." 씨름꾼이 대답하였다.
 "그러면 앉아 보시오." 성자는 씨름꾼의 머리와 가슴을 만진 뒤 명상을 위한 자세를 취하라고 말하였다. 성자의 만짐을 받아들이자마자 씨름꾼은 명상에 빠져들었고, 자기의 내면에서 찬연하며 눈부신 아름다움을 보게 되었다. 명상에서 깨어난 그는 여인에게 집으로 돌아가라고 말한 뒤 자신은 곧 라마누자의 제자가 되었다. 그는 외적인 아름다움보다 자신 안의 아름다움이 훨씬 크다는 것을 깨달은 것이다.
 이것이 샥티파트의 효력이다. 샥티파트는 대단히 심오하고 즉각적인 체험을 우리에게 줄 수 있다. 그러면 우리의 이해는 완전히 바뀌고 참나에 대해 큰 관심을 갖게 된다.

과학적인 용어

쿤달리니가 깨어나는 과정을 과학적인 용어로 이해할 수 있습니까? 그리고 그 과정을 이해하려고 노력하는 것이, 체험의 대체가 아니라 그것을 더 촉진시키는 길로서 가치가 있습니까?

쿤달리니가 깨어나는 과정을 이른바 '과학적인' 용어로 설명하기는 매우 어렵다. 그런 식으로 묘사할 수 있는 것은 쿤달리니가 깨어날 때의 외적 측면과 신체적 측면들에 불과하다. 깨어난 쿤달리니가 신체 기관들과 신경 체계, 심장 박동, 신진 대사 등에 미치는 효과들은 과학적인 도구들로 연구할 수 있다. 그러나 내면의 미묘한 측면들은 어떤 도구로도 파악할 수 없다. 쿤달리니는 극히 미묘한 힘이기 때문이다. 그것은 순수한 빛이다. 과학자가 진정으로 이해하려면 자신의 쿤달리니를 일깨워 직접 경험해야 할 것이다. 그러면 아마도 그에게 익숙한 용어로 묘사할 수 있을 것이다.

쿤달리니 연구에 관여하고 있는 많은 심리학자들과 다른 이들은 종종 나에게 묻곤 한다. "어떻게 하면 다른 사람들도 여기에 관심을 갖게 할 수 있을까요?"

사람들은 각자 나름의 방법으로 다른 사람들이 쿤달리니 일깨움에 흥미를 갖도록 하기를 원한다. 과학자들은 과학적 토론이나 조사를 통하여 사람들이 흥미를 갖게 되기를 원하고, 요기들은 요가를 통하여 그들이 흥미를 갖게 되기를 원한다. 내가 미국에 온 이래 수천 명의 사람들이 쿤달리니 일깨움을 경험하였다. 나는 단지 내가 알고 있는 용어로 그것을 설명할 수 있을 뿐이다. 과학자 여러분들도 직접 체험해 보라. 그러면 여러분의 용어로 그것을 설명할 수 있을 것이다.

과학이 끝나는 곳에서 샥티파트가 시작된다. 그러나 언젠가는 과학적인 연구자들도 샥티파트를 권하게 될 것이다.

샥티를 받는 법

구루는 어떤 사람에게 샥티파트를 줍니까?

구루는 기꺼이 받고자 하는 구도자에게 샥티파트를 준다. 그는 어떤 사람에게는 주고 다른 사람에게는 주지 않겠다고 결정하지 않는다. 이것은 어떤 사람에게 햇볕을 주느냐고 태양에게 묻는 것과 같다. 몸소 바깥으로 나가 태양 아래 서 있는 사람은 햇볕을 받지만 집 안에만 머무르는 사람은 햇볕을 받지 못한다는 사실을 우리 모두는 알고 있다. 태양은 편파적이지 않다. 그러한 생각은 태양에게는 아무런 의미가 없다. 자신 안에 참나가 있는 사람이라면 누구나 샥티파트를 받을 수 있다. 참나 없는 사람이 있는가?

만일 당신이 구루에게 자신을 연다면, 그의 샥티가 당신 안으로 흘러 들어올 것이다. 설령 구루가 당신에게 주지 않는다 해도, 당신은 강제로라도 구루에게서 샥티를 끌어올 수 있다. 대서사시 『마하바라타(Mahâbhârata)』에는 세계 역사상 가장 훌륭한 궁술의 대가인 드로나차리야라는 구루의 이야기가 있다. 그는 오로지 왕자들만을 가르쳤다. 어느 날 엑클라비야라는 평민 소년이 그에게 다가와서 활쏘기를 가르쳐 달라고 부탁하였다. 구루는 "어떻게 네가 감히 나에게 그런 말을 하느냐? 나는 왕자들만 가르치는 사람이고, 너는 천한 아이다. 나는 너를 가르칠 수 없다."라고 말하였다. 엑클라비야는 단념하지 않았다. 소년은 스승을 머리끝부터 발끝까지 바라보며 온 가슴을 다하여 그에게 사랑을 보냈다. 그런 뒤에 자신의 오두막으로 돌아가서 진흙으로 드로나차리야의 상을 만들고 그 상에 예배하기 시작하였다. 그는 하루도 빠짐없이 예배를 드렸다. 구루의 형상을 명상하고 난 뒤에는 활과 화살을 가지고 연습하였다. 그로부터 얼마 후 구루의 모든 궁술 지식은 점토 상(像)을 통하여 소년에게 전수되었다.

어느 날 활쏘기 연습을 하고 있던 엑클라비야는 개 한 마리를 보고는 개의 이빨 사이로 화살을 쏘았다. 화살은 이빨 사이에 끼어 있을 뿐 개에게 어떤 상처도 입히지 않았다. 그 개는 왕자들이 드로나차리야에게서 궁술을 배우고 있던 아쉬람에 사는 개였다. 개는 짖어 대면서 아쉬람으로 달려갔다. 구루는 개의 이빨 사이에 낀 화살을 보고는 깜짝 놀랐다. '나는 이 비법을 누구에게도 가르쳐 준 적이 없는데, 누가 이런 기술을 배웠을까?' 위대한 스승들은 간혹 자신의 가장 비밀스러운 비법을 감춘다. 드로나차리야도 모든 궁술 비법을 제자들에게 전수하였지만 이 기술만은 예외였다. 그는 제자인 왕자들을 불러 모은 뒤 그 궁수를 찾으라고 명령하였다. 제자들은 스승이 시키는 대로 따랐으며, 마침내 구루의 상 앞에 앉아서 명상하고 있는 엑클라비야를 발견하였다. 그들은 그를 명상에서 깨어나게 한 뒤 물었다. "우리 개의 이빨 사이에 끼어 있는 화살을 쏜 자가 누구냐?"

"저입니다."

"누가 너를 가르쳤느냐?"

"저는 저의 구루께 배웠습니다."

"너의 구루가 누구냐?"

"드로나차리야이십니다"

왕자들은 질투심으로 얼굴빛이 변하였다. 그들은 생각했다. '우리의 스승은 우리에게 모든 것을 다 가르친다고 말하였지만, 이 제자에게만 비밀로 가르친 것이 하나 있구나.' 그들은 엑클라비야를 드로나차리야에게 데려온 뒤 말했다. "여기 화살을 쏜 자를 데려왔습니다. 그는 스승님께서 그 비법을 가르쳐 주셨다고 말합니다. 스승님은 우리에게 그 비법을 숨기신 것이 분명합니다."

드로나차리야가 엑클라비야에게 물었다. "너는 누구에게서 이 비법을 배웠느냐?"

엑클라비야가 대답하였다. "저에게 궁술을 가르쳐 주지 않겠다고 하시기에 저는 집으로 가서 진흙으로 스승님의 형상을 만들었습니다. 그리고 날마다 그 앞에 앉아 당신을 명상했고, 제가 당신과 하나임을 알게 되었습니다. 그러자 이 비법이 저절로 제 안에서 드러났습니다."

그러므로 구루는 샥티파트를 주기로 결정할 필요가 없다. 당신은 엑클라비야처럼 함으로써 구루가 당신에게 샥티를 주지 않을 수 없도록 만들 수 있다. 사랑과 헌신은 대단한 힘을 갖고 있다. 그것들을 통하여 당신은 구루에게서 얻기 원하는 것들을 모두 얻을 수 있다.

사람들은 자신의 태도에 따라 구루로부터 샥티파트를 받는다. 만일 태도가 매우 좋은 사람이라면, 내가 그에게 샥티파트를 줄 필요가 없다. 왜냐하면 그는 자신이 스스로 그것을 끌어내기 때문이다. 어떤 사람들은 내 책을 읽는 것만으로 샥티를 받고 나중에야 내가 누구인지 알게 된다. 태도가 훌륭한 사람일수록 더 빨리 샥티를 받게 된다.

샥티가 일깨워진 뒤

샥티파트의 경험은 우리가 감당하기 힘들 정도로 대단히 강력합니까?

그렇지 않다. 때로는 그 경험이 강력한 것은 사실이다. 하지만 샥티는 통제할 수 없는 힘이 아니다. 구루의 은총으로 샥티가 일깨워지면, 그 은총은 샥티가 가장 적절한 방식으로 작용하도록 한다. 그러나 만일 어떤 사람이 오로지 자신의 노력만으로 샥티를 일깨우려 한다면, 그는 어느 정도 곤란을 겪을 수도 있다.

쿤달리니가 일깨워진 뒤에는 갖가지 체험들이 일어난다. 저절로 일어나든 요가 수행의 결과로 일어나든 구루의 도움 없이 쿤달리니가 일깨워지는 경우에는 자신에게 일어나는 일이 무엇인지 몰라서 두려워할 수도 있다. 그는 이 경험을 신체나 정신 질환의 증상으로 느낄 수도 있다. 예를 들어, 내면의 빛이나 소리들을 환시나 환청으로 오해할 수 있을 것이다.

때때로 쿤달리니가 일깨워진 뒤, 피로를 느끼거나 멍해지거나 흥분하거나 화가 나기도 하고 우울한 감정이 들기도 한다. 혹은 불면증을 겪거나 자신과 타인에 대하여 무관심해질 수도 있으며, 심지어 자신이 미쳐 가는 것처럼 느껴지기도 한다. 그런 느낌들은 일시적이고 모든 부정적인 경향성들을 완전히 제거하는 정화 과정의 일부이지만, 어떤 사람들은 이를 모르고서 자신을 치료하는 방법을 찾다가 그 결과로 비참해지기도 한다.

간혹 신체나 정신에 해로운 약을 먹거나 치료를 받는 경우도 있다. 자신의 쿤달리니가 완전히 펼쳐진 스승을 통해서 쿤달리니가 일깨워지는 편이 더 낫다는 것은 바로 이런 이유 때문이다. 그러한 존재는 은총을 통하여 일깨워진 힘을 적절한 통로로 이동시키고 안내하는 법을 잘 알고 있으며, 아무것도 잘못되지 않도록 확실하게 돌본다.

샥티파트를 받고 나면 그것을 유지하기 위해 고민해야 합니까?

당신 안에 샥티를 계속 간직하고 은총을 유지하려면, 구루에 대한 헌신과 깨끗한 생활을 유지해야만 한다. 당신이 동전 한 푼 없이 굶고 있다가 누군가의 도움으로 3달러를 받았다고 가정해 보자. 당신은 3달러를 들고 쇼핑을 간다. 당신이 처음 본 물건은 하모니카다. 그것은 당신에게 필요한 물건이 아니지만, 당신은 충동에 이끌려 그것을 사는 데 1달러를 쓴다. 다음에는 풍선을 보고 역시 허영심이 발동하여 그것도 산다. 그리고 또 다른 물건을 보고는 그것을 산다. 이런 식으로 당신이 3달러를 다 쓰면 주머니가 텅 비게 된다. 당신에게 정말로 필요한 것은 음식이지만, 이제 당신에게 남은 돈은 없다. 이와 마찬가지로 당신은 구루의 은총을 낭비하지 말아야 한다. 그것을 보존하고 싶다면 대단히 신중하고 조심스러워야 한다. 날마다 어떻게 하면 그것을 키워 갈 수 있을지를 생각해야 한다. 말을 삼가고, 진실을 얘기하고, 일용할 양식을 얻기 위하여 일하라. 이것들은 당신이 은총을 유지하도록 도울 것이다.

당신은 종종 샥티의 힘에 대하여 말씀하십니다. 이 힘을 오용하지 못하도록 이기심을 제지하는 것은 무엇입니까?

자아가 샥티를 제어할 수 있는가? 자아는 결코 샥티를 마음대로 제어할 수 없다. 그 대신에 샥티가 자아를 삼켜 버릴 것이다. 샥티는 무지한 사람의 무지를 파괴한다. 샥티는 둔한 사람의 마음을 예리하게 한다. 샥티는 인간의 이해력과 내적 성찰력을 개발하고, 인간의 지능을 정련하며, 지고의 진리에 잠겨 하나 되도록 도와준다. 샥티가 펼쳐짐에 따라서 자아는 점점 더 소멸할 것이다.

올바른 동기

샥티파트를 받고 싶어 하는 사람들이 가져야 할 적절한 동기는 무엇입니까? 자신을 해방시키는 것입니까, 아니면 다른 사람들이 해방되도록 돕는 것입니까?

우선은 자신을 위해 샥티를 받고자 해야 하고 또 샥티가 성장하기를 원해야 한다. 일단 그 신성한 에너지를 완전히 전수받게 되면, 그것을 다른 사람에게 나눠 주는 것도 생각해 볼 수 있다. 자신이 어떤 것을 가지고 있을 때에만 그것을 다른 사람에게 줄 수 있다. 자신이 완전해진 뒤에야 다른 사람들에게 샥티를 줄 수 있다. 그러므로 먼저 자신의 힘을 키워라.

만트라

그 이름을 되풀이하는 것만으로도
이해할 수 없는 것이
이해될 것이다.

그 이름을 되풀이하는 것만으로도
보일 수 없는 것이
보일 것이다.

— 갸네쉬바라 마하라지 —

만트라의 신비

만트라는 우리가 이 세상에서 하는 모든 일의 뿌리다. 만트라는 요가, 명상, 지식뿐만 아니라 우리가 하는 모든 실제적인 행동의 기초이다. 만트라는 시다 요가의 가장 중요한 요소들 가운데 하나다. 만트라를 통하여 구루의 샥티가 제자에게 들어가며, 만트라를 반복함으로써 우리는 샥티가 위대한 힘으로 작용하게 만든다.

만트라는 소리이며, 소리는 이 우주의 모든 것 안에서 울려 퍼지고 있다. 물이 흐를 때는 콸콸거리는 소리가 난다. 그것이 만트라다. 나무 사이로 바람이 불 때는 살랑거리는 소리가 난다. 그것이 만트라다. 땅 위를 걸을 때는 우리의 발걸음이 소리를 내는데, 그것 또한 만트라다. 인간의 내부에도 스스로 생겨난 불멸의 소리가 있으며, 이 소리는 우리의 호흡과 더불어 스스로 끊임없이 반복한다.

　소리는 거대한 힘을 지니고 있다. 사실, 소리는 온 우주를 창조하는 힘을 가지고 있다. 신은 본래 소리로 나타났다는 글이 있다.[1] 우파니샤드 경전은 태초에 소리가 있었고, 그 소리는 옴(Om)이라는 소리로 울려 퍼졌으며, 그 소리로부터 만물이 존재하게 되었다고 말한다.[2] 현대의 과학자들도 고대의 현자들이 알았던 것처럼 우주 전체에 끊임없이 울려 퍼지는 진동이 있다는 것을 인식하기 시작했다. 그 진동은 모든 물질의 저변에 놓여 있으며 만물의 바탕이다. 우주 만물 안에서 진동하는 그것은 우리 안에서도 진동하고 있다. 우리는 그 내면의 진동이 마음의 근원에서 떨리고 있는 것을 발견할 수 있는데, 그 내적 진동이 진정한 만트라이며, 그것이 바로 신성한 에너지인 쿤달리니이다. 그 내적인 진동으로부터 무한한 낱자들과 음절들이 마트리카 샥티를 통하여 일어나며, 그것은 내부와 외부의 모든 세상들이 생겨나게 한다.[3]

이름과 그것의 대상

　낱자들과 음절들이 합해지면, 그것들은 단어를 이룬다. 우리의 영적인 삶과 세속적인 삶은 모두 오직 말 때문에 가능하다. 언어가 없으면 우리는 어떤 활동도 할 수가 없을 것이다. 우리가 사용하는 각각의 말은 고유한 힘을 가지고 있으며 고유한 반응을 일으킨다. 예를 들어 우리가 식료품 가게에 가서 사과를 달라고 하면, 우리는 사과를 받으며 그 밖의 다른 것을 받지 않는다. 이것이 일상적인 말의 힘이며, 우리는 그것을 세속적인 만트라로 부를 수 있다. 세속적인 말이 우리로 하여금 그 대상과 접촉하게 해 주는 것과 마찬가지로, 영적인 만트라는 우리를 인간 삶의 가장 높은 목표인 참나와 접촉하게 해 준다.

그러한 만트라는 낱자들과 음절들의 평범한 조합이 아니라 살아 있는 힘이다. 신의 이름은 신과 다르지 않다. 케쉬미르 쉐이비즘의 경구에는 만트라 마헤슈와라하(mantra maheshwaraha), 즉 "만트라는 최고의 신이다."라는 말이 있다. 만트라는 신의 소리-몸이라 불려 왔다. 그것은 소리의 형태로 있는 신이다. 『바가바드 기타』에서 크리슈나는 야갸남 자파야노스미(yajnånåm japayajno'smi),[4] 즉 "종교 의식들 가운데, 나는 만트라 반복의 의식이다."라고 말한다. 이 말은 다른 수행 기법들은 신에게 도달하기 위한 수단이지만, 만트라는 바로 신 자신이라는 뜻이다. 이런 이유로 만트라를 반복하면 신을 아주 쉽게 체험할 수 있다. 만트라를 반복하면 결실이 빨리 맺힌다. 위대한 성자 투카람은 말했다. "신의 이름을 입술에 올릴 때, 해방의 희열은 당신의 손안에 있다."

일상적인 말들조차 우리에게 얼마나 빨리 영향을 미치는지를 생각해 본다면, 이것은 놀라운 일이 아니다. 옛날에 한 성자가 만트라의 힘에 관하여 강연하고 있었다. 그는 "만트라는 우리를 신께 데려다 주는 힘을 가지고 있습니다."라고 말했다. 청중 가운데 앉아 있던 한 무신론자가 이 말을 듣자마자 일어나서 다음과 같이 외쳤다. "그건 말도 안 됩니다. 어떻게 단어 하나를 반복하는 것이 우리를 신께 데려다 준다는 것입니까? 우리가 빵, 빵, 빵이라고 계속 말하면 빵 한 덩어리가 나타나나요?"

성자는 "앉아라, 이 바보야!" 하고 호통을 쳤다. 그 사람은 부들부들 떨기 시작했고 얼굴은 벌게졌다. 그는 소리쳤다. "어떻게 내게 그런 말을 할 수 있습니까? 당신은 자신이 거룩한 사람이라면서도 다른 사람을 모욕하며 다니는군요. 당신은 대체 어떤 사람입니까?"

성자가 대답했다. "선생님, 당신을 공격해서 정말 미안합니다. 그런데 한번 말씀해 보십시오, 지금 이 순간 당신의 심정은 어떠합니까?"

그러자 그가 고함을 질렀다. "지금 내 심정이 어떤지 모르겠습니까? 나는 지금 몹시 화가 나서 미칠 지경입니다!"

성자는 말했다. "선생님, 나는 욕설 한 마디를 했을 뿐입니다. 그런데도 당신에게 그처럼 강한 영향을 미쳤습니다! 그렇다면 왜 신의 이름이 당신을 변화시킬 힘을 갖지 못하겠습니까?"

욕설과 마찬가지로 만트라는 자체의 힘을 가지고 있다. 그러나 만일 우리가 완전히 익은 만트라의 열매를 얻고자 한다면, 우리는 만트라의 의미를 완전히 알면서 반복해야만 한다. 시인이자 성자인 툴시다스는 다음과 같이 말했다. "사기꾼이든 도둑이든 사제들이든 모두들 라마의 이름을 반복한다. 그러나 위대한 헌신자들이 그 이름을 반복하는 방식은 완전히 다르다. 왜냐하면 그 이름이 그들을 구원했기 때문이다." 어떻게 이 위대한 존재들은 그 이름의 힘을 깨달았을까? 그 해답은 케쉬미르 쉐이비즘의 다음 경구에서 발견될 수 있다. "오직 우리가 만트라를 반복하는 사람과 만트라의 음절들, 만트라의 대상이 하나라는 사실을 이해할 때, 만트라는 그 결과를 빨리 보여 줄 것이다."

대부분의 시간에 우리는 만트라의 음절들과 만트라의 대상이 서로 다르며 우리 자신과도 다르다고 그릇되게 오해하며 만트라를 반복한다. 만트라가 즉각적인 열매를 맺지 않는 것은 바로 이 때문이다. 만일 당신이 이 점에 대해 생각해 본다면, 당신은 이것이 세속적인 수준에서도 똑같이 진실이라는 것을 이해하게 될 것이다. 누군가가 당신을 멍청이라고 부른다고 가정해 보자. 만일 당신이 '멍청이'라는 말을 자신을 가리키는 것으로 받아들이지 않는다면, 당신은 그 말에 반응하지 않을 것이다. 그러나 만일 당신이 자신을 그 말과 동일시한다면, 몹시 화가 나서 피가 끓어오를지도 모른다. 당신이 욕설을 자신과 동일시하는 것만큼 쉽사리 신의 이름도 자신과 동일시한다면, 즉시 그 효과를 경험할 것이다.

만트라의 영향

만트라는 우리의 내면 존재를 완전히 변화시킬 수 있다. 우리의 내면 상태는 우리 안에서 계속적으로 일어나는 생각과 느낌에 의해 만들어진다. 외견상 우리는 고정된 정체성을 가진 것으로 보일 수 있다. 즉, 어떤 사람은 변호사로, 어떤 사람은 엔지니어로, 어떤 사람은 의사로, 어떤 사람은 교수로 보일 수 있지만, 내부적으로 우리는 계속해서 변화하는 의식 덩어리다. 우리가 계속 변동하는 이 덩어리에 만트라의 광선을 투사하면, 만트라는 그것을 안정시키고 그것을 한 방향 즉 참나의 방향으로 집중시킨다. 현자들은 오직 만트라만이 우리로 하여금 혼란과 환영들, 마음의 끊임없는 변화를 초월하도록 도와줄 수 있다고 말하였다.

더욱이 우리가 만트라를 되풀이할 때, 그것은 몸의 모든 구성요소들에 퍼지기 시작한다. 마음속에서 떠오르는 생각이나 감정들은 모두 몸에 즉각적인 영향을 미친다. 이제는 의사들조차도 생각이 우리를 아프게도 하고 낫게도 한다는 점을 인정한다. 우리의 생각들은 마음에서 프라나로, 프라나에서 혈류 속으로, 그리고 혈류를 통하여 몸 전체로 전해진다. 신의 이름도 동일한 방식으로 우리의 체계를 통하여 흐르면서 혈액 속의 모든 독소를 제거하고, 프라나를 정화하고, 마음을 부정적인 감정에서 해방시키며, 가슴속에서 기쁨이 솟아나게 한다.

신의 이름의 영향이 마음을 관통할 때, 마음은 그 이름이 된다.[6] 즉 마음은 신성해지는 것이다. 신의 이름을 되풀이하면, 우리의 내면 의식 안에서 일종의 지진이 일어난다. 우리의 일상생활 가운데 일어나는 모든 생각들은 우리의 내부에 기록되며 제거하기 힘든 인상들을 이룬다. 그러나 우리가 신의 이름을 되풀이할 때, 이러한 생각들과 인상들은 모두 제거되고 신의 이름이 기록된다. 매순간 우리가 생각하는 것은 바로 우리 자신이 된다. 만일 마음속에 화가 일어나고 우리가 자신을 화와 동일시하면, 우리는 화로 가득 차게 된다. 이와 마찬가지로 우리가 큰 사랑과 관심으로 만트라를 계속 되풀이한다면, 우리는 신에게로 몰입될 것이다. 본래 만트라는 자신을 개인으로 보는 우리의 인식을 신으로 보는 인식으로 변형시킬 능력을 갖고 있다.

만트라를 반복하는 것을 하나의 기법에 불과한 것으로 여기지 말아야 한다. 깨닫기 전에는 만트라를 반복하는 것이 영적인 수행이지만 깨달은 뒤에는 가장 순수한 감로가 된다고 어느 위대한 성자는 말하였다. 그것이 바로 가장 위대한 성자들이 해방을 얻은 뒤에도 계속해서 신의 이름을 되풀이하는 이유이다. 그들에게는 만트라의 반복이 단순한 수행이 아니라 그 자체로 성취였다.

의식적인 만트라

책에서 보거나 여러 스승들로부터 얻을 수 있는 만트라로는 칠천만 개의 만트라가 있다. 그러나 구도자가 자신을 변형시킬 만트라를 원한다면, 의식의 힘으로 충만한 살아 있는 만트라를 얻어야만 한다. 만트라에는 차이타니야 만트라(chaitanya mantra, 의식이 있는 만트라)와 자다 만트라(jada mantra, 생명이 없는 만트

라) 등 두 가지 유형이 있다. 자다 만트라는 책에서 보거나 만트라의 힘을 깨닫지 못한 스승한테서 받는 것이다. 그러한 만트라는 힘이 없으며, 그저 낱자들을 모아 놓은 건조하고 효과 없는 집합에 불과하다. 그러나 차이타니야 만트라는 자신의 구루에게서 받고 그 힘을 완전히 펼쳐서 참나 깨달음에 도달한 구루로부터 얻은 것이다. 그 만트라의 뒤에는 구루의 깨달음의 충만한 힘이 있으며, 그것은 구도자 안에서 즉시 작용하기 시작한다. 제자가 만트라를 되풀이할 때, 그의 잠들어 있는 샥티가 깨어나며 그의 안에서 새로운 삶이 창조된다.

  사람에게는 두 명의 아버지가 있다고 한다. 한 명은 정액으로 생명을 준 육체의 아버지이고, 다른 한 명은 만트라로 생명을 주는 영적인 아버지인 구루이다. 정액으로 태어난 몸이 음식으로 영양분을 받듯이 만트라로 태어난 몸은 만트라의 반복으로 영양분을 얻는다. 그러므로 당신의 삶이 만트라로 가득 채워지게 하라. 무슨 일을 하고 있든지 만트라를 계속해서 되풀이하라. 잠들기 전에 만트라를 되풀이하면, 매우 깊은 잠을 자게 될 것이다. 아침에 일어나서 만트라를 되풀이하면, 하루를 행복하게 보낼 것이다. 당신이 하는 모든 행위에 만트라를 뒤섞어라. 세수를 할 때 만트라를 되풀이하라. 아침 식사를 할 때 만트라를 되풀이하라. 사무실로 가는 동안에도 만트라를 되풀이하고, 집으로 오는 길에도 만트라를 되풀이하라. 목욕을 할 때에도 만트라를 되풀이하고, 차를 마실 때에도 만트라를 되풀이하라. 담배에 중독

된 사람은 집을 떠나기 전에 주머니에 담배가 있는지 확인할 것이다. 이처럼 당신은 가슴속에 만트라를 지니고 있는지를 늘 확인할 만큼 돌이킬 수 없이 만트라에 중독되어야 한다.

마나낫 트라야테 이티 만트라(mananåt tråyate iti mantrah)라는 말이 있다. "만트라는 그것을 반복하는 사람을 보호한다."라는 뜻이다. 만트라의 힘은 당신의 상상을 넘어선다. 만트라의 의미를 이해할 수는 있지만, 만트라의 효능은 알 수 없다. 만트라를 묵상할 수는 있지만, 만트라의 힘을 측정할 수는 없다. 만트라는 신의 살아 있는 힘이다. 그러므로 공경하는 마음으로 만트라를 되풀이하라. 만일 당신이 매일 삼십 분이나 한 시간만이라도 만트라를 반복하는 데 바친다면, 당신은 세속적인 생활에서 훨씬 더 효율적으로 기능할 것이며, 당신의 가슴은 기쁨으로 가득 찰 것이다. 당신의 샥티는 매우 빨리 펼쳐질 것이다. 그리하여 곧 당신은 참나를 경험하기 시작할 것이다.

소리의 과학

만트라의 과학은 너무나 위대하다. 왜냐하면 만트라는 우리를 형체 없는 의식에 이르게 해 주는 사다리이기 때문이다. 만트라의 경전에 의하면, 말은 인간 존재 안에서 네 가지 수준으로 나타난다고 한다. 대부분의 사람들은 말이라고 하면 바이카리(vaikharī)라고 하는 가장 거친 수준의 말, 즉 발음으로 표현된 말만을 떠올린다. 그러나 사실, 혀는 혼자 힘으로 말하는 것이 아니다. 거친 소리는 더 미묘한 수준, 즉 목에서 경험되는 마디야마(madhyamā)에서 나온다. 이 미묘한 수준 아래에도 역시 파슈얀티(pashyantī)라고 불리는 더 깊은 수준이 있는데, 이것은 말의 원인 수준으로서 가슴속에서 경험된다. 그러나 소리의 근원은 이보다 더 깊은 곳에 있으며, 파라바니(parāvāni)라 불리는 말의 초월적인 수준인 이것은 배꼽 부근에서 경험된다.

어떻게 단어들이 생기는지 한번 자세히 살펴보자. 단어들이 혀끝에 이를 무렵이면 이미 거친 형태를 갖고 있다. 그러나 혀에 이르기 전에 이미 단어들은 말의 모든 수준들을 다 통과하였다. 가장 미묘한 수준의 말은 파라바니이다. 이것은 순수하고 나타나지 않은 소리의 영역이며, 여기에는 이원성도 비이원성도 없다. 파라바니는 사실 모든 곳에 퍼져 있다. 그것은 미묘한 진동이며, 그것으로부터 우주 전체가 모든 형태들을 지니고 태어났다. 여기에서 모든 소리, 모든 단어, 모든 언어가 순수 의식으로부터 일어난다. 공작의 알이 공작 깃털의 모든 색깔들을 잠재적인 형태로 담고 있듯이, 모든 음절들과 단어들은 분화되지 않은 씨앗의 형태로 파라바니 안에 존재하고 있다. 소리가 일어날 때, 그 소리는 말의 세 번째 수준인 파슈얀티로 넘어간다. 이 수준에서 마트리카 샥티의 작용을 통하여 형태를 갖추는 과정이 시작되지만, 아직 완전히 분화된 상태는 아니다.

소리가 이 수준을 지나 목에 있는 말의 수준인 마디야마에 이르면, 그 소리는 인식할 수 있는 형태를 이룬다. 이 지점에서 단어들은 우리 안에서 다름의 세상들을 창조하기 시작한다. 여기에서 단어들은 아직 바깥으로 표현되지는 않았지만 완전한 형태를 이룬다. 마침내 단어들은 말의 바이카리 수준인 거친 혀로 전달되어 말로 표현되고 들릴 수 있게 된다.

만트라의 하강

만트라는 이러한 거칠고 미묘한 소리의 수준들을 꿰뚫고, 다르다는 느낌을 지우며, 우리를 소리의 근원으로 데려가는 힘을 지니고 있다. 우리가 만트라를 되풀이할 때, 만트라는 거친 수준을 거쳐 미묘한 수준을 통과하며, 마침내 자신이 일어난 근원인 순수한 의식에 이르게 된다.

처음 시작하는 단계에서는 만트라를 혀의 수준에서 조용히 반복하며, 자신이 반복하는 만트라를 잘 들으면서 만트라가 진동하고 있는 혀끝에 마음을 집중한다. 한동안 이 수준에서 만트라를 반복하면, 만트라는 더 깊어져서 목에 있는 마디야마 수준까지 내려간다. 이 수준에서 한 번 반복하는 것은 신체의 혀로 천 번 반복하는 것과 동등하다.

만트라는 목 중심에서 가슴속에 있는 파슈얀티 수준으로 하강하며, 이곳에서 그것의 진동은 더욱 강력해진다. 이 중심에서 한 번 반복하는 것은 목 중심에서 천 번 반복하는 것과 동등하다. 만트라의 반복이 파슈얀티 수준에서 일어나고 있을 때, 우리는 더없는 희열의 파동을 느끼게 되며, 멀리 있는 것을 보고 듣고 과거와 미래를 알게 되는 등 비범한 능력을 얻게 된다. 이제 만트라는 끊임없이 계속 반복되며, 우리는 취한 상태에 있게 된다. 마침내 만트라는 가슴 중심을 지나 배꼽 중심에 있는 파라바니 수준으로 하강하며, 여기에서 참나와 접촉한다. 그러면 온몸이 만트라로 충만해지며, 우리는 지고의 진리를 경험한다. 이렇게 하여 만트라의 힘이 실현된다.

한번 만트라의 능력을 깨닫고 만트라가 참나와 접촉하게 되면, 참나의 힘은 그의 말들에 스며들어 그 말들의 효과를 확실하게 한다. 시다 요기들의 만트라가 필연적으로 결실을 맺는 것은 이 때문이다. 만트라를 완전히 실현한 사람은 참나의 모든 능력을 얻는다. 그의 입에서 나오는 모든 말들은 우주 의식의 공간인 파라바니에서 나온다. 이러한 이유로 그가 하는 모든 말은 만트라이며 항상 효과를 발휘할 것이다.

위대한 구원의 만트라

시다 요가에서는 두 가지 만트라를 준다. 하나는 입문의 만트라인 '옴 나마 쉬바야(Om Namah Shivåya)'이고, 다른 하나는 '소함(So'ham)'이다. 두 만트라의 목표는 동일하다. 단지 되풀이하는 방법만이 다를 뿐이다. 옴 나마 쉬바야는 위대한 구원의 만트라이며, 판차크샤리(panchåkshari) 즉 다섯 음절의 만트라*로 알려져 있다. 그것은 '나는 쉬바께 복종한다.'는 뜻이다. 쉬바는 지고의 실재이며 내면의 참나다. 쉬바는 만물 안에 거주하는 우주 의식이다.

구루가 구도자에게 주는 만트라는 구루 역시 자신의 구루로부터 받은 만트라이다. 이것은 전통적으로 구루 만트라 또는 입문 만트라로 알려져 있다. 옴 나마 쉬바야는 시다들의 입문 만트라이며, 완전해진 스승들인 시다들의 계보의 근원은 최초의 구루인 쉬바에게까지 거슬러 올라간다. 이 만트라는 태초 이래 구루에게서 제자에게로 전수되어 왔으며, 쉬바로부터 나의 구루인 니티아난다까지 모든 시다들의 전체 계보가 이 만트라의 뒤에 굳건히 서 있다. 이 만트라를 통하여 구루의 샥티가 제자에게 들어간다. 이러한 이유로 그것을 구루 만트라라고 한다.

이 만트라의 기저에는 커다란 비밀이 있다. 우리가 나마 쉬바야의 다섯 음절을 노래하는 동안, 몸을 구성하는 다섯 원소들이 정화된다. 그 각각의 음절은 다섯 원소들 중 하나와 일치한다. 즉 '나' 음절은 흙의 원소, '마' 음절은 물의 원소, '쉬' 음절은

---

*Om Namah Shivaya는 여섯 음절로 반복하지만, 다섯 음절의 만트라라고 한다. 왜냐하면 옴(Om)은 하나의 음절이 아니라 모든 낱자의 씨앗이라고 간주되기 때문이다.

불의 원소, '바' 음절은 공기의 원소, '야' 음절은 에테르의 원소이다. 각 음절은 그것과 상응하는 원소를 정화한다. 몸과 마음이 완전히 순수하지 않으면 영적인 수행을 통해 충분한 혜택을 얻을 수 없다. 그러므로 우리는 몸과 마음을 깨끗이 하는 데 도움이 되도록 옴 나마 쉬바야를 되풀이하는 것이다.

고대의 가장 위대한 현자들 중 많은 이들이 옴 나마 쉬바야를 되풀이했으며, 모든 만트라들은 그것의 자궁 안에 들어 있다고 한다. 현자 우파만유는 그 비밀을 이렇게 설명하였다. "만일 이 만트라가 당신의 가슴속에서 계속하여 진동한다면, 그때는 고행을 하거나 명상을 하거나 요가를 수행할 필요가 없다. 이 만트라를 반복하기 위하여 어떠한 종교 의식이나 예식을 치를 필요가 없으며, 상서로운 시기나 특정한 장소에서 반복할 필요도 없다." 이 만트라에는 어떤 제한도 없다. 이 만트라는 젊은 사람이건 늙은 사람이건, 부유한 사람이건 가난한 사람이건, 어떤 상태에 처해 있건 누구라도 되풀이할 수 있으며, 그 사람을 정화시킬 것이다. 현자들은 말한다. "이 만트라는 신비롭다. 그것을 반복하고, 반복하고 또 반복하라."

인도의 경전에는 위대한 현자 사난드에 대한 이야기가 있다. 그는 옴 나마 쉬바야 만트라에 완전히 몰두해 있었고, 끊임없이 그 만트라를 되풀이했다. 사실, 그는 그 밖의 다른 말은 절대로 하지 않았다. 마침내 그의 마지막이 다가왔다. 그 사람이 누구이든지 자신의 때가 이르면, 다른 세계의 사자들이 그를 데리러

온다. 쉬바의 사자들이 사난드를 데리러 왔다. 그들이 사난드를 더 높은 세계로 데려가고 있을 때, 사난드는 검은 연기가 치솟고 끔찍한 울음소리가 나는 세계를 보았다. 그는 사자들에게 "저곳은 어디입니까?" 하고 물었다.

"지옥입니다."라고 사자들이 대답했다.

"지옥을 보고 싶습니다." 사난드가 요청했다.

그러나 사자들은 거절했다. "당신은 볼 수 없습니다. 당신은 그곳에 적합한 만트라들을 되풀이한 적이 없습니다."

사난드는 포기하지 않았다. "나를 저기로 데려가지 않으면 더 높은 세계로 가지 않겠습니다." 사자들은 어쩔 수 없이 그를 지옥으로 데려갔다. 그곳에 도착하여 모든 영혼들이 고통 속에서 불타고 있는 모습을 본 순간, 사난드는 소름이 끼쳤다. 사람은 충격을 받을 때마다 평생 생각해 온 것을 드러낸다. 지옥에서 일어나고 있는 일을 본 사난드는 자기도 모르게 외쳤다, 옴 나마 쉬바야! 그가 반복한 만트라의 힘이 즉시 지옥에 있는 모든 영혼들을 정화시켰고, 그들도 사난드와 함께 천국으로 갔다.

이것이 옴 나마 쉬바야의 힘이다. 만일 당신이 그 만트라를 반복한다면, 당신이 어떤 행위를 해 왔고 어떤 죄를 지었더라도, 그것은 당신을 구원할 것이다.

만트라를 반복하는 방법

만트라를 반복할 때는 소리 내지 않고, 말하는 것과 똑같은 속도로 반복해야 한다. 만트라를 호흡과 일치시켜, 숨을 들이쉬며 한 번 반복하고 숨을 내쉬며 한 번 반복할 수도 있다. 구두쇠가 자기의 재산을 돌보듯이 만트라를 매우 조심스럽게 반복하라. 만트라를 반복하면서 그 소리를 들어라. 그렇게 하면 당신의 마음은 만트라로 채워질 것이다. 만일 숨을 들이쉬고 내쉴 때 만트라를 반복한다면, 만트라는 모든 혈액 세포에 스며들어 당신의 몸 구석구석을 돌 것이다. 그러면 당신이 만트라를 반복하고 있는 방까지도 만트라로 충만하게 될 것이다.

인도에 있는 나의 아쉬람에는 내가 오랫동안 살면서 명상하고 만트라를 반복하던 특별한 방이 하나 있었다. 나중에 나는 다른 방으로 옮기게 되었고, 그 방은 잠겨 있었다. 몇 년 후에 한 공무원이 아쉬람에 찾아왔다. 그는 "선생님의 아쉬람에 머무는 사람은 누구나 아주 쉽게 명상에 잠기게 된다는 말을 많은 사람들에게서 들었습니다."라고 말했다. 나는 그를 데리고 그 방으로 가서 안을 보여 준 뒤, 앉아서 명상을 하라고 권했다. "어떤 만트라를 반복해야 합니까?" 하고 그가 물었다. 나는 "당신이 이 방에서 어떤 만트라를 듣게 되면 그것을 반복하시오."라고 말했다. 한참 뒤에 방에서 나온 그는 말했다. "벽에서 옴 나마 쉬바야 소리가 나오는 것을 들었습니다! 방 전체가 그 소리를 반복하고 있었습니다!"

만트라는 살아 있는 힘이다. 오랫동안 일념으로 만트라를 반복하면, 그것은 당신의 모든 환경을 가득 채울 것이다.

자연스러운 만트라

소함(So'ham)은 자연스러운 만트라이며, 참나의 만트라다.* 소함은 동양이나 서양 또는 어떤 종교에 속해 있는 것이 아니다. 소함은 본래 우리 모두의 안에 있다. 그것은 우리의 호흡과 더불어 스스로 끊임없이 반복한다. 이 만트라가 우리 안에서 계속되는 한, 몸속에는 생명이 있다. 이 만트라가 중단되자마자 우리는 더 이상 살 수 없다.

호흡은 들어오고 나가면서 두 가지 음절을 만든다. 호흡은 소(so)라는 소리와 함께 나가고, 함(ham)이라는 소리와 함께 들어온다.7 호흡이 나가고 들어올 때마다 소함 만트라가 한 번씩 반복되는 것이다. 인도 사람이건 서양 사람이건 간에 날마다 이 만트라를 무의식적으로 수십만 번씩 반복한다. 소함은 "나는 그것이다."라는 의미다. 이 두 음절을 통해서 우리는 자신이 지고의 원리와 하나임을 묵상하는 것이다.

생명력인 프라나는 지고의 의식과 다르지 않다. 케쉬미르 쉐이비즘에는 프라크삼비트 프라네 파리나타(pråksamvit pråne parinatå), 즉 "우주 의식이 프라나가 되었다."라는 경구가 있다. 의식은 먼저 프라나가 되고, 다음에는 만트라를 통하여 인간의

---

*소함은 함사(Hamsa) 만트라로도 알려져 있다. 소함과 함사는 같은 만트라이며, 음절의 순서만 반대로 되어 있을 뿐이다.

육체에서 호흡하는 과정이 일어나도록 한다. 끊임없이 함과 소를 말하며 들숨과 날숨의 형태로 고동치고 있는 것은 지고의 에너지인 쿤달리니이다. 이것이 소함의 중요성이다. 그것은 지고의 에너지의 신성한 고동이다. 들숨과 더불어 들어오는 음절인 함은 지고의 나-의식이고, 완전한 "나는 존재한다."이며 신이다. 날숨과 함께 나오는 음절인 소는 신의 힘인 샤티이며, 우주의 형태를 취한다. 소함을 반복하고 있는 것이 쿤달리니라는 것을 깨닫는 순간, 우리는 모든 고통으로부터 자유로워지게 된다. 우리는 개별성을 초월하여 우리의 원래 본성을 회복한다.

『비갸나 바이라바(Vijnåna Bhairava)』는 케쉬미르 쉐이비즘의 가장 중요한 경전들 가운데 하나이다. 그 책은 지고의 신인 바이라바 또는 쉬바가 신의 창조적 힘인 샤티와 대화하는 형식으로 되어 있다. 그 책에서 바이라바는 신의 자각을 내면에 품기 위한 112가지 ('다라나(dhåranå)'라고 하는) 집중의 기법을 설명하고 있다. 첫 번째 다라나는 소함을 행하는 기법을 설명하고 있는데, 이것은 모든 다라나 가운데 가장 단순하고 가장 아름답다. 바이라바는 말한다. "오, 여신이여, 프라나(날숨)가 나가고 아파나(들숨)가 들어옵니다. 프라나와 아파나가 합쳐지는 곳에서, 우주가 출현하고 돌아가는 근원인 그 상태를 경험합니다."[8]

소함의 원천은 가슴이다. 그 음절은 가슴에서 일어나며, 가슴 속으로 가라앉는다. 호흡을 관찰해 보면, 호흡이 '소' 소리와 함께 안으로부터 일어나서 손가락 폭의 열두 배 정도 몸 밖으로

나가며, 거기에서 사라진다는 것을 알게 될 것이다. 잠시 뒤에 들숨이 '함' 소리와 함께 일어나 몸속으로 되돌아온다. '함' 소리는 잠시 가슴속으로 들어갔다가 다시 '소'의 형태로 일어난다. 들숨과 날숨 사이 그리고 날숨과 들숨 사이에 절대적으로 고요하며 생각이 없는 짧은 순간이 있다. 그 공간은 진리의 공간이다. '함'과 '소' 소리를 들으며 숨을 들이쉬고 내쉴 때, 그 공간이 지속되는 동안 그곳에 집중해야 한다. 이 기법을 꾸준히 실천하면 그 공간이 점점 더 확장될 것이다.

이것은 자연스러운 사다나이며 자연스러운 요가다. 그것은 아자파-자파(ajapa-japa), 즉 반복되지 않는 만트라의 반복으로 알려져 있다. 소함이 당신 안에서 항상 계속되므로 소함을 반복하기 위해 노력할 필요가 없다. 당신이 할 일은 오로지 소함을 자각하는 것이다. 어떤 믿음도 필요치 않다. 그저 진리의 공간을 지켜보기만 하면 된다.

그러나 이 기법은 매우 미묘하다. 따라서 이 기법을 이해하기 위하여 한동안 연습을 계속해야만 한다. 조용히 앉아 있을 때마다 호흡을 지켜보며 그 만트라에 귀를 기울여라. 만일 만트라가 스스로 반복하고 있다는 것을 바로 자각하지 못한다면, 호흡과 함께 그 음절들을 반복해도 좋다. 며칠 안에 호흡과 만트라를 일치시킬 수 있을 것이다. 곧 당신은 만트라를 자연스럽게 듣게 될 것이다. 한동안 그렇게 실천하면 참나를 경험하게 될 것이다.

소함의 수행은 우파니샤드와 베다에서 추천하는 방법이다.

쉐이바이트 성자들 또한 참나에 이르기 위해서는 소함을 수행해야 한다고 말한다. 위대한 존재 브라마난다는 다음과 같이 노래하였다.

오, 사두여, 소함 만트라를 묵상하라.
손가락들은 염주 위에서 움직이지 않고,
혀는 낱자들을 말하지 않는다.
만트라는 안에서 스스로 반복한다.
계속 지켜보라.
세속적인 얽매임을 버리고,
중단 없이 소함을 묵상하는 사람들은
지고의 상태에 이른다, 오, 브라마난다여.
그들의 세속적인 속박은 파괴된다.

이해의 문제

소함 만트라를 한 번만 반복해도 저는 명상 속으로 들어가 참나와 연결이 됩니다. 명상을 하는 동안에 저는 이미 존재하는 절대 고요의 상태에 소함을 부과하는 것 같습니다. 호흡이 멈추고 고요한 상태에 머무르는데도 소함을 계속 반복해야 합니까? 소함의 목표와 수행은 같은 것입니까?

그렇다. 소함의 목표와 수행은 같은 것이다. 소함은 "나는 그 것이다."라는 뜻이다. 만일 당신이 호흡이 들어오고 나가는 것을 인식하면서 완전히 집중하여 그것을 수행한다면, 당신은 그것(That)을 경험할 것이다. 그러나 사실은 당신이 소함을 반복할 필요가 없다는 것이 진실이다. 왜냐하면 당신은 이미 그것이기 때문이다.

자나카 왕은 도시 바깥의 숲으로 가서 사다나를 수행하였다. 그는 강둑에 앉아 소함을 반복하곤 하였다. 어느 날 위대한 현자 아슈타바크라는 숲을 지나다가, 자나카 왕이 소함, 소함, "나는 그것이다, 나는 그것이다."를 반복하고 있는 것을 보았다. 현자는 '저런! 그가 지금 무얼 하고 있는 거지?'라고 생각했다.

위대한 존재가 어떤 식으로 가르칠지 예측할 수 있는 사람은 아무도 없다. 그가 가르치는 방법은 독특하다. 아슈타바크라는 자나카 앞에 앉았다. 현자는 한 손에 물그릇인 카만달루를 들고, 다른 손에는 요가 수행자들이 명상하는 동안 턱을 받치는 T자 모양의 지팡이인 요가단다를 들고 있었다. 그는 반복하기 시작했다. "이것은 나의 요가 지팡이요, 이것은 나의 물그릇이다. 이것은 나의 요가 지팡이요, 이것은 나의 물그릇이다."

자나카는 이 소리를 듣고서, '이 불쾌한 소리가 어디에서 나는가?' 하고 궁금해 하며 눈을 떴다. 그런 뒤에 눈을 감고 다시 만트라를 반복하기 시작했다. 현자는 더 큰 소리로 자신의 만트라를 반복하기 시작하였다. "이것은 나의 요가 지팡이요, 이것은 나의 물그릇이다. 이것은 나의 요가 지팡이요, 이것은 나의 물그릇이다." 자나카는 다시 눈을 뜨고 현자를 쳐다보더니, 도로 눈을 감고 만트라를 반복했다. 마침내 현자는 큰 소리로 외치기 시작하였다. "이것은 나의 요가 지팡이요, 이것은 나의 물그릇이다!"

도저히 집중할 수 없게 된 자나카는 소리쳤다. "오, 현자의 아들이여, 지금 무엇을 하고 있습니까?"

아슈타바크라가 대답했다. "오, 전하, 당신은 무엇을 하고 있나요?"

"저는 저의 만트라를 반복하고 있습니다."

"저도 저의 만트라를 반복하고 있습니다." 아슈타바크라가 말했다. "저는 '이것은 나의 요가 지팡이요, 이것은 나의 물그릇이다.' 라고 말하고 있는 중입니다."

"오, 형제여," 자나카가 말했다. "누가 당신의 요가 지팡이와 물그릇이 당신의 것이 아니라고 말했습니까? 왜 당신이 계속 그 사실에 대해 외쳐야 합니까?"

그러자 아슈타바크라가 물었다. "누가 당신에게 당신이 그것이 아니라고 말했습니까? 왜 당신이 계속 그 사실에 대해 외쳐야 합니까?"

소함의 수행은 이해의 문제이다. 요가 지팡이와 물그릇이 아슈타바크라의 소유이기에 그가 그렇게 말할 필요가 없는 것과 마찬가지로 당신은 "나는 그것이다."라고 계속해서 반복할 필요가 없다. 왜냐하면 당신은 그것이기 때문이다.

어느 만트라?

당신은 '옴 나마 쉬바야'와 '소함'이라는 두 가지 만트라를 주십니다. 그 두 가지를 교대로 사용해야 합니까, 아니면 어느 하나만을 늘 사용해야 합니까?

당신이 좋다면 명상할 때는 소함을 반복하고 다른 시간에는 옴 나마 쉬바야를 반복할 수 있다. 당신은 소함을 호흡과 일치시켜야 한다. 정말로 소함이 효과가 있기를 원한다면, 호흡 사이의 공간을 계속 자각해야 한다. 일상적인 활동을 하는 동안에는 이렇게 하기가 어렵다. 그러므로 대부분의 사람들은 옴 나마 쉬바야를 자파로 사용하는 것이 더 낫다. 옴 나마 쉬바야와 소함은 같은 목표와 같은 힘을 가지고 있다. 둘 다 옴(Om)에서 나온다. 둘 다 시다 계보에 속한다. 따라서 어느 것을 반복하느냐는 중요하지 않다. 중요한 것은 구루에게서 만트라를 받는 것이며 그 만트라를 고수하는 것이다. 이번 주에는 이 스승에게서 이 만트라를 받고, 다음 주에는 다른 스승에게서 다른 만트라를 받고, 그 다음 주에는 또 다른 스승에게서 또 다른 만트라를 받는 식으로 하면 안 된다. 이런 식으로 이 만트라에서 저 만트라로 옮기는 것은 한 번에 두 척의 배를 타려는 것과 같다. 만일 당신이 배 두 척에 양다리를 걸치려 한다면, 당신은 물속에 빠질 것이다. 옷을 바꿔 입듯이 만트라를 계속 바꾸면 안 된다. 일단 한 가지 길을 선택했다면, 그 길을 고수해야 한다.

믿음과 사랑

어떤 방식으로 만트라를 반복해야 합니까?

현자 나라다가 창조자인 브라마에게 "만트라를 반복하는 비법은 무엇입니까?" 하고 묻자 브라마는 이렇게 대답했다. "비법은 만트라를 커다란 믿음과 사랑으로 반복해야 한다는 것이다."
 옛날에 한 사두가 강변에 살고 있었다. 근처에는 그가 만트라를 전해 준 우유 짜는 여자가 살았다. 그녀는 날마다 큰 헌신으로 사두에게 우유를 바치곤 하였다. 장마철이던 어느 날 그 강이 범람을 하였다. 우유 짜는 여자는 강둑에 서서, 어떻게 하면 구루에게 우유를 가져갈 수 있을지를 고민하고 있었다. 그러다가 구루의 말을 떠올렸다. '구루께서는 나에게 만트라를 전해 주시면서 "이 만트라를 반복하면 존재의 바다를 건널 수 있다."고 하셨어. 그런데 이것은 강일 뿐이야.' 그래서 그녀는 눈을 감앉고, 확고한 믿음을 가지고 만트라를 반복하며 물 위를 걸어 맞은편에 도착했다. 구루는 자신의 방에 있었다. 그녀는 문을 두드리며 말했다. "바바지, 문을 여세요! 우유를 가져왔어요."

구루가 물었다. "어떻게 여기에 왔느냐?"

"모르세요? 저에게 만트라를 주실 때, 만트라를 반복하면 바다를 건널 수 있다고 말씀하셨잖아요. 이 강은 작은 강일뿐이에요."

이 말을 들은 사두는 자만심으로 부풀어 올랐다. 그는 생각했다. '우유 짜는 여자조차도 나의 만트라를 가지고 물 위를 걸을 수 있다면, 나는 정말 대단한 경지에 도달한 것이 분명해!' 며칠 뒤에 그가 읍내로 가야 할 일이 생겼다. 그날도 강이 범람했다. 그는 강둑에 서서 어떻게 해야 할지 고민했다. 그러다가 문득 며칠 전의 일을 떠올리고 우쭐해졌다. '나의 만트라 때문에 우유 짜는 여자가 강을 건넜어.' 그는 신의 이름을 반복하며 강물 속으로 발을 내디뎠으나 돌처럼 가라앉고 말았다.

만트라는 자신의 태도에 따라 열매를 맺는다. 믿음과 사랑을 가지고 만트라를 반복한다면, 그것은 우리를 목적지로 재빨리 데려갈 것이다. 메마른 가슴으로 만트라를 반복한다면, 그것은 효과가 훨씬 적을 것이다.

찬송의 힘

찬송은 중요하고 신비로운 수행이다. 그것은 단순한 수행이 아니다. 찬송은 최고의 감로이며, 우리 내면의 존재를 살찌우는 강장제다. 사랑을 경험하는 최고의 수단은 신의 이름을 찬송하는 것이다. 찬송은 가슴을 열어 주고 우리 안에 사랑이 흐르게 한다. 찬송은 내적인 희열에 취하게 하며, 우리는 그 희열이 주는 감로를 통하여 참나의 집으로 들어갈 수 있다. 가우랑가, 미라바이, 남데브, 그리고 다른 많은 위대한 성자들은 신의 이름을 찬송함으로써 완성을 이루었다.

"오, 나의 마음이여, 신의 이름을 찬송하라."고 위대한 시다 만푸리는 노래하였다. "신의 이름을 밤낮으로 노래하라. 그때에만 당신은 진정한 평온을 찾을 것이다. 오, 만푸리여, 신의 이름을 노래하면 욕망이 완전히 없어지고 내면의 참나 안에서 기뻐하게 될 것이다. 이 길은 쉽지만 최고의 희열을 준다."

신의 이름을 가르치는 위대한 스승이었던 투카람 마하라지는 "가슴뿐만 아니라 온 존재가 찬송에 의해 활기를 되찾게 될 것이다."라고 기록하고 있다. 요즘 사람들은 정신과 의사와 심리 치료사들에게 가서 자신의 부정적인 감정을 버리게 해 달라고 한다. 그러나 가슴에서 부정적인 것들을 없애는 최고의 치료법은 찬송이다. 갸네쉬바라 마하라지는 신의 이름을 찬송하면 이 세상의 모든 죄들이 없어질 것이라고 말하였다.[9] 찬송은 우리의 내면을 정화시킬 뿐만 아니라, 우리를 둘러싸고 있는 환경도 정화시켜 준다. 심지어 식물, 세균, 곤충에게까지 미친다. 게다가 우리가 깊은 존경심과 온 마음으로 아무런 기대 없이 신의 이름을 찬송한다면, 우리는 매우 짧은 시간 안에 신에게 이를 수 있다. 신은 그의 이름이 노래되는 곳 어디에나 살고 있다. 『바가바드 기타』에 대한 갸네쉬바라의 위대한 주석서에 보면 크리슈나는 다음과 같이 말한다. "오, 아르주나여, 나는 천국에 살지 않으며 태양계에서도 나를 볼 수 없다. 나는 요기들의 마음조차도 초월한다. 그러나 네가 나를 필요로 한다면, 너는 헌신자들이 나의 이름을 사랑으로 찬송하는 곳에서 나를 발견할 수 있다는 점을 알라."

  이것이 찬송의 위대함이다. 찬송은 신의 힘을 끌어들이는 자석이다. 신의 이름을 찬송함으로써 우리는 가슴속에 즉각적으로 신을 품을 수 있다. 신은 두 가지 측면을 지니고 있다. 하나는 이름이나 형태를 완전히 초월해 있는 신의 순수하고 초월적인 측면이다. 다른 하나는 형태와 속성들을 가지고 있는 신의 인격적인 측면이다. 신의 이름이 바로 그 인격적인 측면이다. 신의 이름은 바로 신의 모습이므로 가장 순수한 영약이다. 신의 이름의 신비를 이해하는 사람은 우리가 신의 이름을 찬송할 때는 혀로 신과 접촉하고 있으며, 신의 이름을 들을 때는 귀를 통해 신을 듣고 있다는 것을 안다. 한 성자는 다음과 같이 말했다. "인간이 찬송의 감로를 얻을 수 있음에도 여전히 슬프고 냉담한 가슴으로 살아가기를 고집하며 신의 이름을 사랑하지 않는다는 것은 놀라운 일이다."

찬송의 영광은 무한하다. 투카람은 다음과 같이 노래하며 이것을 매우 아름답게 묘사하였다. "나는 찬송의 감미로움으로 진리를 아는 사람들을 열광시킬 것이다. 나는 위대한 요기들을 사마디 밖으로 나오게 할 것이다. 나는 순례자들로 하여금 성지들을 저버리게 할 것이다. 찬송의 영광으로 나의 온 존재는 절대자가 될 것이다."

명상

참깨 씨앗 속의 기름처럼,
크림 속의 버터처럼,
강바닥의 물처럼,
부싯깃 속의 불처럼,
참나는 안에 거주하고 있다.
명상으로 참나를 깨달아라.

— 슈베타슈바타라 우파니샤드 —

자연스러운 길

참나에 이르기 위한 많은 기법들과 수행법들이 개발되어 왔다. 어떤 사람들은 종교 의식들과 의례들을 행하지만 피로해질 뿐이다. 또 어떤 사람들은 힘든 고행을 행하지만 오직 동요만 경험할 뿐이다. 다른 사람들은 요가를 시작하지만, 프라나야마와 집중하는 기법들에 사로잡힌다. 또 다른 사람들은 자신의 기법들을 고안하고 그것들이 진리에 이르게 해 준다고 주장하지만, 결국에는 그들 자신의 속임수에 갇힐 뿐이다.

그러나 참나를 경험하기 위해서는 영적인 수행을 따라야 한다는 것은 분명하다. 심지어 일상생활에서의 어떤 것을 이루기 위해서도 그것을 위해 일해야 한다. 맛있는 음식을 묘사하는 글을 읽는 것만으로는 우리의 시장기가 충족되지 않는다. 시장기를 충족시키려면 직접 먹어야 한다. 이와 마찬가지로 진정한 내적 경험을 가지려면 진정한 사다나를 따라야만 한다. 그러나 최고의 사다나는 힘들고 어려운 것이 아니라 완전히 자연스러운 것이다. 그런 사다나는 우리가 가족이나 일, 일상생활을 버리지 않고 우리의 세상 속에 살면서도 할 수 있는 것이다.

붓다는 사다나를 하던 시기에 한동안 혹독한 고행을 행하고 있었다. 어느 날 붓다가 앉아 있던 곳을 우연히 두 음악가가 지나가고 있었는데, 그 가운데 한 사람이 다른 사람에게 말하고 있었다. "악기의 줄을 너무 팽팽하게 조이지 말게. 줄이 끊어질 테니까. 줄을 너무 느슨하게 해서도 안 되네. 그러면 아예 소리가 나지 않을 걸세. 중도를 따르게." 이 말을 들은 붓다는 큰 충격을 받았다. 그리고 그 말이 자신에게 하는 말이라고 느꼈다. 즉시 붓다는 혹독한 사다나를 그만두고 쉽고 자연스러운 사다나를 하기 시작하였다.

명상이란 자연스러운 영적 수행이며, 모든 성자들과 현자들은 그것이 참나를 깨닫는 가장 직접적인 방법이라고 인정했다. 『바가바드 기타』에는 디야넨 아트마니 파슈얀티(dhyånen åtmani pashyanti),[1] 즉 "참나는 명상을 통해 보인다."라는 말이 있다. 명상은 보편적인 것이다. 그것은 어떤 특정 종교나 나라의 소유가 아니다. 잠이 힌두교에 속하지 않은 것처럼 명상도 힌두교만의 것이 아니다. 힌두교식 잠이나 기독교식 잠, 혹은 이슬람식 잠과 같은 것이 있는가? 잠은 우리 자신의 것이며, 이와 마찬가지로 명상도 우리 자신의 것이다. 사실, 인간만이 명상하는 것이 아니라 자연 속에 있는 모든 존재들이 명상 속에 있다. 새가 하늘을 미끄러지듯 날아갈 때, 새는 명상 속에 있다. 짐승이 먹잇감을 살며시 뒤쫓을 때, 그것 역시 명상 속에 있다. 우파니샤드들은 말한다. "지구는 명상의 힘으로 자신의 자리를 지키고, 바람은 명상의 힘으로 불고, 불은 명상의 힘으로 타오른다."[2]

삶 속의 명상

명상은 엄청난 노력을 들여 힘들게 배워야만 하는 이상한 기술이 아니다. 우리 삶 속에는 이미 명상의 강한 요소가 존재하지만 우리가 그것을 인식하지 못할 뿐이다. 글을 읽거나 공부하거나 연구할 때, 우리는 마음을 집중해야만 한다. 차를 운전하거나 기계를 작동할 때, 우리는 주의를 기울여야 한다. 친구에게 무언가 설명할 때, 우리는 친구를 이해시키기 위해 집중해야 하고, 친구는 이해하기 위해 집중해야만 한다. 연인들은 서로에 대해 명상을 한다. 어머니는 아이에 대해 명상한다. 우리가 이 세상에서 무엇을 이루건 우리는 집중의 힘을 통하여 그것을 이룬다. 집중이 바로 명상이다. 지금까지 우리의 집중은 세속적인 것들에만 맞추어져 있었다. 그러나 만일 우리가 명상의 방향만 바꾼다면, 그것을 우리의 내부로 돌리기만 한다면, 우리는 참나에 대하여 명상을 하고 있을 것이다. 마음이 바깥세상에 초점을 맞출 때는 바깥세상을 지각하듯이, 마음이 내면을 바라볼 때는 내면의 세계를 본다. 이처럼 간단하다.

명상은 완전한 길이다. 그것은 내적 경험을 일으킬 뿐만 아니라, 마음의 모든 근심과 긴장을 제거하고 수없이 많은 생애들의 죄를 씻어 낸다. 명상은 단순한 기술이 아니다. 명상은 우리가 진리를 있는 그대로 볼 수 있는 수단이다. 내면의 진리를 더욱 더 명상하면, 우리 자신이 그 진리가 된다. 명상을 통하여 우리 내면의 자각은 꾸준히 깊어지고, 안팎의 것들에 대한 이해는 더욱 예리해진다. 무엇보다도 명상은 방황하는 마음을 안정시키고, 우리로 하여금 주변에 어떤 일이 일어나더라도 늘 안정되어 있는 평화의 상태에 영원히 자리 잡게 한다. 명상을 통하여 우리는 우리 자신이 모든 존재들과 근본적으로 하나임을 자각하게 된다. 책을 읽거나 강의를 듣는다고 해서 그러한 자각을 얻을 수는 없다. 직접적인 경험을 통해서만 그것을 얻을 수 있다. 그러한 경험을 하기 위해서는 하나의 자각 상태에서 다른 자각 상태로, 그리고 우리 존재의 더욱 깊은 수준들로 점차 이동해야 한다. 명상을 하면 정확히 이런 일이 일어난다. 우리는 "나는 몸이다."라고 자각하는 수준에서 "나는 신이다."라는 것을 경험하는 수준으로 옮겨간다.

명상의 대상

성공적으로 명상하고 싶다면, 무엇에 대해 명상하려고 하는지를 먼저 알아야만 한다. 사람들은 다양한 방법들을 이용하여 온갖 종류의 대상들에 대해 명상한다. 어떤 이들은 자신의 환영에 대해 명상한다. 다른 이들은 신체의 특정 중심들에 대해 명상한다. 그러나 이런 기법들을 주의 깊게 살펴본다면, 이것들 가운데 어느 것도 당신을 참나로 데려갈 수 없다는 것을 알게 될 것이다. 참나에 이르고 싶다면, 참나에 대하여 명상하여야 한다. 당신은 내면에 있는 목격자를 명상해야만 한다. 만일 당신이 목격자를 이해하지 못한다면, 당신은 잘못된 방향으로 명상하게 될 것이다. 대부분의 사람들은 명상할 때 참나에 대하여 명상하지 않는다는 것이 사실이다. 대신에 그들은 마음의 생각들을 뿌리 뽑으려고 하면서 마음을 추구하고 있다. 만일 도둑이 집에 들어온다면, 당신은 손에 몽둥이를 쥐고 그를 뒤쫓으려 할 것이다. 그러나 이것이 명상하는 방법인가? 명상을 할 때 당신이 해야 할 일은 무엇인가? 마음을 뒤쫓아야 하는가, 아니면 당신의 참나에 대하여 명상을 해야 하는가? 당신의 진정한 관계는 마음과의 관계가 아니라 참나와의 관계이다. 그러므로 참나가 무엇인지를 이해하라. 이것을 알아내라. 당신이 참나를 알아야 하는가, 아니면 참나가 이미 모든 것을 아는 자인가? 당신이 참나에 대하여 명상해야 하는가, 아니면 참나가 당신에 대하여 명상하는 자인가?

참나는 의식이다.[3] 그것은 자신의 빛을 발하며 스스로 찬란하게 빛나고 있다. 그것은 당신 안에서 진행되고 있는 모든 일을 알고 있다. 그러므로 그것은 당신의 이해 안으로 들어오지 않는다. 마음과 지성, 자아는 의식의 빛의 일부가 그것들을 비추어 줄 때만 작용할 수 있다. 따라서 이러한 내면의 도구들이 어떻게 당신에게 참나를 보여 줄 수 있겠는가? 마음으로는 신을 생각할 수 없다. 왜냐하면 마음으로 하여금 생각하도록 하는 것은 바로 신이기 때문이다. 『케나 우파니샤드(Kena Upanishad)』에는 이런 구절이 있다. 얀 마나사 나 마누테 예나후르마노 마탐 타 데바 브라마 트밤 비디(yan manasā na manute yenāhurmano matam, tadeva brahma tvam viddhi),[4] 즉 "마음에 의하여 생각되는 것이 아니라 그것에 의하여 마음이 생각하는 것, 그것이 절대자임을 알라." 이것을 이해하기 위해서는 매우 섬세한 지성이 필요하다. 그러나 당신이 이것을 이해한다면, 당신은 명상하려고 노력할 필요가 없을 것이다. 당신은 그저 당신에 대하여 명상하고 있는 그것을 자각하게 될 것이다.

명상하는 동안에 무언가가 안에서 일어난다고 가정해 보자. 우선 당신은 무엇인가가 거기에 있다는 것을 알게 될 것이다. 그리고 나서 당신은 그것이 무엇인지를 정확히 알게 된다. 당신은 그것을 좋은 생각이나 나쁜 생각, 혹은 어떤 이미지나 환영으로 간주한다. 당신으로 하여금 그 생각이나 이미지의 존재를, 그리고 그것이 정확히 무엇인지를 자각하게 만드는 자는 다름이 아니라 목격자인 참나이다. 안이나 바깥에서 무슨 일이 일어나건, 당신이 무슨 일을 하건 참나는 모든 것을 본다. 그 아는 자를 아는 것이 진정한 명상이다.

그러므로 당신의 명상에 어떤 조건들을 강요하려고 하지 말

라. 그저 당신의 주의를 내부로 돌리고, 항상 모든 것을 자각하고 있는 아는 자를 명상하라. 마음이 혼란스럽더라도 걱정하지 말라. 하늘에는 수많은 구름이 오고 가지만, 하늘은 여전히 순수한 채로 있다. 하늘은 구름에 의해 영향을 받지 않는다. 이와 마찬가지로 생각들이 마음속에서 일어나고 흩어지지만, 참나는 그것들에 의해 방해를 받지 않는다. 당신의 생각들을 깨끗이 없앨 수 있다면 그렇게 하라. 그럴 수 없다면 그런 생각들의 목격자를 지각하도록 노력하라. 그 목격자에게 초점을 맞춘다면, 생각들은 스스로 잠잠해질 것이다.

마음이 생각들로부터 완전히 자유로워질 때, 참나의 빛은 자연스럽게 자신을 드러낼 것이다. 이러한 이유로 명상에 관한 경전들은 명상의 진정한 의미를 마음의 완벽한 정지라고 말한다.[5] 그러나 모든 사람이 마음을 단번에 정지시킬 수 있는 것은 아니다. 그래서 현자들은 사람의 능력에 따라 다양한 명상 기법들을 처방하였다.

만트라

모든 기법들 중에서 가장 훌륭한 것 가운데 하나는 만트라의 반복이다. 만트라와 명상은 동반자들이다. 만트라는 명상에 엄청난 도움을 준다. 마음은 대상에 초점을 맞추는 데에 익숙하며, 우리는 만트라를 통하여 마음에게 올바른 종류의 대상을 준다. 마음에게 머물 외부 대상을 주면 마음이 외부 세상에서 방

황하듯이, 마음에게 만트라를 주면 마음은 내면의 세계에 머물기 시작한다.[6]

명상을 하면서 만트라를 사용할 때는 만트라 자체에 집중해야 하며, 만트라가 일어나는 곳을 지각하려고 노력해야만 한다. 만트라가 울리는 곳을 보려고 노력하고 만트라에 귀를 기울여라. 마치 자신의 이름인 양 만트라를 반복하라. 만트라의 음절, 만트라의 대상, 당신의 참나를 서로 구별 짓지 말라. 그러면 당신의 마음은 자동적으로 내부로 향하게 되고 참나에 집중하게 될 것이다.

자세

명상하기 위해서는 특정한 자세로 앉아야만 한다. 앉는 자세 즉 아사나(âsana)는 명상의 토대이다. 명상의 성전이 견고하려면 자세가 확고해야 한다. 대부분의 사람들은 아사나라는 단어를 공작 자세나 쟁기 자세와 같은 이상한 자세들과 연관시킨다. 그러나 이러한 외적인 자세들은 참나에 도달하려는 사람에게는 그다지 도움이 되지 않는다. 아사나라는 용어의 진정한 의미는 오랫동안 움직이지 않고 편안하게 앉아 있을 수 있는 자세이다.[7] 몸이 계속 움직이면 마음 역시 불안정해진다. 몸을 움직이지 않고 가만히 있을 수 있다면 마음도 점점 고요해지고 집중하게 될 것이다.

요가 경전들은 많은 아사나들을 설명하고 있지만, 명상을 위해서는 오직 세 가지 자세가 중요하다. 첫째는 연꽃 자세인 파드마사나(padmåsana), 둘째는 쉬운 자세인 수카사나(sukhåsana), 셋째는 완벽한 자세인 시다사나(siddhåsana)이다. 만일 이 가운데 어느 자세로도 편안하게 명상할 수 없다면, 송장 자세인 사바사나(shavåsana)를 하고서 딱딱한 매트리스나 마루 위에 등을 대고 누워 보라. 어떤 명상 자세를 취하든지 가장 중요한 요소는 등을 똑바르게 해야 한다는 것이다. 왜냐하면 척추가 똑바를 때 비로소 마음이 가슴에 자연스럽게 모아지기 때문이다.

프라나야마

명상의 또 다른 중요한 측면은 호흡의 과정인 프라나야마(pranayama)이다. 프라나야마를 하는 많은 방법들이 요가 경전들에 설명되어 있다. 그러나 명상을 할 때는 스스로 일어나는 프라나야마를 따라야 한다. 호흡을 통제하려고 하지 말고, 자연스럽게 숨이 들어오고 나가게 하라. 신은 프라나와 프라나의 움직임을 둘 다 만들었다. 그것도 정확하게 만들었다. 만일 당신이 편안한 자세로 앉아 만트라를 반복한다면, 프라나는 만트라의 리듬과 함께 자연스럽게 들어오고 나갈 것이며 몇 초 동안 보유될 것이다. 이것이 자연스러운 프라나야마이다. 호흡이 안정되어 갈수록 마음도 안정될 것이다. 그러면 마음을 고요히 하려고 노력할 필요가 없을 것이다. 호흡과 연결하여 만트라를 계속 반복하다 보면, 프라나는 점점 고요해지고, 당신은 명상 속으로 더욱더 깊이 들어가게 될 것이다.

명상의 비밀

명상에는 네 가지 중요한 요소가 있다. 즉 명상의 목적인 내면의 참나, 당신을 참나와 연결시켜 주는 만트라, 안정적이고 편안해야 하는 명상 자세, 만트라를 반복할 때 일어나는 자연스러운 호흡의 리듬이 바로 그것들이다. 이런 네 가지 요소가 함께 할 때, 당신은 명상의 상태를 경험하게 될 것이다.

그러나 참나에 대한 명상의 진정한 비밀은 샥티파트이다. 만일 명상이 쉽고 자연스럽게 이루어지기를 원한다면, 내면의 샥티인 쿤달리니가 시다 구루의 은총으로 일깨워져야만 한다. 그러면 더 이상 명상을 위해 애쓸 필요가 없을 것이다. 샥티는 당신의 마음을 한곳에 모을 것이다. 그리고 구루에게 받은 만트라를 통하여 당신의 의식은 쉽고 자연스럽게 내면으로, 참나 쪽으로 들어갈 것이다.

하지만 당신은 규칙적이고 지속적으로 명상하여 더욱더 깊이 들어가야만 한다. 그러면 명상을 통하여 당신의 진정한 내면의 존재는 점차 체계적으로 펼쳐질 것이다. 그 도중에 다양한 경험을 할 수도 있다. 그러나 궁극의 상태는 모든 경험들의 너머에 있다. 그 상태에서는 오로지 희열만이 있다. 진정한 명상은 그곳에 잠기는 것이다.

내면의 여행

그와 같은 명상의 상태에 더욱더 가까이 다가가는 동안, 당신은 내면의 몸들을 통과하게 될 것이다. 당신이 평소에 자각하는 것은 신체적인 몸이지만 실제로는 전체 인간 체계를 구성하는 네 가지 몸이 있다. 신체적인 몸, 미묘한 몸, 원인의 몸 그리고 초원인의 몸이 그것들이다.* 깊은 명상에서 쿤달리니가 펼쳐질 때 이 네 가지 몸들을 직접 경험할 수 있다. 신체적인 몸은 깨어 있는 상태의 몸이며, 우리는 이 몸을 통하여 먹고 마시고 일상생활의 다양한 활동들을 추구한다. 우리의 자각은 눈에 집중되어 있으며 감각 기관을 통하여 기능한다. 깨어 있는 상태에 있을 때, 우리는 자신을 신체 그리고 신체와 관련된 모든 것들과 동일시한다. 몸이 기쁨을 경험하고 있다면, 우리는 자신이 기쁨을 경험하고 있다고 생각한다. 몸이 고통을 경험하고 있다면, 우리는 자신이 고통을 경험하고 있다고 생각한다.

명상 속으로 깊이 들어가기 시작할 때, 당신은 자신이 몸의 크기와 같은 붉은 오라(aura)에 둘러싸여 있음을 발견할 수 있다. 이 붉은 빛은 몸의 모든 통로들을 채운다. 그리고 그 빛에 의해 당신은 몸의 모든 유동체들이 신경 통로들, 동맥과 정맥들을

---

*네 가지 몸들은 말의 네 수준인 바이카리(vaikharī), 마디야마(madhyamā), 파슈얀티(pashyantī) 그리고 파라바니(parāvāni)와 대응한다. 이것들에 대해서는 만트라에 관한 장에서 다루고 있다.

통해 순환하는 것을 볼 수 있다. 심지어 음식이 몸의 한 부분에서 다른 부분으로 이동하는 것도 볼 수 있다. 붉은 빛은 신체적인 몸을 상징한다.

 명상에 깊이 들어가는 동안, 당신은 신체적인 몸에서 미묘한 몸으로 이동할 것이다. 이것은 엄지손가락 크기의 하얀 빛으로 보일 것이다. 우리는 이 미묘한 몸을 통하여 꿈을 경험한다. 꿈의 상태에 있을 때 우리의 자각은 목 중심에 머물면서 미묘한 감각 기관들을 통하여 기능하며, 꿈속의 즐거움과 꿈속의 고통이라는 미묘한 감정들을 경험한다. 이 상태에서는 깨어 있는 상태의 고통이나 즐거움을 경험하지 않는다. 예를 들어, 어떤 사람의 팔에 종기가 있다면, 낮에는 통증을 느끼겠지만 잠든 뒤에는 더 이상의 통증을 느끼지 못할 것이다. 명상 속에서 미묘한 몸을 경험하고 있을 때, 당신은 자신이 신체적 몸과는 다르다는 것을 자각하게 될 것이다.

 나는 이런 몸들에 대해 이론적으로 이야기하는 것이 아니다. 명상의 여정에서 나 자신이 그 몸들을 지금 묘사하는 대로 직접 보았다. 만일 내면의 샥티가 깨어나고 규칙적이고 체계적으로 명상을 한다면, 당신도 그 몸들을 경험할 수 있을 것이다. 마침내 당신은 셋째 몸인 원인의 몸에 이를 것이다. 이것은 손가락 끝마디만한 크기의 검은 빛으로 보일 것이다. 이 원인의 몸은 꿈이 없는 깊은 잠의 몸이다. 명상 중에 이 몸을 경험할 때, 당신은 완전한 어둠과 망각의 상태에 있게 될 것이다. 이 상태에서 작은 자기는 우주적인 참나 속으로 물러날 것이다. 그래서 당신은 자신이 누구이며 무엇인지를 더 이상 의식하지 않을 것이다. 당신은 엄청난 평화를 경험할 것이며, 당신의 지성은 그 자체 안에 중심이 잡힐 것이다. 이것을 공(空)의 상태라 한다.

궁극의 성취

공의 상태가 명상의 절정이라고 믿는 사람은 여기에서 여정을 끝낼 것이다. 그러나 만일 구루와 쿤달리니에 대한 깊은 믿음과 큰 사랑을 갖고서 명상을 계속한다면, 당신은 공의 상태를 넘어서게 될 것이다. 당신은 원인의 단계에서 초원인의 단계로, 공 상태의 몸에서 초월 상태의 몸으로 넘어갈 것이다. 그것이 푸른 진주라고 알려진 푸른 빛이 번쩍이는 지점이다.[8]

처음에는 푸른 진주를 순간적으로만 볼 것이다. 그것은 눈앞에 아른거리면서 끊임없이 움직일 것이다. 그러나 만일 당신이 용감한 구도자라면, 또 만일 당신이 수행에 정진하며 신과 구루에게 위대한 헌신을 하고 있다면, 당신은 결국 푸른 진주를 가만히 멈추어 있게 할 수 있을 것이다. 그 후 만일 당신이 특정한 신의 숭배자라면, 어느 날 푸른 빛 안에서 당신이 사랑하는 신의 형상을 보게 될 것이다. 나의 사다나가 끝나 갈 무렵, 나는 명상 중에 이런 경험을 하였다. 나는 푸른 진주가 점점 커져서 인간의 크기와 형태가 되는 것을 보았다. 이 존재의 몸은 빛을 발하는 의식의 광선으로 이루어져 있었다. 나는 크게 놀라워하며,

나 자신이 경전들에서 읽었던 지고의 나타나지 않는 존재를 보고 있다는 것을 깨달았다. 그 존재는 나에게 말하고 축복한 뒤에 크기가 작아져서 다시 푸른 진주의 모양을 취하였다. 이 경험으로 나는 인간의 모습을 하고 있는 신에 대한 믿음을 갖게 되었다. 전에는 형태가 없고 속성이 없는 신의 측면만을 믿었다. 그러나 이 경험을 한 뒤로는 신에게는 어떤 형태라도 취할 수 있는 힘이 있다는 것을 깨달았다. 만일 순수 의식인 신이 우주로서의 형태를 취할 수 있다면, 왜 인간의 모습으로 헌신자 앞에 나타나지 못하겠는가?

그러나 그와 같은 경험을 한다 해도 그것을 명상의 절정이라 여겨서는 안 된다. 푸른 진주는 오랫동안 가만히 있다가, 어느 날 무한히 팽창하여 그 빛으로 우주를 가득 채울 것이다. 그러면 당신은 온 세상이 이 푸른 빛으로 빛나며 번쩍이는 것을 보며 놀라워할 것이다. 당신은 자신이 바로 그 빛이라는 것을 깨달을 것이며, 자신이 작다는 느낌은 사라질 것이다. 당신의 한계 의식은 녹아 없어질 것이고, 당신은 자신의 광대함과 영광을 깨닫게 될 것이다. 신성에 취하여 오직 희열과 하나임만을 알 것이다. 만수르 마스타나는 이 초월적인 하나임의 상태에 이른 후 말하였다. "그곳은 황홀경에 취한 사람들의 선술집이다. 그곳은 명상의 목적지이다. 그곳은 신의 집이다." 그곳은 고통과 슬픔, 죽음이 없는 영원한 희열의 나라이다.

한번 이 상태를 경험하고 나면, 당신의 이해는 완전히 변모할 것이다. 현재 상태에서는 자신을 육체라고 알고 있듯이, 일단 그 최고의 경지에 자리 잡게 되면 자신이 신이라는 것을 알게 될 것이다. 파도가 바다에서 일어나고 바다로 가라앉듯이 온 우주는 참나에서 일어나고 참나로 가라앉는다는 것을 알게 될 것이다. 그러면 더 이상 명상에 들어가기 위해 눈을 감을 필요가 없다. 어디에서 무엇을 하고 있건 늘 참나를 경험할 것이기 때문이다. 당신은 동일한 참나가 우주의 모든 입자 내에 있음을 보게 될 것이다. 그리고 먹고 있건 마시고 있건, 주고 있건 받고 있건, 오고 있건 가고 있건, 홀로 있건 사람들 속에 있건, 당신은 늘 그 참나 안에 몰입되어 있을 것이다. 이 상태를 자연스러운 사마디라고 한다. 이것이 최고로 완벽한 단계이다. 이 상태에 있는 사람은 신 안에서 살고 신 안에서 움직인다. 그가 무슨 일을 하건 그것은 신에 대한 경배이다. 그의 온 존재는 신 안에 잠겨 있다. 행복하건 슬프건, 칭찬을 받건 비난을 받건, 건강하건 아프건 그의 내면의 희열은 늘 같은 채로 있다. 그와 같은 존재를 지반묵타(j¥vanmukta), 즉 몸을 지니고 있으면서 해방된 자라 한다. 이 상태에 도달하면, 당신은 명상의 목적과 인생의 목적을 이룰 것이다.

어디에서 언제 명상해야 하는가

명상 장소를 마련하라. 방 혹은 방의 한 구석이라도 좋다. 만트라를 암송하여 그곳을 정화시켜라. 그곳의 분위기를 해칠 만한 일이 일어나지 않게 하라. 규칙적으로 명상하는 장소에는 명상의 진동이 모일 것이다. 그러면 얼마 후에는 그곳에서 명상하는 것이 아주 쉬워질 것이다. 같은 이유로 명상을 위한 특별한 옷과 방석을 준비해야 한다. 샥티가 그것들 안에 축적되어 명상을 쉽게 할 것이다. 그러니 자주 빨지 않는 것이 좋다.

가능하면 매일 같은 시간에 명상하라. 새벽 3시에서 6시 사이가 가장 좋다. 특정한 시간에 명상하는 것에 익숙해지면, 당신의 몸은 명상하는 습관을 발달시킬 것이다. 따로 명상할 시간을 낼 수 없다면, 잠들기 전에 자리에 누워서 명상하면 된다. 그렇게 명상에 빠져 잠들면, 당신의 명상은 밤새도록 계속될 것이다.

명상의 방법

조용히 앉아 내면으로 주의를 돌려라. 매우 고요해진 뒤 내면의 존재에 집중하거나, '옴 나마 쉬바야'와 '소함' 가운데 하나를 선택하여 그 만트라에 집중하라. 만트라가 당신을 내면으로 데려가게 하라.

내면의 스크린에 생각이 나타나면, 그것을 쓸어 내려고 하지 말라. 대신에 모든 생각이나 환영을 명상의 목표인 순수 의식과 다르지 않은 것으로 여겨라. 마음이란 단지 의식의 축소된 형태이며, 자신이 마음이라는 인식을 버리면 마음은 다시 의식으로 돌아와 합쳐진다는 것을 명심하라. 결국 마음속의 이미지들은 무엇으로 이루어져 있는가? 그것들은 물질적인 것으로 이루어져 있는가, 아니면 의식으로 이루어져 있는가? 얼음사탕은 말이나 낙타, 개의 모양을 하고 있을 수 있지만, 어떤 모습을 하고 있더라도 그것은 여전히 설탕으로 만들어진 것이다. 이와 같이 의식은 비록 무수한 생각들이 되지만, 이 모든 생각들은 의식으로 만들어진 것이다. 이것을 이해한다면 명상이 아주 잘 될 것이다.

당신의 자각이 현재의 순간에 있게 하라. 방황하도록 내버려두지 말라. 당신이 완전히 현재에 있다면, 신도 현존할 것이다. 명상 속으로 완전히 몰입하라. 어떤 감정이 일어나더라도 그대로 두어라. 두려워 말라. 내면과 주변에서 일어나는 모든 것들은 참나의 나타남이라는 것을 이해하라. 신비한 환영들을 보는 것은 좋지만 그것들은 필수적인 것이 아니다. 가장 중요한 일은 내면의 행복과 내면의 평화를 얻는 것이다. 그것이 명상의 목적이다. 모든 감각들이 잠잠해지고 희열을 경험할 때, 당신은 명상 속에 있다. "나는 신과 다르지 않다. 신도 나와 다르지 않다." 라는 자각을 가지고 명상하라. 당신의 참나를 명상하라. 당신의 참나를 경외하라. 당신의 참나를 알라. 신은 당신으로 당신 안에 거주하고 있다.

얼마나 자주 명상해야 하는가

얼마나 자주 명상해야 합니까?

명상은 당신의 하루 일과가 되어야 한다. 자지 않거나 먹지 않고 살 수 없듯이 명상을 하지 않고는 살 수 없어야 한다. 매일 명상하면 장차 대단한 결실을 얻게 될 것이다. 앉아서 눈을 감자마자 신이 나타날 것이라고는 생각하지 말라. 당신이 지극히 가치 있는 자가 아니라면, 이런 일은 일어나지 않을 것이다. 매일 훈련된 노력을 해야만 한다. 아이들이 매일 돼지 저금통에 동전을 넣으면 나중에 많은 돈을 모으게 된다. 이와 마찬가지로 날마다 명상을 하면 그것들이 차곡차곡 모여 나중에 결실을 맺게 될 것이다.

너무 많이 명상한다면

매일 명상을 한 시간 반으로 제한해야 하는 이유는 무엇입니까?

그것은 한 시간 반만 명상할 수 있다는 말이 아니다. 그 취지는 시간을 서서히 조금씩 늘려 가야 한다는 것이다. 당신의 신체적 능력에 맞추어 명상해야 한다. 너무 많이 명상을 하면 머리가 지나치게 뜨거워질 것이다. 명상하는 사람은 영양이 풍부한 음식을 먹어야 한다. 우리는 음식을 준비할 때 캐슈너트, 정제된 버터, 피스타치오, 건포도와 같이 힘을 주는 식품들을 넣어 요리한다.

우리의 골수에는 오자스(ojas)라고 하는 빛나는 노란색 액체가 들어 있다. 이것은 성적인 액체로부터 생성되며, 힘과 기억력을 전달해 주는 물질이다. 명상만 많이 하고 영양이 풍부한 음식을 몸에 공급해 주지 않으면, 명상의 불길이 오자스를 태우기 시작한다. 그러면 당신은 지치고 피곤해져 열정을 잃게 된다. 이것이 내가 명상에 제한을 두는 이유이다. 장시간 명상하고 싶다면, 영양이 풍부한 음식도 먹어야 하고 금욕하여 성적인 액체도 보존해야 한다.

우유를 마시고 과일 같은 달콤한 음식을 먹는다면, 아침에 한 시간, 저녁에 한 시간씩 하루에 두 번 명상할 수 있다. 먹는 음식에 매우 주의해야 한다. 샥티가 일깨워지고 난 다음에 오는 명상은 엄청난 힘을 가지고 있다. 그것은 마치 거대한 불과 같다. 서양 사람들은 명상을 단순하고 평범한 것으로 생각하지만, 사실 명상의 불길은 모든 불순물을 태워 버린다. 명상은 신경과 생기를 정화하고, 몸을 강하게 하고, 마음을 깨끗이 한다. 그러면 마음은 고요해지고, 그는 내면의 참나 안에 자리 잡게 된다.

명상에 대한 사랑

성공적으로 명상하려면 마음에서 우러나오는 관심을 지녀야 한다. 진정으로 명상을 사랑한다면, 자신의 가장 깊은 곳에 있는 실재를 발견하려고 애쓸 필요가 없을 것이다. 그것을 쉽게 발견할 것이기 때문이다. 이것을 잘 보여 주는 이야기가 있다. 악바르는 인도 무굴 제국의 위대한 황제였다. 어느 날 그는 말을 타고 숲으로 갔다. 오후 기도 시간이 되자, 그는 말에서 내려 길가에 자리를 펴고 기도하기 시작했다. 그가 기도를 하고 있을 때 한 여인이 지나갔다. 그녀는 그날 아침 일찍 남편이 나무를 모으러 숲으로 들어갔으나 정오가 지나도 돌아오지 않아 걱정하고 있었다. 그녀는 남편을 찾기 위해 나섰고, 남편에 대한 염려에 사로잡혀 급하게 걷고 있었다. 그렇게 서두르며 걷다가 우연히 악바르의 기도 자리를 밟게 되었다. 악바르는 분노했지만 아무 말도 할 수 없었다. 이슬람교에서는 기도 중에 말하는 것을 금지하고 있었기 때문이다. 그는 그 일로 너무나 화가 나서 그 일에 대한 생각을 멈출 수가 없었다. 그는 기도를 통하여 신의 사랑을 마시는 대신에 오로지 분노라는 독약만을 마시고 있었다.

조금 더 걸어갔을 때 그녀는 반대쪽에서 걸어오고 있는 남편을 보았다. 그녀는 남편에게 달려가 그를 껴안았다. 그리고 부부는 함께 집을 향해 걷기 시작했다. 곧 그들은 악바르가 기도

하고 있던 곳에 이르렀다. 그때 그는 막 기도를 마치고 자리를 털고 있었다. 부부가 걸어오는 것을 보자, 그의 분노가 다시 타올랐고 그는 여인에게 소리쳤다. "너는 대체 어떤 인간이냐? 부끄러움도 없느냐? 예의도 모르느냐?"

여인은 깜짝 놀랐다. 그녀는 자신이 무엇을 잘못했는지 알 수 없었다. 자신이 악바르의 자리를 밟은 것조차 알지 못했다. "폐하, 제발 무슨 일인지 말씀해 주시겠습니까?"

왕은 소리쳤다. "기억하지 못한다고? 나는 신에 대한 사랑에 몰입하기 위해 애쓰고 있었으나 네가 와서 내 자리를 밟았다!"

여인이 말했다. "폐하, 정말 죄송합니다. 저는 남편을 찾느라 바빴고 남편에 대한 생각에 빠져 있었습니다. 그래서 폐하와 폐하의 기도 자리가 제 앞에 있는지도 까맣게 몰랐습니다. 그런데 폐하, 한 가지 이해되지 않는 점이 있습니다. 폐하께서는 저의 남편보다 훨씬 위대한 신께 기도하고 있었습니다. 그런데 어찌하여 저보다도 몰입하지 못하셨습니까? 어떻게 저를 보실 수 있었습니까?"

그 여인이 남편에게 빠져 있었던 것처럼 명상에 몰입해야 한다. 그러면 참나에 도달하는 데 시간이 걸리지 않을 것이다.

명상이 당신에게 명상을 가르친다

처음 명상을 시작하실 때 어떠하였습니까?

처음에는 나도 당신이 지금 명상하듯이 명상했다. 눈을 감고 명상하려고 앉아 있을 때, 내 마음은 이것저것을 생각하며 이리저리 돌아다녔다. 그러나 점점 더 명상을 할수록 명상에 몰입하는 기술을 배우게 되었다. 수행이 나에게 수행을 가르친다는 것을 사다나 수행을 하면서 알게 되었다. 명상이 나에게 명상을 가르쳤다. 이 일이 당신에게도 일어날 것이다.

수도승과 여신

일 년 반 동안 명상을 했습니다만 아직 의미 있는 경험을 하지 못했습니다. 제가 무엇을 잘못하고 있는 것입니까, 아니면 너무 많은 기대를 하고 있는 것입니까?

기대를 버려라. 기대란 명상에 큰 방해물일 뿐이다. 우리는 내면에서 미묘한 변화가 일어나고 있을 때에도 즉시 알아차리지 못하는 경우가 아주 많다. 지금 아무 일도 일어나지 않는 듯 보일지라도 계속 명상하면 조만간 무엇인가를 경험하게 될 것이다. 당신의 선한 행위들은 결코 헛되지 않을 것이다.

옛날 인도에 매우 똑똑하고 존경받는 남자가 있었는데, 그는 왕을 보좌하는 수상이었다. 어느 날 그는 혼자 생각하였다. '내가 왜 이 일을 하고 있지? 돈을 벌기 위해 일하고 있을 뿐이다. 그렇다면 이 일을 관두고 부의 여신인 락슈미를 섬겨야겠다. 그럼 부가 나에게 올 것이다.'

다음 날 그는 사임하고 강가에서 살기 시작했다. 매일 락슈미에 관한 만트라를 암송하고 베다 전통에 따라 숭배하였다. 베다 의식은 매우 과학적이다. 고대에는 현인들이 비의 신을 섬겼고, 그 결과 가뭄이 없었다. 이와 같이 누군가가 부의 여신을 섬기면 그는 부자가 될 것이라고 여겨졌다.

12년이 흘렀다. 수상은 아무것도 얻지 못했을 뿐더러 가진 돈을 다 쓰고 거지가 되었다. 마침내 그는 생각했다. '이것은 쓸모없는 짓이다. 어떤 부도 나에게 오지 않을 것이다. 산야사(sannyāsa)에 입문하여 수도승이 되어야겠다.'

그래서 그는 그곳을 떠나 수도승이 되었다. 며칠 뒤 그는 산 정상에 앉아서 명상을 하고 있었다. 명상을 마치고 눈을 뜨자 그의 앞에 아름다운 여인이 서 있었다. 그녀는 마치 황금으로 만들어진 것처럼 눈부시게 빛나고 있었다. 그는 그녀의 아름다움에 넋을 잃을 지경이었다.

"왜 여기에 오셨습니까?" 그가 물었다.

"당신을 보러 왔습니다. 당신이 나를 초대하여 내가 왔습니다." 여인이 대답하였다.

"무슨 말입니까? 나는 당신을 초대한 적이 없습니다. 나는 수도승입니다."라고 수도승이 말하였다.

"당신은 12년 동안 락슈미 송가를 암송하지 않았나요?"

"그랬습니다."

"내가 락슈미입니다."

수도승은 그녀 앞에 엎드려 절하고 말했다. "오랫동안 당신을 숭배했지만 당신은 오지 않았습니다. 왜 이제야 오셨습니까?"

"당신이 쌓은 죄와 카르마가 너무 많아서 당신의 숭배가 결실을 맺지 못했습니다. 마침내 당신이 산야사에 입문했을 때, 당신의 모든 죄가 불살라졌고 당신은 완전히 순수해졌습니다. 그래서 이제야 오게 된 것입니다."

"그러나 이제는 당신을 필요로 하지 않습니다." 수도승이 말했다.

"그래도 나는 당신을 떠날 수 없습니다. 당신은 경배를 드렸고, 이제 그 결실을 경험해야 합니다."

"그렇다면 저에게 지식의 부를 주십시오."

락슈미는 동의하였다. 그 수도승은 지식의 보고가 되었으며 '지식의 숲'이라는 뜻의 비디야란야라는 이름을 얻었다. 그는 『판차다시(Panchadash¥)』라는 위대한 책을 지었고, 아직도 산스크리트를 배우는 사람들은 모두 이 책을 공부한다.

당신은 어떤 카르마들이 당신을 뒤따르는지를 알지 못한다.

당신은 많은 생을 살아오는 동안 많은 카르마와 인상들을 쌓아왔다. 어떻게 일 년 반 동안의 명상으로 그 모든 것들이 씻겨지기를 바랄 수 있겠는가? 규칙적으로 명상하고 고요히 머물러라. 조만간 내면에 있는 샥티의 은총을 통하여 모든 일이 일어날 것이다.

그 기쁨이 깨달음이다

저는 신에게 이르고 싶어 견딜 수 없습니다.

당신은 어느 신에 이르기를 원하는가, 당신의 신인가 아니면 다른 사람의 신인가?

저의 참나에 이르고 싶습니다.

신은 내면에 존재한다. 그러므로 당신은 그를 볼 수 있을 것이다.

그러나 저는 명상을 하면서 어떤 빛이나 어떤 환영도 본 적이 없습니다.

빛을 보기를 원한다면, 바깥에 있는 태양을 보면 된다. 똑같은 빛이 밖에도 있고 안에도 있다. 훌륭한 명상은 아무것도 보지 않는 것이다. 보는 것이 멈추면, 당신은 정말로 어떤 것을 경험할 것이다. 환영들을 보는 것은 괜찮다. 그러나 신은 그 너머에 존재한다. 신의 상태는 고요하다. 그것은 절대 고요의 상태이다. 환영들을 보고 싶다면 보게 될 것이다. 그러나 환영들을 본다고 해서 일이 끝나는 것은 아니다. 당신은 명상할 때 무엇을 경험하는가?

때때로 소함 만트라를 하면서 숨을 들이쉴 때 웃음을 경험합니다.

그 상태를 설명해 줄 수 있는가?

그것은 웃음의 저수지입니다.

그 기쁨이 바로 깨달음이다.

그것은 한순간뿐입니다.

그것이 더 오래 지속되게 해야 한다. 기쁨이 진정한 성취이다. '소'가 일어나기 전에 '함'이 내면으로 몰입된 상태가 진리이다. 그것은 시다들의 신비이다. 그것의 본질은 기쁨과 사랑이다. 더욱더 명상할수록 당신의 가슴은 사랑으로 넘쳐흐를 것이다. 당신은 도취된 사람처럼 웃는 상태에 들게 될 것이다. 도취되라고 말하는 것이 아니다. 사랑과 행복이 내면에서 자연스럽게 흘러나와야 한다고 말하는 것이다. 신은 기쁨이다. 신은 산이나 빛이 아니다. 다른 상태들을 여행하는 것은 평범한 것이다. 신은 모든 상태들 너머에 있다.

깨달은 존재의 경험

깨달은 존재는 어떤 경험을 합니까? 그는 속성 없는 존재로서의 참나를 경험합니까, 아니면 계속하여 눈부신 색채들과 푸른 빛을 보고 있습니까?

궁극의 신 체험은 모든 속성들의 너머에 있다. 그것은 모든 형상들과 색채들의 너머에 있다. 그 상태에 있을 때는 붉은색, 흰색, 검은색, 노란색을 구별하는 마음이 더 이상 존재하지 않는다. 깨달음으로 가는 동안에 많은 경험을 하고 환영들을 보게 된다. 그러나 깨달음의 경험은 이 모든 것들을 초월한다. 그것은 말로 형언할 수 없다. 말들은 그것을 묘사할 수 없다. 그림자도 없고, 형태도 없고, 성별도 없다. 소금이 바다에 빠지면 녹아서 바다와 합쳐진다. 그것은 개별성을 잃고 바다에 흡수되어 하나가 된다. 궁극의 경험은 그와 같다. 어떤 성자가 말하였다.

"내가 신의 거룩한 모습을 보았을 때, 나는 그분 안에서 나를 완전히 잃었다. 더 이상 나 자신을 알지 못한다." 진리를 점점 더 이해하다 보면, 이해의 경지조차도 넘어서게 될 것이다. 진리를 더욱더 명상하다 보면, 명상자와 명상의 대상이 하나로 합쳐질 것이다. 그것이 궁극적인 경험의 상태이다. 때때로 사람들은 말한다. "나는 명상을 하고 있었는데, 한동안 내게 일어난 일을 알지 못했다." 그 모름이 바로 신의 경험이다.

그러나 깨달은 존재가 명상 중에 있다가 궁극의 상태에서 약간 벗어나면, 그는 환영들과 아주 부드럽고 아름다운 빛을 경험한다. 마음이 내부로 향해 있지만 그 마음의 변화가 완전히 고요하지는 않을 때 이것들을 보게 된다. 이런 내면의 변화를 넘어서는 순간, 그는 빛이나 환영을 보지 않는다.

진리를 아는 이들은 두 종류의 사마디에 대해 설명했다. 하나는 생각이 있는 사마디인 사비칼파(savikalpa)이고, 다른 하나는 생각이 없는 사마디인 니르비칼파(nirvikalpa)이다. 사비칼파 상태에서는 참나를 현란한 빛과 밝은 색으로 경험한다. 니르비칼파 상태에서는 그것들이 아예 존재하지 않는다. 왜냐하면 더 이상 보는 자가 없기 때문이다.

최고의 명상

명상 수행의 끝에 이르면 모든 것이 참나라는 사실을 깨달을 것이다. 그렇다면 왜 처음부터 그것을 깨닫고 참나가 모든 곳에 퍼져 있다는 자각으로 명상하지 않는가? 그렇게 한다면 명상하는 데 아무런 문제가 없을 것이다. 언제나 명상 중에 있을 것이기 때문이다.

어떤 제자가 성자를 찾아가서 영적인 가르침을 요청했다. 그 성자는 말하였다. "무슨 말을 할 수 있겠는가? 모든 것은 참나이다. 물이 응고하여 얼음이 되듯이 참나가 형태를 취하여 이 우주가 된다. 오직 그 참나만이 존재한다. 당신이 바로 그 참나이다. 이것을 알면 모든 것을 알게 될 것이다"

구도자는 만족하지 못했다. "그 말씀이 전부입니까? 그런 말은 책에도 나와 있습니다." 그는 당혹스러웠다. 왜냐하면 구루는 하타 요가나 프라나야마를 하라고 하지도 않았고, 머리를 깎거나 턱수염을 기르라고 하지도 않았고, 특정한 대상에 대해 명상하라고 하지도 않았기 때문이다. 그래서 그는 "다른 말씀을 해 주실 수는 없나요?"라고 물었다.

"내가 가르칠 수 있는 것은 그것이 전부다. 더 많은 가르침을 받고 싶으면 다른 곳으로 가거라." 하고 성자가 말하였다.

그래서 그는 두 번째 구루에게로 가서 가르침을 요청했다. 이 구루는 매우 노련해서 이 사람이 어떤 사람인지 첫눈에 알아보고서 말하였다. "내가 너를 가르쳐주겠다. 그러나 너는 먼저 12년 동안 나에게 봉사해야 한다." 인도에서는 고대로부터 구루에 대한 봉사를 대단한 영적 수행으로 여겼다. 이것은 신비한 사다나이며, 구루를 위하여 일하는 동안 진리에 대한 지식이 구도자 안에서 자연스럽게 일어난다. 그래서 구도자는 이 조건을 기꺼이 받아들였고, 무슨 일을 해야 하느냐고 구루에게 물었다. 구루는 아쉬람의 관리인을 불러 "어떤 일이 남아 있느냐?"라고 물었다.

"한 가지 일밖에 없습니다. 물소의 똥을 치우는 일입니다." 관리인이 대답했다.

"그것을 하겠느냐?" 구루가 물었다.

"예." 구도자는 동의했다.

이 구도자는 매우 성실하고 진실했기에 일의 성격에 대해서 이의를 제기하지 않았다. 그는 기꺼이 물소의 똥을 치우며 12년을 보내고자 하였다. 참나의 경험은 어떤 노력이라도 할 만큼 가치 있다고 여겼기 때문이다. 그는 12년 동안 하루도 빠짐없이 똥을 치웠다. 그러던 어느 날 달력을 본 그는 자신이 12년을 채웠고 이틀 더 일한 것을 알게 되었다. 그래서 그는 구루에게 가서 말했다. "이제 12년간의 일을 끝냈습니다. 제게 가르침을 주십시오."

구루가 말했다. "이것이 나의 가르침이다. 모든 것은 의식이다. 참나만이 우주에 있는 모든 것으로 나타난다. 너 역시 참나 그 자체이다."

사다나를 하는 동안 구도자는 매우 성숙해졌고, 그래서 구루의 말을 듣자마자 깊은 사마디에 들어가게 되었다. 그리고 그동안 진리를 경험하였다. 사마디에서 나온 뒤 그는 구루에게 말했다. "오, 스승이시여, 이해되지 않는 점이 하나 있습니다. 저는 전에 이미 이 가르침을 받은 적이 있습니다. 다른 구루도 제게 똑같은 가르침을 주었습니다."

"그렇다. 12년 동안 진리는 변하지 않았다." 구루가 말했다.

"그렇다면 왜 제가 그것을 이해하기 위해 그렇게 긴 세월 동안 물소의 똥을 치워야 했습니까?"

"네가 어리석었기 때문이다." 구루가 대답했다.

이것이 진실이다. 만일 당신에게 예리한 지성, 이해력과 분별력이 있다면, 자신의 참나를 인식하는 데 무슨 수행이 필요하겠는가? 모든 곳에 분명한 그 의식을 경험하는 데 얼마나 시간이 걸리겠는가? 그것은 단지 인식의 문제일 뿐이며, 너무나 단순하여 한순간밖에 걸리지 않는다.

당신이 명상해야 하는 까닭은 오로지 이런 이해력이 없기 때문이다. 오랫동안 당신은 "나는 개별적 존재이다."라는 자각으로 살아 왔다. 이런 이유로 당신이 "나는 신이다."라는 자각을 즉각 받아들이는 것은 매우 어려운 일이다. 당신은 자신이 작고 연약하고 죄 많은 사람이라고 생각하며, 자기 자신과 다른 사람들에 대한 부정적인 생각들과 느낌들로 자신의 마음을 가득 채

위 왔다. 당신은 한정된 동일시 속에 갇힌 채 삶을 허비해 왔다. 당신의 몸이 아름다우면 자신이 아름답다고 생각하고, 당신의 몸이 추하면 자신이 추하다고 생각한다. 공부를 하면 자신이 배웠다고 여기고, 공부를 하지 않으면 자신이 무식하다고 여긴다. 화와 탐욕, 집착이 당신 안에서 일어나면, 당신은 자신을 그것들과 동일시한다. 당신을 수많은 생애 동안 가두어 온 것은 바로 한정된 개별 존재라는 느낌, 즉 자아이다.

당신이 "나는 의식이다."라는 자각을 받아들일 수 있도록 이 한정된 '나'라는 느낌을 제거하고 마음과 가슴을 정화시키기 위해서는 명상을 하고, 만트라를 암송하고, 선한 행동을 해야 한다. 그러나 만일 이런 수행들이 정말로 열매 맺기를 원한다면, 자신이 순수 의식이라는 자각으로 이런 수행들을 해야 한다. 쉬바의 사다나, 즉 자신을 진리로 보는 사다나를 해야 한다.[9] 당신의 마음이 쉬보함 즉 "나는 쉬바이다."와 소함 즉 "나는 그것이다."라는 생각에 계속 잠겨 있어야 한다. 그리고 이것을 이해해야 한다. "명상하고 있는 것은 바로 신이다. 내 명상의 모든 대상들은 신이다. 내 명상 자체가 신이다." 이 점을 안다면 언제 어디서나 당신의 사다나를 할 수 있다. 눈을 감을 필요도 없고 마음을 고요히 할 필요도 없다. 왜냐하면 이 점을 자각한다면 일상생활의 평범한 행위들조차 명상이 될 것이며, 무엇을 하고 있건 자연스레 진리를 경험하기 시작할 것이기 때문이다.

세상 속에서의 명상

많은 사람들은 명상과 영적인 삶을 추구하려면 직업과 가정을 버리고 어느 동굴로 들어가서 통나무처럼 앉아 있어야 한다고 느낀다. 그러나 참나가 어디에나 퍼져 있다는 것을 이해하면, 그는 세속적인 삶이나 영적인 삶에 아무런 차이가 없다는 것을 알게 된다. 그러면 그는 가족을 포기하지 않아도 된다. 직업을 버릴 필요도 없다. 사회를 떠나 은둔할 필요가 없다. 케쉬미르 쉐이비즘에 다음과 같은 말이 있다. 나쉬밤 비디야테 크바칫(nåshivam vidyate kvachit), 즉 "쉬바가 아닌 것은 아무것도 없다."[10] 이런 이유로 참나가 모든 것 안에 깃들어 있다는 자각과 사랑으로 일하는 한, 이 세상의 어떤 활동도 영적인 길에 장애물이 되지 않을 것이다.[11] 음악가가 이기적인 동기 없이 음악을 연주한다면 그 일을 하면서도 참나를 추구할 수 있다. 교사가 사심 없이 가르친다면 가르침을 통해 참나를 추구할 수 있다. 사업가가 이기적인 욕망 없이 사업을 한다면 사업을 하면서도 참나를 추구할 수 있다. 어머니가 사심 없이 자녀를 기른다면 자녀를 기르면서도 참나를 추구할 수 있다. 당신이 자신의 일을 신에게 바친다면 어떤 분야의 일을 하건 그것은 영적인 수행이 된다. 당신이 결실에 대한 사적인 욕심 없이 그저 일을 한다면 그것 역시 위대한 요가이다.

참나에 대하여 명상할 때 세상에 대해 더 많은 사랑을 느낀다는 것은 진실이다. 그는 세상에 더 많은 관심을 갖게 되고 세상을 더 많이 이해하게 된다. 당신에게 참된 지식이 없다면, 이 세상은 그저 당신을 위한 세상일 뿐이고, 모든 행위는 그저 하나의 행위일 뿐이다. 그러나 참된 지식을 얻고 나면, 무슨 일을 하건 그것은 참나에 대한 명상이고 숭배라는 것을 알게 될 것이다. 샹카라차리야는 그의 찬가 중 하나에서 다음과 같이 노래하였다. 산차라 파다요 프라닥쉬나 비디 스토트라니 사르바 기로 야디얏카르마 카로미 탓타다킬람 샴보 타바라다남(sanchârah padayoh pradakshina-vidhih stotrâni sarvâ giro; yadyatkarma karomi tattadakhilam shambho tavârâdhanam),[12] 즉 "오, 신이시여, 어디를 가든지 저는 당신 곁에서 걷고 있습니다. 제가 하는 모든 일은 당신을 경배하는 것입니다." 이것이 진정한 이해이다. 당신은 이러한 자각으로 사다나를 해야 한다. 당신이 안팎에서 보는 모든 것은 오로지 자신의 참나임을 인식할 수 있다면, 당신은 매순간 명상 속에 있을 것이다.

구루

형상 없는 분의 형상을 당신의 눈앞에 드러낼 수 있고,
의식이나 의례 없는 단순한 길을 가르쳐 주며,
당신이 자신의 문을 닫거나
호흡을 멈추거나
세상을 포기하지 않도록 하며,
마음이 어디에 집착하든지
지고의 영을 지각하게 하고,
모든 활동 가운데에서 고요히 있는 법을 가르쳐 주는
그는 진정한 구루이다.
두려움이 없고 언제나 희열 속에 잠겨 있는 그는
즐거움의 한가운데서도 요가의 정신을 지킨다.

— 카비르 —

어떤 이가 진정한 구루인가?

나는 처음 수행을 하면서 많은 선생들과 많은 방법들을 따랐다. 성자들에 관한 수많은 책들을 읽고서, 나는 오직 구루의 도움을 받아야만 내면에 있는 나의 참나를 알 수 있겠다는 결론에 다다랐다. 그리고 그것은 사실이었다. 나는 나의 구루에게서 모든 것을 받았고, 심지어 지금도 그에게서 은총을 받는다. 스승보다 더 위대하고 가치 있는 것은 없다고 내가 늘 말하는 것은 이 때문이다.

오늘날 더욱더 많은 사람들이 영성에 목말라 한다. 그러나 구루에 대한 관심이 증가하는 반면, 구루에 대한 반발 또한 증가하고 있다. 구루의 가르침을 받아 본 적도 없으면서 자신을 구루라고 부르는 거짓 구루들의 행동 때문에 어떤 사람들은 구루라는 말만 들어도 역겨워 한다.

쉐이크 나스루딘은 구루들을 위한 때가 무르익은 시대에 살았다. 그가 살던 도시에는 구루가 없었다. 그래서 마을 사람들이 그에게 와서 요청했다. "나스루딘이여, 우리는 당신이 우리의 구루가 되어 주기를 원합니다." 나스루딘은 그들의 요청을 받아들이고 이렇게 말했다. "내 첫 번째 가르침은 이것이다. 내일은 모두 모여 낚시를 하러 가자."

만일 어떤 사람이 진정한 구루도 아니면서 구루의 역할을 맡는다면, 그가 당신을 데리고 낚시하러 가는 것 말고 무엇을 할 수 있겠는가?

어떤 분야이든 사람들 가운데는 가짜가 있다. 따라서 구루들 가운데에도 가짜들이 있다는 것은 놀라운 일이 아니다. 이것은 모든 구루가 가짜라는 뜻이 아니다. 그럼에도 불구하고 구루를 의심하는 것은 매우 좋은 것이다. 왜냐하면 이러한 방식으로 우리는 분별력을 훈련하고 또 진정한 구루를 선택하는 법을 배우기 때문이다. 도둑의 무리 안에 있음으로써 도둑과 정직한 사람을 구별하는 법을 배울 수 있다고 어느 위대한 존재가 말하였다. 이와 마찬가지로 거짓 구루를 관찰함으로써 우리는 진정한 구루의 자질들에 대하여 배울 수 있다.

왜 거짓 구루가 존재하는가? 그것은 우리의 잘못 때문이다. 우리는 정치인을 고르듯이 구루를 고른다. 거짓 제자들의 시장이 커지기 때문에 거짓 구루들의 시장도 커진다. 거짓 구루들은 눈먼 이기심 때문에 사람들을 물에 빠뜨린다. 그리고 거짓 제자는 눈먼 이기심과 잘못된 이해 때문에 덫에 걸려든다. 진정한 제자는 결코 거짓 구루에게 걸리지 않을 것이다.

거짓 제자들은 어떤 것을 값싸고 쉽게 얻게 해 줄 수 있는 구루를 원한다. 그들은 즉시 사마디를 줄 수 있는 구루를 원한다. 그들은 수련과 자기 통제를 따르는 구루를 원하지 않는다. 그들은 자신들의 방종한 삶에 함께 참여할 구루를 원한다. 그들은 꼭 자기 같은 구루를 원하며, 그들에게 치료 요법을 시술하고, 그들과 함께 춤추고, 함께 술을 마시고, 환각제를 복용하라고 권장하는 구루를 원한다. 그러나 이런 식으로 행동하는 사람은 결코 진정한 구루가 아니다. 황금은 황금이다. 그것은 결코 놋쇠로 변하지 않을 것이다.

구루는 갑자기 펑 하고 나타나서 가르침을 나누어 주는 사람이 아니다. 구루는 숲으로 가서 명상을 하고, 신의 환영을 보고, 다시 세상으로 돌아와 사람들에게 지혜를 나누어 주는 사람이 아니다. 구루는 이곳저곳에서 다양한 기법들을 익힌 뒤 이 모든 기법들을 추구하면 진리에 이를 수 있다고 주장하는 사람이 아니다. 구루는 "나는 지식이 풍부하고 당신은 무지하다. 그러니 나에게 와서 가르침을 받으라."라고 말하는 사람도 아니다.

사실 구루는 인간 존재가 아니다. 실제로 구루라는 말은 이 세상의 영광을 창조한 창조자를 가리킨다.[1] 케쉬미르 쉐이비즘에서는 신은 창조, 유지, 파괴, 숨김, 은총의 수여라는 5가지 활동을 한다고 말한다. 『쉬바 수트라 비마르쉬니(Shiva Sūtra

Vimarshin¥)』에서는 구루르바 파라메슈와리 아누그라히카 샥티 (gururvå pårameshwar¥ anugråhikå shaktih),² 즉 "구루는 은총을 부여하는 신의 힘이다."라고 말한다. 다른 말로 하면, 구루는 어느 한 개인이 아니라, 그 개인을 통하여 흐르는 은총의 신성한 힘인 것이다. 그 힘은 세상을 창조하고 유지하는 샥티와 동일하다.

구루 원리는 최근에 존재하게 된 것이 아니다. 그것은 심지어 우주가 창조되기 전부터 존재했으며 물, 흙, 공기, 불, 에테르처럼 우주가 시작된 이래 창조의 일부였다.³ 구루 원리는 모든 사람들 안에 내면의 참나로서 존재한다. 그래서 우리가 구루에게 존경을 표하면, 그것은 우리 자신의 참나에게 존경을 표하는 것이다. 구루는 참나이다. 그는 지고의 의식이며 지고의 희열이다.

구루의 자격

진정한 구루는 지고의 구루인 파라쉬바(Parashiva)에 의해 세워진 구루들의 계보에서 나온다. 어떤 구루를 만나면 맨 처음에 "당신의 구루는 누구였습니까?"라고 물어봐야 하는 것은 바로 이 때문이다. 당신은 기술자나 교수를 신뢰하기 전에 먼저 "어느 대학을 나오셨습니까?"라고 묻는다. 이와 마찬가지로 어떤 구루를 받아들이기 전에 반드시 그의 계보가 무엇인지를 알아야 한다. 위대한 학자인 존 우드로페 경은 그의 책『뱀의 힘(The Serpent Power)』에서, 구루를 가져 본 적이 없는 사람이 구루가 되려는 것은 차표도 없이 기차를 타려고 하는 것과 같다고 썼다. 한 사람이 구루가 되려면 먼저 자신의 구루의 지시를 받아야만 한다. 구루들의 계보가 그의 안에서 살아 있어야 한다.

구루는 반드시 다른 자격도 갖추어야 한다. 그는 배운 사람이어야 한다. 그는 많은 경전들과 영적인 철학들을 공부해야 하고, 그것들을 완벽하게 알아야 한다. 고대 경전을 지은 저자들의 지식은 탁월했다. 그들은 완전하게 영적 사다나를 수행했고 진리를 충분히 깨달은 후에야 집필을 하였다. 요즘 사람들은 자신의 생각들에 따라 책을 쓰는데, 도대체 이런 책들의 근거는 무엇인가? 그것들을 뒷받침해 주는 철학 체계는 무엇인가? 그런 책들을 쓰는 사람은 진정한 구루가 될 수 없다. 그는 자신의 망상을 퍼뜨릴 수 있을 뿐이다. 쉬바가 브라마데바에게 말하였다. "이성적인 추론만 탐닉하고, 제자들로 하여금 헛된 공론과 복잡한 말들과 논쟁들에 휘말리게 하는 사람은 진정한 구루일 수 없다." 진정한 구루는 우파니샤드와 다른 위대한 경전들에 구현되어 있는 진리에 대해 완벽한 지식을 가지고 있으며, 그의 가르침은 고대 현자들의 가르침과 같다.

그러나 구루가 경전들을 아는 것만으로는 충분하지 않다. 그는 세속적인 학문들과 기술들에도 조예가 깊어야 한다. 귀 전문가는 귀에 대해서만 알아도 되고, 심장 전문가는 심장에 대해서만 전문 지식을 갖추어도 된다. 그러나 구루는 단지 어느 한 분야의 전문가가 되어서는 안 된다. 이 세상에 살고 있는 구도자들을 이끌려면, 구루는 반드시 그들의 모든 즐거움과 어려움에 대해서도 잘 알고 있어야 한다.

구루는 또한 신을 직접 체험해야 한다. 진정한 구루는 마치 사람들이 외부 세상의 대상들을 보듯이 그렇게 신을 보았다. 그는 지고의 진리를 명상함으로써 자기 내면에 있는 진리를 경험했고, 그의 개체성은 그것 속으로 들어가 하나가 되었다. 그 결과로 그는 더 이상 세상을 물질적인 현상으로 보지 않으며 순수 의식의 빛으로 본다. 그는 그 빛이 남자들과 여자들 안에서, 아이들 안에서, 동물들과 나무들 안에서 그리고 그 자신 안에서 번쩍이는 것을 본다. 그에게는 물질과 의식이 순수 의식의 다른 등급일 뿐이다. 그는 모든 곳에서 순수 의식만을 보기 때문이다.

진정한 구루는 깨달았을 뿐만 아니라 다른 사람들에게도 깨달음의 경험을 줄 수 있다. 왜냐하면 그는 의식과 하나가 되었고, 의식의 힘은 은총을 주기 위하여 그의 안에 머물고 있기 때문이다. 하나의 등불에 의하여 많은 등불이 켜질 수 있듯이 구루의 샥티는 많은 제자들의 내면에 있는 샥티에 불을 붙일 수 있다.[4] 모든 인간 존재 안에서 고동치고 있는 신성한 참나의 힘은 끊임없이 몸 바깥으로 흐른다. 그러나 구루는 이 에너지를 내면에 축적하여 다른 사람들에게 전할 수 있다. 그의 모든 부분에서 의식의 빛이 발산되기 때문에 그와 접촉하는 사람은 누구라도 그의 샥티를 받을 수 있다.[5]

구루는 또한 일깨워진 샥티의 강도를 통제할 수 있는 힘도 갖고 있다. 그 에너지가 제자 안에서 에너지가 너무 강하게 활동을 하면 구루는 그 강도를 줄일 수 있고, 그 에너지가 충분히 강하게 활동하지 않으면 그것을 증가시킬 수 있다. 구루는 제자 안에서 일으킨 그 과정을 유지시킬 수 있으며, 제자의 내면에 있는 모든 장애물들을 제거할 수 있고, 그의 안에서 기쁨이 솟아나게 할 수 있다. 구루는 일깨워진 샥티가 마침내 그 제자를 지고의 상태로 이끌어 줄 것임을 보증할 수 있다. 구루는 만트라의 잠재력을 실현하였고, 그래서 제자로 하여금 그 잠재력을 실현하도록 할 수 있다.[6] 시다 계보의 힘은 구루를 충분히 뒷받침하며, 일단 구도자가 샥티를 받게 되면, 그 계보는 그를 지원하고 그가 목표를 향해 나아갈 때 그를 보호한다.

구루는 한 사람의 삶에서 생명력만큼이나 절대적으로 필요하다. 위대한 성자 순다르다스는 말했다. "구루 없이는 명상도 없다. 구루 없이는 높은 지식이 일깨워질 수 없다. 구루 없이는 사랑도 없고, 구루 없이는 재산도 없고, 구루 없이는 마음의 평정도 없으며, 구루 없이는 지성도 밝혀질 수 없다." '구'라는 음절은 '어둠'을 뜻하고 '루'라는 음절은 '빛'을 뜻한다.[7] 진정한 구루는 제자의 무지를 몰아내고 빛을 준다. 그는 제자의 잘못된 이해와 불완전하다는 망상을 없애고 그에게 가장 높은 지혜를 제공한다.

구루는 제자들에게서 돈을 받는 데 관심이 없으며, 오직 그들의 좋은 자질들을 향상시키고 단점을 제거하는 데 관심이 있다.[8]

그는 어느 누구로부터 어느 무엇도 받을 필요가 없다. 왜냐하면 그는 원하는 모든 것을 자신 안에 갖고 있기 때문이다. 그의 눈은 아름다운 모양에 매혹되지 않으며, 그의 혀는 달콤한 맛에 혹하지 않고, 그의 귀는 감미로운 소리를 듣기를 갈망하지 않는다. 그는 감각들에 전혀 끌리지 않는다. 왜냐하면 그는 내면에 있는 참나의 희열을 끊임없이 마시고 있고, 그의 감각들은 내면을 향해 있으며 오직 그 내면의 희열에서만 기쁨을 느끼기 때문이다.⁹ 보통 사람들의 마음과 달리 구루의 마음은 언제나 안정되어 있다. 바람이 없는 곳에서는 불꽃이 깜빡이지 않듯이 구루의 마음은 결코 참나로부터 움직이지 않는다. 구루는 큰 바다처럼 잔잔하고 깊다. 그의 가슴에는 오직 모든 존재에 대한 연민과 사랑이 있을 뿐이다. 거기에는 욕망도, 화도, 오만도, 시기심도 없다. 그에게는 모든 종교, 모든 행위, 모든 국가, 모든 존재가 다 동등하다.

그는 자신의 가르침에 자리를 잡고 있으며, 자신의 사다나를 완결했음에도 다른 사람들에게 전하는 가르침을 항상 몸소 실천한다. 그는 결코 자신의 계율을 어기지 않는다. 그는 엄격한 금욕을 지키며, 그 결과로 그의 성적 유동체는 언제나 위로 흐른다. 그가 샥티파트를 줄 수 있는 것은 위로 흐르는 성적 유동체의 힘을 통해서이다. 그는 선행과 죄 같은 개념들 너머의 상태에 살지만 올바른 품행을 지키며, 단지 그와 함께 존재하는 것만으로도 제자는 좋은 품행을 지키기 시작한다. 계율을 지키지도 않고 순수하지도 않은 사람을 따르는 제자가 무엇을 얻을 수 있겠는가? 제자는 오직 완전한 길을 가르쳐 주는 사람, 함께 하는 것만으로도 그를 향상시키는 사람, 그가 자신 안에서 혁명적인 변화를 경험하게 해 주는 사람을 통해서만 혜택을 입을 수 있다. 만일 제자가 이런 존재와 함께 살거나 그의 현존 안에서 시간을 보낸다면 또는 그의 가르침을 듣기만 하여도, 그는 애쓰지 않아도 자동적으로 변형될 것이다. 투카람 마하라지는 이렇게 말하였다. "구루의 영광은 헤아릴 수 없는 것이다. 심지어 그를 현자의 돌과 비교하는 것도 충분하지 않다. 현자의 돌은 비금속을 금으로 바뀌게 하는 힘을 지녔지만, 비금속을 현자의 돌로 바뀌게 할 수는 없다. 그러나 진정한 구루는 제자를 자신과 같은 구루로 변하게 할 수 있다."

구루는 우리의 지고의 은인이다. 그는 우리들의 혼돈을 없애 주고, 우리의 진정한 본성과 삶의 목적을 보여 준다. 그는 우리가 신에 대한 사랑을 키워 갈 수 있도록 도와주고 우리 내면의 신을 드러내 준다. 구루의 신비는 매우 위대하다. 단지 그와 교제를 유지하는 것만으로 우리는 신을 직접 경험할 수 있다. 엑나트 마하라지는 이렇게 말했다. "오, 나의 친구여, 구루에게서 은총의 향기로운 물을 받은 뒤로 나는 어디를 보든지 오직 신만을 본다. 내면에서 신을 보고, 외부에서 신을 본다. 내가 이 세상에서 보는 모든 것은 오직 신일 뿐이다." 이것이 구루가 주는 은총의 힘이다.

참나를 보는 눈

만일 제가 제 자신의 참나를 알아야겠다고 결심한다면, 저는 본질적으로 제 자신과 대화를 하고 있는데, 왜 스승이 필요한 것입니까?

지금까지 살면서 무엇이라도 다른 사람의 도움 없이 배운 것이 있는지 한번 말해 줄 수 있는가? 당신은 걷는 법을 부모님에게 배웠다. 당신은 '엄마, 아빠' 같은 간단한 말을 소리 내는 방법도 부모님에게 배웠다. 초등학교부터 고등학교까지 당신은 모든 것을 선생님들에게 배웠고, 대학에 가서는 모든 것을 교수님들에게 배웠다. 이와 마찬가지로 참나에 대해서는 구루에게 배워야 한다. 만일 당신이 스스로 참나를 알 수 있다면, 나는 당신에게 감사할 것이다. 왜냐하면 나는 다른 사람들에게 그들 역시 도움 없이도 참나를 알 수 있다고 말할 수 있기 때문이다.

나는 구루에게 배우라고 당신에게 강요하지 않으며, 항상 구루와 함께 있어야 한다고 우기지도 않는다. 나는 당신에게 자신의 참나를 알라고 말한다. 만일 당신이 구루 없이도 자신의 참나를 알 수 있다면, 그것은 분명히 나에게 큰 도움이 될 것이다. 그러나 참나를 이해하려면 그것을 보여 줄 수 있는 사람이 반드시 있어야 한다는 것이 진실이다. 다른 사람들을 알기는 매우 쉽지만, 자기 자신의 참나를 알기는 매우 어렵다. 세상은 과학자들, 심리학자들, 예술가들, 무용가들 그리고 다양한 기술과 재능을 가진 사람들로 가득 차 있다. 비록 그들이 자신의 분야에는 정통할지라도 이 가운데 얼마나 많은 사람이 그들 자신을 알고 있는가?

당신의 참나를 알기 위해서는 자기 존재의 진정한 중심에 도달해야만 한다. 거울에 비친 자신을 볼 때, 머리카락을 바라보면 머리카락만 보일 것이다. 눈을 바라보면 눈만 보일 것이다. 거울에 비친 몸의 어느 부분이라도 당신이 그것을 바라보지 않으면 보이지 않을 것이다. 이와 마찬가지로 자신의 참나를 보기 위해서는 어디를 봐야 할지를 알아야 한다. 당신에게 스승과 안내자가 필요한 것은 이런 이유 때문이다.

구루는 쓸모없고 의미 없는 존재가 아니다. 만일 사람들이 구루를 필요 없다고 생각한다면, 그것은 어떤 구루들이 사람들 눈에 자신이 쓸모없게 보이도록 했거나 아니면 사람들이 그 구루를 이해하지 못해서 그를 오용하고 쓸모없다고 여기기 때문이다.

많은 사람들은 구루를 따르게 되면 자신의 삶을 다른 사람의 지배 아래 맡기게 될 것이라고 생각합니다.

구루는 사람을 약하게 만들거나 그를 지배하지 않는다. 반대로 그를 의존 상태에서 해방시킨다. 구루의 일은 제자를 속박하는 것이 아니라 그에게 참나의 자유를 주는 것이다. 사람들은 구루의 권위를 받아들이게 되면 자신의 개인적인 자유를 잃어버리고 노예가 될 것이라고 생각한다. 그러나 그들은 몸이 아파서 의사에게 가는 것은 개인적인 자유를 양보하는 것이라고 생각하지 않는다. 재정 상태가 악화되어 은행에서 대출 받는 것도 자유를 양보하는 것이라고 생각하지 않는다. 맛에 대한 갈망이 강해지면 온갖 종류의 맛있는 음식을 가리지 않고 먹으며, 눈이 만족을 원하면 온갖 종류의 영화를 보는 것을 마다하지 않는다. 그들은 이런 것들을 의존이라고 생각하지 않는다. 그러나 구루나 신에 대해서는 즉시 자유의 상실이라는 의문을 제기한다. 나는 이런 식의 사고방식을 이해하지 못한다. 내가 구루에게 귀의했을 때, 나는 의존에서 완전히 해방되었다.

하지만 만일 제가 언어 선생님에게 언어를 배우고 수학 선생님에게 수학을 배운다면, 저는 선생님들의 신념 체계에 따라 그것을 배웁니다. 저 자신에 대해서는 아무것도 배우지 못하고 오직 선생님의 세계관만을 배울 뿐입니다. 구루의 경우도 그렇지 않을까요? 저 자신의 세계관을 발견하는 것이 아니라 구루의 세계관을 배우게 되지 않을까요?

구루의 관점은 외부에서 당신에게 부과된 것들과 다르다. 만일 당신이 안경사에게 간다면, 그는 자신에게 맞는 안경을 당신에게 처방하지 않는다. 그는 당신에게 맞는 처방을 준다. 이와 마찬가지로 구루의 관점은 참나의 관점이다. 그는 당신에게 참나를 보는 눈을 준다.

인류의 역사를 보면 추종자들을 파멸로 몰고 간 지도자들이 많이 있었습니다. 그런 추종자들도 자신이 올바른 선생님을 선택했다고 느꼈을 것입니다.

만일 그들이 파멸했다면, 그들의 선택 방식에 뭔가 결함이 있었던 것이다. 구루를 선택할 때는 매우 신중하고 지성적이어야 하는 이유가 바로 여기에 있다. 그는 몇 가지 질문을 자문해 보아야 한다. "누가 이 구루를 구루로 임명했는가? 그는 구루로서 일하고 있는가? 그는 진정으로 영적 계율을 따르고 있는가? 그의 가르침의 목적은 무엇인가? 그와 함께 함으로써 나는 나 자신의 가치와 다른 사람들의 가치를 배웠는가? 나는 보편적 형제애의 지식을 얻었는가? 그의 가르침은 나를 더 깊은 혼란에 빠뜨리고 더 속박되게 하는가, 아니면 나를 더 높은 곳으로 데려가는가?" 구도자는 이 모든 점들을 숙고해야 한다.

진정한 구루를 알아보기 위해서는 올바른 눈이 필요하다. 구루에 관한 인도의 훌륭한 격언이 있다. "물을 마시기 전에 아주 잘 걸러 내라. 구루를 선택하기 전에 신중하게 점검하라." 구루에 대해 잘 알고 난 뒤에야 구루를 받아들여라. 그 사람이 구루라는 말을 들었다는 이유만으로 그를 구루로 받아들이지 말라. 맹목적으로 믿지 말라.

신기료장수의 물

인도의 라자스탄 주에 라비다스라는 신기료장수가 살고 있었다. 그는 위대한 시다였다. 많은 사람들이 그를 찾아갔고, 그와 함께 있으면서 평화와 행복을 경험했다. 그 주의 수상이 라비다스에 대해 듣고 그를 만나러 갔다. 그를 만나 평화로 충만해진 수상은 궁전으로 돌아와서 왕에게 말했다. "이 도시에 위대한 성자가 살고 있습니다. 그를 찾아가 만나시면 분명히 얼마간 평화를 얻으실 수 있을 것입니다."

왕은 몹시 불행했다. 그는 놀랄 만큼 많은 재산과 권력, 그 밖의 모든 것을 가지고 있었지만, 그가 가진 어느 것도 그에게 평화를 주지 못했다. 그러나 수상이 라비다스를 찾아가 보라고 권하자 왕은 투덜대기 시작했다. "그는 신기료장수일 뿐이야. 어떻게 왕이 신기료장수에게 가르침을 구할 수 있단 말인가?" 그러나 수상은 포기하지 않았다. "전하, 전하께서는 몹시 초조해하십니다. 라비다스라면 틀림없이 도움을 드릴 수 있을 것입니다." 마침내 왕은 그 성자에게 가는 데 동의했다. 왕은 그 도시에 큰 축제가 열릴 때까지 기다렸다. 모든 사람이 축전에 갔다고 확신이 되었을 때 왕은 변장을 하고서 라비다스의 가게를 찾아갔다. 그는 안으로 들어가 성자에게 경의를 표하고 다음과 같이 말했다. "저는 몹시 불행하고 마음에 평화가 없습니다. 부디 제 가슴에 평화를 줄 수 있는 어떤 것을 주십시오."

라비다스는 모든 것을 알고 있는 존재였다. 라비다스는 그가 왕인 것을 알고 있었고, 왕의 마음 상태도 알았다. 그는 작업대 옆에 물이 가득 찬 돌 항아리를 늘 놓아두고 있었는데, 그 항아리에는 신발 수선할 때 쓸 가죽 조각들이 담겨 있었다. 라비다스는 항아리에 담긴 물을 잔에 조금 부어 왕에게 주며 "이것을 마십시오."라고 말했다.

왕이 그 물을 보니 색깔은 검붉은데다가 가죽 같은 냄새도 나서 속이 메스꺼워졌다. 왕은 생각했다. '나는 왕이다. 도대체 왜 이런 곳에 왔단 말인가?' 그는 성자에게 등을 돌리고 물을 마시는 척하면서 자기 옷에 부어 버렸다. 그러고는 성자에게 잽싸게 인사를 하고 나와 버렸다.

왕이 궁전에 돌아와 보니 옷이 심하게 얼룩져 있었다. 그래서 왕실 세탁부를 불러 그 옷을 깨끗이 씻으라고 말했다. 세탁부는 왕의 옷 상태를 보고 깜짝 놀랐다. 몇 가지를 물어본 그는 왕이 라비다스를 만나러 갔고 라비다스의 항아리에 있던 물을 옷에 부었다는 사실을 알게 되었다. 세탁부는 딸에게 옷을 건네며 무슨 일이 있었는지를 설명했고, 깨끗하게 잘 빨라고 당부했다.

그의 딸은 매우 총명하고 순수했으며, 라비다스의 능력을 알고 있었다. 그래서 그녀는 왕의 옷을 집어 들고 모든 얼룩을 빨아먹었다. 그런 다음 옷을 빨았고, 아버지에게 돌려주어 왕에게 갖다 드리게 했다.

그날 이후 그녀는 매우 깊은 명상에 잠기게 되었고, 그녀의 경지는 점점 더 높아졌다. 몇 년이 지난 후 그녀는 대단히 높은 경지에 이르게 되었고, 사람들은 라비다스와 함께 있을 때 느낀 것과 같은 기쁨을 그녀와 함께 있을 때도 느끼기 시작하였다. 많은 사람들이 그녀의 축복을 받으러 찾아왔는데 그 가운데는 수상도 있었다. 그녀를 만나 본 뒤 수상은 왕에게 가서 말했다. "오, 전하, 전하께서는 여전히 불행하고 불안해하십니다. 희열에 가득 찬 그 소녀에게 가 보십시오. 그녀가 얼마간의 평화를 드릴 수도 있지 않겠습니까?" 왕은 내키지 않았다. 그녀는 세탁부의 딸이 아니던가. 그러나 그는 불안 때문에 너무나 고통스러웠다. 마침내 왕은 내키지 않는 마음을 극복하고 소녀의 집을 찾아갔다. 왕은 그녀 앞에 서서 말했다. "나는 몹시 불행하고 마음에 평화가 없단다. 내가 평화를 얻을 수 있도록 부디 축복을 주기 바란다."

그녀는 몹시 놀라워하며 왕을 쳐다보았다. "오, 전하, 제가 얻은 모든 것은 당신께서 던져 버린 것에서 얻은 것입니다. 제가 얻은 모든 것은 전하께서 제 아버지에게 빨라고 주신 옷에 묻은 라비다스의 물을 빨아서 얻은 것입니다."

이것이 구루가 주는 은총의 가치이다. 구루를 통해 진리에 이르기 위하여 가르침을 받을 필요는 없다. 그의 샥티를 흡수하는 것만으로 충분하다. 그러나 먼저 우리는 그것의 가치를 이해해야만 한다.

성자들의 운명

완전하게 깨달은 존재들은 모두 구루입니까?

완전하게 깨달은 존재들이 모두 구루는 아니다. 일부는 구루가 되고, 일부는 세상을 떠나서 산다. 깨달은 존재들의 내적 상태는 모두 동일하지만, 그들의 외적 행동은 각자의 운명과 수행에 따라서 다르게 나타난다. 예를 들어, 성자인 자나카는 칠백 명의 왕비들을 거느린 위대한 왕이었지만, 그의 제자인 수카는 언제나 벌거벗고 살았던 출가자였다. 하누만은 자나카 왕과 수카와 같은 지혜를 얻었지만 하인으로 남아 있었다. 바시슈타는 명상을 상세히 설명했지만 그 자신은 언제나 종교 의식을 행하였다.

바르트리하리는 위대한 존재들이 살아가는 방식을 이해하기는 매우 어렵다고 말했다. 어떤 이들은 성자같이 행동하고, 어떤 이들은 미친 사람처럼 행동하며, 또 어떤 이들은 유령처럼 산다. 어떤 이들은 땅을 침대 삼아 벌거벗고 살고, 다른 이들은 굉장한 재산과 호화로운 것들에 둘러싸여 왕처럼 산다. 어떤 이들은 완벽한 고요 속에서 말하지 않고 살며, 다른 이들은 욕설을 내뱉으며 돌아다닌다. 어떤 이들은 매우 활동적이고, 다른 이들은 거대한 비단뱀처럼 움직이지 않는다. 그러나 그들이 어떻게 행동하건 이 모든 시다들은 동일한 내적 완성의 상태를 이루었다. 이들과 접촉하기만 해도 구도자는 고양된다.

마하라슈트라 주에 있는 나의 아쉬람 근처에는 나나 아울리야라는 위대한 성자가 살고 있었다. 그는 하루 종일 길 위에 누워 있곤 했지만, 어느 누구도 그를 방해하려 하지 않았다. 모두들 그가 성자임을 알고 있었기 때문이다. 어느 날 그 지방의 관리를 태운 마차가 그곳을 지나게 되었다. 나나 아울리야가 길 중간에 누워 있는 것을 본 마부는 마차를 세웠다. 그 지방 관리는 분노했다. 그는 마부에게 말했다. "저 얼간이더러 길에서 꺼지라고 해." 그러자 마부가 대답했다. "저는 저분에게 아무런 말도 할 수 없습니다. 원하신다면 직접 말씀하십시오." 그래서 관리는 마차에서 내려 위대한 존재에게 다가갔고, 그를 붙잡고 마구 흔들어 대며 소리쳤다. "일어나! 네 녀석이 길을 막고 있단 말이야!" 그러자 나나 아울리야가 일어나더니 난데없이 관리의 뺨을 철썩 후려쳤다. 눈 깜짝할 사이에 관리의 이해는 변화되었다. 마차를 타고 도시로 돌아온 그는 관직을 사임하였다. 그 후 그는 위대한 성자가 되었다.

이처럼 일부 깨달은 존재들은 구루 상태에 이르렀어도 따로 구루의 역할을 행하지 않는다. 그러나 비록 그들이 가르침들을 주지 않는다 해도, 그들의 행위들은 사람들을 영적인 방향으로 향하게 하는 힘이 있다.

구루의 현존

당신의 많은 제자들은 당신께서 신체적으로 현존하지 않을 때에도 당신을 경험한다고 증언합니다. 이것은 구루와 제자의 관계에서 일상적이고 자연스럽게 일어나는 일로 보입니다. 당신께서는 이것을 의식하고 계신지요?

내가 비록 신체적으로 현존하지 않을 때에도 나의 제자들이 나의 현존을 경험한다는 것은 진실이다. 그것은 내가 샥티와 하나 되었기 때문이다. 샥티는 동쪽에서 서쪽까지, 북쪽에서 남쪽까지, 위아래 어디든지 온 세상에 충만하므로 그 누구도 배제하지 않는다. 나는 일깨워진 샥티의 형태로 제자들 안에 존재하기 때문에 그들은 어디에 살고 있든지 언제 어디서나 나의 현존을 늘 경험할 수 있다. 내면의 샥티가 그들을 인도하므로 나는 그들을 인도할 필요가 없다. 만일 내가 제자들을 개인적으로 지도해야 한다면, 그것은 신성한 일이 아닐 것이다. 그것은 자연스러운 요가도 아닐 것이다. 사람들은 나의 책을 읽고서 샥티를 받고 나에게로 온다. 그러나 샥티가 모든 곳에 충만해 있을지라도 그것을 켤 수 있는 스위치는 구루에게 있다. 이것은 전등의 빛이 방 안에 가득하지만 그 스위치는 한 곳에 있는 것과 마찬가지다.

구루와 함께 함

우리가 구루와 신체적으로 늘 함께 하면 우리의 영적 성장이 얼마나 빨라지는지요?

구루와 신체적으로 함께 한다면 당신의 사다나는 빠르게 진척될 것이다. 그러나 구루와 함께 한다는 것이 무슨 의미인지 생각해 보아야 한다. 자기가 하고 싶은 대로 하면서 구루와 함께 있는 것은 쓸모가 없다. 만일 당신이 화를 붙잡고 있으면서 부정적인 느낌들을 키운다면, 구루와 함께 있는 것이 무슨 소용이 있겠는가? 구루의 가르침을 따르고, 구루가 준 만트라를 끊임없이 반복하고, 그와 하나임을 느낄 때에야 비로소 당신은 최고의 경지에 이를 것이다. 그때에야 당신은 자신이 구루와 신체적으로 함께 한다고 말할 수 있을 것이다.

사다나의 힘을 키우기 위해 정말로 필요한 것은 구루의 신체적인 형상에 가까이 있는 것이 아니라 그를 향한 사랑이다. 만일 당신이 구루와 참나를 사랑한다면, 구루의 샥티를 받아들일 수 있으며 또 샥티는 당신을 가장 높은 상태로 데려갈 것이다. 가장 위대한 영적 수행은 사랑이다. 오로지 사랑이다.

자신을 열기

타인에게 자신을 여는 것도 힘들지만 구루에게 마음을 여는 것은 더욱더 힘듭니다. 어떻게 하면 우리가 마음을 활짝 열고 그를 사랑할 수 있겠는지요?

무엇보다도 당신이 진정 사랑해야 할 것은 구루의 육체적 형상이 아니라 그의 가르침과 그의 길이다. 구루에게 마음을 열기 위하여 따로 해야 할 일은 없다. 단지 그가 보여 주는 길을 따르면 된다. 그 길을 걷다 보면 언젠가는 무엇인가를 경험하게 될 것이다. 그러면 자연스럽게 구루를 사랑하게 될 것이다. 구루를 사랑한다는 것은 그를 뒤따르면서 "오, 구루시여, 구루시여, 구루시여."라고 말하는 것을 의미하지 않는다. 진정한 스승은 이런 것을 결코 권장하지 않는다. 당신이 해야 할 일은 오로지 그의 가르침을 따르는 것이다.

진정한 관계

온 세상에서 수많은 사람들이 여러 구루들을 따르고 있습니다. 그들이 모두 진정한 구루와 제자의 관계를 경험하고 있다고 보시는지요? 그런 관계를 결정짓는 것은 무엇인지요?

만일 제자가 구루를 만나 완전히 변형된다면, 그 관계는 진실하다.

그런 변형은 다른 사람들의 눈에도 명백하게 보이는지요?

만일 어떤 사람이 그와 같은 내적 변형을 경험했다면, 타인들은 그의 태도와 행동이 변화되었기 때문에 그것을 볼 수 있다. 그의 마음은 흔들림이 없고, 그의 가슴은 기쁨으로 가득하며, 그는 매우 친절하다. 그러나 어떤 사람들은 전혀 변하지 않는다. 그들은 아쉬람에 와서 한동안 머물기도 하지만 똑같은 상태로 떠난다.

제자

진실로 말하면, 구루는 받지도 않고 주지도 않는다. 그는 언제나 고요하다. 제자는 신뢰와 사랑을 통하여 구루의 샥티를 끌어내야 한다. 제자는 제자로서 합당한 태도를 지니고 구루에게 다가가야 한다. 어디를 가든지 사람들은 이런 질문을 한다. "바바, 사람들은 언제 구루의 은총을 받습니까?" 그러면 나는 항상 이렇게 대답한다. "제자가 그의 은총을 구루에게 베풀 때에만 구루도 그의 은총을 제자에게 베풀 수 있다." 제자가 호의를 베풀지 않는다면, 어떻게 구루가 그의 축복을 줄 수 있겠는가? 만일 제자의 은총이 있다면, 그것은 구루의 은총을 끌어들일 것이다. 그러나 만일 제자다움이 없다면, 구루의 가르침은 뿌리를 내릴 수 없다.

옛날에 한 구도자가 위대한 수피 구루인 돌눈을 찾아와서 가르침을 청했다. "나와 함께 며칠 동안 머물 수 있겠소?" 구루가 물었다.

구도자는 대답했다. "시간이 없습니다. 저는 지금 당장 가르침을 받기를 원합니다. 제발 지금 가르침을 주십시오."

이에 돌눈이 말했다. "좋소. 강 건너편에 위대한 성자가 살고 있소. 그분에게 가면 당신에게 가르침을 주실 것이오." 그는 구도자에게 작은 상자를 건네며 말했다. "이 상자를 그 성자에게 전하고 내가 보냈다고 말하시오. 그러나 반드시 이 상자와 안에 들어 있는 것을 잘 돌보아야 하오."

구도자는 상자를 들고서 강을 향해 떠났다. 그런데 도중에 상자 안에서 찍찍거리는 소리가 들리기 시작했다. 강가에 도착한 그는 더 이상 호기심을 참지 못하고 상자를 열어 안을 들여다보았다. 작은 생쥐 한 마리가 폴짝 뛰어나오더니 잽싸게 달아나 버렸다. 구도자는 생쥐를 다시 잡으려고 애써 봐야 소용없다는 것을 알고서 상자 뚜껑을 닫고 가던 길을 갔다. 위대한 성자가 살고 있는 집에 도착한 그는 성자에게 상자를 내밀면서 말했다. "저는 돌눈이 보내서 온 사람입니다. 그분은 선생님께서 저에게 가르침을 주실 거라고 했습니다."

위대한 성자는 상자를 열고 안을 들여다보았다. "이 상자 안에 무엇이 있지 않소?"

"예, 상자 안에 생쥐 한 마리가 있었습니다. 그러나 이곳으로 오던 길에 제가 상자를 열었더니 그만 뛰쳐나가 버렸습니다."

"돌눈이 당신에게 뭐라고 말했소?" 성자가 물었다. "이 상자를 잘 돌보라고 말하지 않았소? 그가 당신에게 상자를 열고 안을 들여다보아야 한다고 말했소? 당신이 작은 생쥐 한 마리도 잘 돌보지 못한다면, 어떻게 위대한 가르침을 잘 돌볼 수 있겠소? 당장 나가시오!"

구루에게 가는 것은 피자 가게에 가는 것과 다르다. 피자를 주문하면 10분 만에 나올 수 있을 것이다. 그러나 구루의 샥티를 받고 그것이 펼쳐지기 위해서는 제자는 신뢰를 갖고 사다나를 해야만 한다. 구루가 그에게 샥티를 전해 줄 때 그가 완전한 신뢰를 갖고 있다면, 그리고 구루가 닦아 놓은 길을 믿음으로 따라간다면, 그의 내면에 있는 불이 점화되어 활활 타오를 것이다.

그러나 만일 제자가 확고한 신뢰를 가지고서 구루의 가르침을 받아들이지 않는다면, 그리고 구루가 보여 준 길을 따르기 위해 노력하지 않는다면, 그는 구루의 축복을 충분히 받지는 못할 것이다. 이러한 이유로 구루는 올바른 길을 보여 주는 사람이며 제자는 그 길을 걸어가는 사람이라고 말한다. 만일 이 둘이 함께 한다면, 신은 그 자신을 드러낸다.

구루와 함께 사는 법

당신의 구루이신 바가완 니티아난다와 함께 한 사다나의 경험을 조금 말씀해 주실 수 있겠습니까?

바가완 니티아난다는 나의 사다나에 대단한 도움을 주었다. 특히 자아를 무너뜨리는 데 큰 도움이 되었다. 나는 어중간하게 학구적인 유형이었다. 어느 정도의 책들을 읽었고 어느 정도의 경전 지식을 갖고 있었다. 그래서 그런 지식에 대한 자부심을 갖고 있었다. 무엇보다도 나는 산야시(sannyåsi)의 옷을 입고 있었고 항상 그 역할을 즐겼다. 나의 구루는 나를 바로잡기 위하여 많은 어려움을 참아 내야 했다. 그러나 그는 그렇게 하였다.

그에게는 나를 시험하는 나름의 방식이 있었다. 때로는 내가 그분 가까이 가는 것을 허락하였고, 때로는 허락하지 않았다. 헌신자들은 그에게 단과자와 과일을 한 아름씩 바치곤 했는데, 그때마다 그는 그것들을 프라사드(prasåd)로 나누어 주었다. 나도 으레 프라사드를 받기 위해 기다리는 사람들 가운데 서 있곤 했는데, 때때로 내 차례가 되면 과일을 한쪽으로 밀쳐 내면서 "아니, 너에게 줄 것은 없다."라고 말하였다. 모든 사람들이 보는 앞에서 나에게 그렇게 하였다. 그러나 나는 그분이 나에게 창피를 주었다고 느끼며 도망치지 않았다. 나는 그저 고요히 있으면서 생각하였다. '내가 만일 어떤 것을 받으면 그것은 좋은 일이다. 아무것도 받지 못해도 그 역시 좋은 일이다.' 나는 이런 태도를 지니고 구루 곁에 오랫동안 머물렀다. 그러던 어느 날 그분은 나를 부르더니 "수키로 가거라."라고 말하였다. 그래서 나는 그 마을로 갔고, 그곳의 나무 아래에서 사다나를 하였다. 그리고 그분의 은총으로 모든 것을 이루었다.

간혹 내가 그분을 찾아갔을 때, 그분은 갑자기 여러 사람들 앞에서 나를 놀리곤 했다. 구루는 제자를 놀릴 때조차도 사실은 제자를 칭찬하고 있다. 구루는 제자를 가르치기 위하여 놀린다. 가끔 나의 구루는 사람들에게 나의 단점들을 얘기했다. 그분이 이렇게 한 까닭은 내가 비난을 견디는 법을 배우도록 하기 위한 것이다.

나의 구루가 나를 더 많이 시험할수록 나의 사다나는 더욱더 향상되었다. 그분이 아무리 많이 나를 시험해도 나는 그분의 흠을 찾으려 하지 않았다. 그 대신에 나는 나의 단점들을 보려고 하였다. 나 자신에게 물었다. "내게 부족한 점이 무엇인가? 나의 결점들은 무엇인가?"

구루와 오랜 시간 함께 하려면 제자가 대단히 인내해야 한다. 요즘 사람들은 아침에 구루를 만나고 저녁이 되면 그들 스스로 구루가 되었다고 생각한다. 그러나 구루와 제자의 관계는 이런 식으로 작용하지 않는다. 구루는 제자를 구루로 만들기 전에 몇 번이고 그를 시험한다. 제자가 나쁜 성품들을 모두 버리고 좋은 성품들을 얻을 때까지, 그가 자기 통제력을 갖게 될 때까지, 구루는 제자를 계속 가르칠 것이다. 오직 구루만이 제자를 어떻게 가르쳐야 하는지를 안다. 이런 이유로 구루와 함께 사는 것은 힘든 일이다. 그러나 제자가 그렇게 할 수 있다면 그는 구루처럼 되어 갈 것이다.

완성이 당신을 완전히 채운다

바가완 니티아난다와 함께 9년 동안 사다나를 한 뒤, 당신은 자신이 완성의 단계에 도달했다는 것을 어떻게 알게 되었는지요?

모든 사람들은 자신이 어떤 상태에 있는지를 안다. 어떤 사람이 불완전할 때 그는 자신의 불완전함을 자각한다. 마찬가지로 그와 똑같은 지성을 통하여 그는 자신이 완전해졌음을 알게 된다.

완성은 눈 깜짝할 사이에 옵니까? 아니면 서서히 실현되는 것입니까?

완성의 상태는 갑자기 곧바로 경험된다. 그런 다음 그 상태에 완전히 자리 잡을 때까지 한동안 사다나를 한다.

그렇다면 당신은 바가완 니티아난다에게서 당신이 그런 경험을 했다는 말을 들을 필요가 없었다는 말인가요? 그것은 당신의 존재 내면에서 깨닫게 된 어떤 것이었나요?

우리는 그것을 내면에서 깨닫는다.

바가완 니티아난다는 어떤 유형의 존재였는지요? 저는 그분에게 구루가 있었다고 알고 있지만, 그분은 요가의 상태로 태어났나요?

맞다. 그는 시다로 태어났다.

그분과 함께 있는 것은 어떠하였는지요? 그분의 특성은 무엇이었는지요?

그분의 사진들을 보면 알 수 있겠지만, 그는 매우 이상한 상태에 있었다. 그는 인습을 완전히 초월한 존재인 아바두타(avadhūt)였다. 근심 걱정에서 완전히 자유로웠고 언제나 희열에 취해 있었다. 그의 눈은 온통 희열에 취해 있었고, 그의 몸 전체가 온통 희열에 취해 있었다. 그는 거의 말을 하지 않았고, 그가 말을 할 때에도 그의 말들은 너무나 이상해서 이해하기가 어려웠다.

그는 마음을 초월했지만 둔해지지 않았다. 모든 것을 아주 잘 의식하고 있었다. 자신을 찾아오는 수많은 사람들도 하나하나

알고 있었다. 세상에서 일어나는 모든 일을 잘 알고 있었다. 과거와 현재와 미래를 알았다. 그러나 그는 마치 아무것도 모르는 것처럼 행동했다.

그는 평등한 시각을 갖고 있었다. 그는 어떤 사람도 불순하고, 낮고, 무지하다고 생각하지 않았으며, 어떤 사람도 순수하고, 위대하고, 지성적이라고 생각하지 않았다. 그는 어떤 것에서도 좋음과 나쁨을 보지 않았다. 만일 어떤 사람이 그에게 아주 겸손하게 다가오면, 그는 그 사람에게 허심탄회하게 얘기하고 가르침을 주었다. 그러나 만일 학식과 재산과 권력에 자부심을 가진 사람이 오면, 눈을 감거나 얼굴을 딴 데로 돌리거나 침묵 속에 빠져들곤 했다.

이 세상에서 그를 매료시킬 수 있는 것은 아무것도 없었다. 사람들은 그에게 많은 것을 가져왔지만, 그는 그 어떤 것에도 관심을 갖지 않았다. 그의 주변의 공기는 언제나 매우 고요했다.

수천 명의 사람들이 그와 함께 앉곤 하였으며, 그를 지켜보기만 해도 그들은 자신의 내면에서 그의 현존을 느꼈고 내면에서 올라오는 지혜를 경험했다. 그는 말하지 않고 가르침을 주었다. 그는 접촉하지 않고 내면의 샥티를 일깨웠다. 사람들의 질문에 말로 답하지 않고도 그들이 필요로 하는 대답을 주었다. 강의를 하지 않고도 진리의 지혜를 주었다.

나의 구루와 같은 분은 강의를 할 필요가 없다. 어떠한 경우에도 강의를 통해서 진리를 얻을 수는 없다. 경전과 책 그리고 강의는 진리에 이르는 길을 가리키는 지도와 같은 것이다. 그러나 그 진리를 경험하고 완성에 이르려면 구루의 은총이 필요하다. 구루는 자신의 힘으로 제자를 완성시킨다.

바가완 니티아난다는 태어나면서부터 완성된 상태였기에 깨달음을 위해 다른 시다에게 의지할 필요가 없었던 것으로 보입니다. 이것은 그분이 시다 전통의 새로운 계보를 시작했거나 새로운 은총의 위대한 물결을 창시했다는 것을 의미합니까?

그것은 새로운 물결이 아니다. 니티아난다는 시다 계보의 전통을 이었다. 크리슈나와 라마는 둘 다 신의 화신이었지만 구루의 가르침을 받아야 했다. 비록 바가완 니티아난다는 시다로 태어났지만 그 또한 구루와 함께 공부하였다.

인도 전역을 24년 동안이나 돌아다닌 이후 니티아난다로부터 샥티파트를 받았을 때 어떠하였습니까?

신성한 샥티파트를 받은 사람은 그의 이해가 완전히 변한다. 샥티파트를 받는 방법에는 27가지가 있다. 가장 높은 단계의 샥티파트를 소화해 내기 위해서는 대단한 힘을 가져야만 한다. 나는 샥티파트를 받고서 지고의 진리를 경험하였다. "나는 절대자이다."라는 경험을 가졌다. 한 왕자가 잠이 들었을 때 그는 거지가 되는 꿈을 꿀 수 있다. 그러나 잠에서 깨어나면 자신이 실제로는 왕자라는 사실을 기억한다. 나의 첫 경험은 그와 같았다. 그 다음에 나는 오랫동안 영적 수행을 계속했고, 마침내 그 경험의 상태에 자리 잡게 되었다.

니티아난다를 처음 보았을 때 뭔가 특이한 점을 볼 수 있었습니까? 아니면 그분이 자신의 힘을 감추고 있어서 샥티를 전수 받은 후에야 비로소 그의 위대함을 알게 되었습니까?

나는 오래 전부터 그를 알고 있었고, 그가 위대한 존재임을 알았다. 내가 처음 그를 만난 것은 15살 때였지만, 그가 내게 샥티파트를 준 것은 훨씬 나중이었다. 구루는 제자가 샥티를 다룰 수 있을 때까지 기다린다. 그 뒤에 적절한 때가 되면 자신이 주어야 하는 것을 주고, 제자는 완성된다. 그래서 니티아난다는 내가 완벽하게 준비될 때까지 기다렸다. 보통은 위대한 구루와 교제를 계속 유지하다 보면, 시간이 흐르면서 자연스럽게 준비가 된다.

그렇다면 인도 전역을 오랫동안 떠돌아다니는 동안에도 어떤 깊은 의미에서는 그가 당신과 함께 있다고 느낀 것입니까?

그렇다. 나는 그를 처음 만났을 때부터 그를 아주 많이 사랑했다. 떠돌아다니는 동안에도 가끔 그를 찾아가서 만나곤 했다.

15살의 소년으로 당신이 그를 처음 만났을 때 어떠했습니까?

그를 처음 본 순간, 나는 그가 위대한 성자임을 알았다. 나는 그를 전적으로 신뢰하였다.

어디에서 처음 만났습니까?

그분이 내가 다니는 학교에 왔다. 그는 아이들을 사랑했다. 그분이 학교 주변을 지날 때마다 모든 아이들이 그에게 달려가서 한동안 그와 함께 걷곤 했다.

그 당시 그의 용모는 어떠했습니까?

그는 허리에만 걸치는 간단한 옷을 입었다. 그 당시 많은 사람들이 그를 따랐기에 그는 한곳에 오래 머물지 않았다. 심지어 앉지도 않았다. 그는 계속 떠돌아다닐 뿐이었다. 때로는 큰 나뭇가지 위로 올라가 앉아 있다가 그 밑에 사람들이 모이면 잎사귀들을 던져 주곤 했다. 사람들은 그 잎사귀들을 주워서 치료약으로 사용했다.

당신은 완성의 상태에 이른 뒤에도 니티아난다가 육체를 떠나기 전까지 5년가량 곁에 머물렀습니다. 혹시 그 기간에 더 성장한 부분이 있습니까?

일단 완성 상태에 이르면 그 상태는 변하지 않는다. 구루와 하나라는 느낌은 늘 그대로 있다. 나는 비록 사다나를 마쳤지만 니티아난다가 나의 구루임을 알고 있었고, 나 자신을 오직 그의 제자로 여겼다. 나는 매우 단순한 삶을 살았다. 나는 평범한 구도자처럼 행동했다. 나는 어떤 수행자도 지도하지 않았다. 나의 구루가 몸을 떠난 뒤에야 비로소 나는 이런 일을 시작했다. 그는 몸을 떠나기 전날 나를 불렀다. 나의 머리를 오랫동안 쓰다듬었다. 그런 다음 손을 내 입 안에 넣고서 뭔가를 전해 주었다.

당신이 이미 완성되었는데, 그가 왜 당신에게 무엇을 주는 것입니까?

죽음을 앞에 둔 부자는 아들에게 재산을 물려주기 위해 유언장을 준비한다. 이와 마찬가지로 구루는 그의 계보를 통해 물려받은 영적 재산이 있으며, 대개는 몸을 떠날 무렵에 그것을 제자에게 전해 준다.

그렇다면 어떤 의미에서 당신은 자신의 능력뿐 아니라 니티아난다의 모든 능력까지 간직하고 있는 보물 창고이겠군요.

그 둘의 샥티는 동일하다.

구루는 이런 마지막 선물을 주요 후계자에게만 줍니까, 아니면 여러 제자들에게 나누어 줍니까?

그는 많은 사람들에게 완성을 주지만, 마지막 선물은 오직 한 사람에게만 준다.

마지막 보물을 내면에 간직하고 있는 느낌이 어떠한지 말씀해 주시겠습니까?

그 경험을 설명할 수 있는 단어는 없다. 그것을 이해하려면 나와 같이 살면서 그것을 표현할 수 있는 언어를 배워야 한다. 그 언어 안에는 오로지 고요만이 있다. 당신은 이미 완전할 때 완성을 경험하며, 그 완성 상태 안에서 자신을 잃는다. 그것은 당신을 완전히 가득 채운다. 당신은 자신이 어디에나 있음을 경험하며, 당신의 개별성은 소멸된다.

바가완 니티아난다는 당신이 수많은 나라에 샥티파트의 전통을 퍼뜨리는 도구가 될 것이라는 암시를 준 적이 있습니까?

그렇다. 몸을 떠나기 전날 그런 말을 했다.

정확하게 무슨 말씀을 했습니까?

그분은 "온 세상이 언젠가 너를 볼 것이다."라고 말했다. 그분이 나에게 얘기한 나머지 말들은 비밀이다. 이런 것들은 마지막 날에 제자에게만 전해질 것이다.

다시 한 번 바가완 니티아난다에게는 뭔가 특별한 것이 있었다는 느낌이 듭니다. 결국 시다 전통은 오랫동안 인도에 존재해 왔지만, 그는 아마도 이 전통을 온 세상에 두루 전하도록 하나의 도구를 선택한 첫 사람인 것 같습니다.

그런 때가 때때로 온다.

참나의 종교

왜 그분을 교회나 모스크에서만 찾는가?
그분의 창조물이 보이지 않는가?
그분이 거하지 않는 곳이 어디인가?
그분이 만든 온 우주가
그분의 이야기를 들려주고 있다.

— 사르마드 —

모든 곳에 존재하는 신

사람들은 다른 사람을 사랑과 존중으로 환영하는 법을 배워야 한다. 이것이 진실한 예배이며 참된 종교이다. 사랑과 존중, 다른 사람에 대한 배려를 가르치지 않는 종교는 인류의 종교가 될 수 없다.

옛날에 위대한 존재 아부 벤 아담이 명상을 하고 있을 때, 돌연 그의 방이 빛으로 가득 찼다. 그 빛 가운데에서 천사가 나타났는데 황금 표지의 책을 들고 있었다. 천사는 책을 펼치며 아부 벤 아담에게 말했다. "나는 이 책에 최고의 종교를 따르는 사람들의 이름을 기록하고 있습니다."

아담이 말했다. "저는 이제껏 어떤 특정 종교를 따라 본 적이 없습니다. 제가 하는 것은 오직 모든 것이 참나라는 자각으로 명상하는 것뿐입니다. 이웃을 바라볼 때는 그들을 하나인 신성한 존재의 불꽃으로 여기며, 저 자신에 대해서도 마찬가지로 여깁니다."

천사는 사라졌다. 다음 날 아담이 명상을 하고 있을 때, 천사는 역시 같은 빛 속에서 나타났다. 그녀는 그에게 다시 책을 보여 주었다. 그 책에는 그의 이름만이 유일하게 기록되어 있었다.

아부 벤 아담은 종교를 올바르게 이해하고 있었다. 우파니샤드는 세상의 모든 이들에게는 하나의 신만 있다고 말하고 있다. 신은 일곱째 천국에 살고 있는 것이 아니며, 사원이나 모스크에만 거주하는 것도 아니고, 종교의 참된 본질을 망각한 완고한 사람들이 이런저런 종파의 가르침을 따르는 장소에만 거주하는 것도 아니다. 신은 모두에게 오직 하나뿐이다. 그는 모든 집단, 모든 사원, 모든 모스크, 모든 교회에 살고 있다. 그는 어디에나 있지만 특히 인간의 가슴에 거주한다. 가슴은 신의 신성한 사원이다.

세상에는 많은 종교가 있고, 각각의 종교들은 나름대로 좋다. 그러나 이 모든 종교들을 따르는 사람들에게 은총을 내릴 신들의 수효는 얼마나 되는가? 신이 힌두교도인가? 기독교도인가? 유대교도인가? 이슬람교도인가? 불교도인가? 신이 흑인인가? 백인인가? 황인종인가? 신이 누구에게 속하는가? 사람들은 수없이 다양한 이름으로 신을 부른다. 힌두교도들은 '라마'라 부르고, 기독교도들은 '신'이라 부르고, 이슬람교도들은 '알라'라 부르고, 조로아스터교도들은 '아후라 마즈다'라고 부른다.

신의 이름은 많지만, 그는 하나이다. 그러므로 우리는 보편적인 형제애를 더욱더 자각하는 법을 배워야 한다. 우리는 서로를 차별하며 죽이기 위하여 종교를 추구해서는 안 된다. 모든 나라, 모든 언어, 모든 종족, 모든 종교는 신에게 속한다. 신은 모든 종교 안에 존재하지만, 그 종교들을 만든 것은 신이 아니다. 만일 신이 그렇게 했다면, 우리는 그를 신이라 부를 수 없다. 우리는 그를 정치가라고 불러야 한다. 왜 신이 그렇게 많은 종교를 만들고 사람들로 하여금 서로 싸우게 하겠는가? 종교들의 경계를 만든 것은 우리 자신이다.

위대한 수피 성자 잘라루딘 루미에게는 각각 네 나라에서 온 네 명의 제자가 있었다. 어느 날 그는 제자들에게 이야기 하나를 들려주었다. 페르시아인, 터키인, 그리스인, 아랍인이 순례 여행 중이었다. 어떤 사람이 그들에게 5루피를 주며 요깃거리를 사라고 하였다. 페르시아인이 말했다. "나는 이 돈으로 안구르를 살 거야. 그러면 우리 모두 조금씩 먹을 수 있을 거야." 터키인은 "아니, 나는 우줌을 사고 싶어."라고 말했다. 그러자 그리스인도 말했다. "내가 사고 싶은 건 스타필리야뿐이야." 아랍인은 "나는 이나브를 살 거야."라고 말했다. 네 명의 순례자들이 서로 다투기 시작했다. 마침내 한 현자가 지나가다가 그들에게 왜 싸우느냐고 물었다. 그들에게서 자초지종을 듣고 나서 현자가 말했다. "나에게 돈을 주시오. 그러면 당신들에게 그것들을 다 사 주겠소." 현자는 시장에 가서 포도를 몇 송이 사 왔다. "나의 안구르!"

페르시아인이 말했다. "나의 우줌!" 터키인이 말했다. "나의 스타필리아!" 그리스인이 말했다. "나의 이나브!" 아랍인이 말했다. 그들은 언어의 차이 때문에 싸우고 있었던 것이다.

대부분의 종교인들은 같은 것을 두고 싸우고 있다. 따라서 하나의 종교만 맹목적으로 믿는 대신, 우리는 모든 종교 안에 있는 신은 같다는 것을 이해해야 한다. 우리가 물이라 부르는 것을 힌디어로는 파니(pån¥)라고 부른다. 그러나 그것은 하나의 물체일 뿐이다. 이와 마찬가지로 오로지 하나의 진리만 있다. 스와미 라마크리슈나는 모든 종교의 길을 따라 보았는데, 그 종교들은 모두 그를 똑같은 신에게 인도하였다. 한동안 그는 수피즘을 따랐고, 자신의 안에서 알라의 영광을 보았다. 그 후 기독교의 길을 따르자 자신의 가슴 안에 있는 예수의 신성을 보았다. 그는 크리슈나를 경배했고, 크리슈나 안에서도 똑같은 진리를 발견했다. 그는 종교를 참되게 아는 자였다. 그래서 종교는 그 자체로 신이 아니며 신을 가리키는 것일 뿐임을 이해하였다. 힌디어로 종교라는 말의 본래 뜻은 길이나 통로를 의미한다. 많은 길들이 있으며 그것들은 다 좋다. 그러나 사원이 나타나면 길들은 끝난다. 이제 길들은 아무런 의미가 없다. 만일 우리가 길들을 놓고 계속 싸우기만 한다면, 우리는 결코 사원에 이를 수 없다. 신의 참된 거처에는 오로지 신만이 있으며, 신은 완전히 순수하고 형태가 없다. 라마를 믿는 사람들은 자신이 라마에게 속한다는 느낌을 버릴 때만이 그 세계로 들어갈 수 있다. 크리슈나 예수를 믿는 사람들은 자신이 크리슈나나 예수에게 속한다는 느낌을 버린 뒤에야 그곳에 들어갈 수 있다. 어떤 계급, 종교, 전통, 분파도 신의 처소에 도달할 수 없다. 인간 존재가 그곳에 도달하면, 그는 마치 바다로 합류하는 강과 같다. 그는 모든 곳에 존재하는 절대자와 하나가 된다.

우리는 무지와 잘못된 이해로 인하여 우리의 진정한 참나를 잊어버리고 개별적인 존재들이 되었다. 우리는 자신이 어떤 피부색을 지닌 인종이라고 믿고, 어떤 계급의 구성원이라고 믿는다. 마찬가지로 우리는 어떤 종교에 속한다고 생각하게 되었다. 세속적인 삶에서 우리는 말한다. "이 사람은 나의 아내, 나의 남편이다. 그들은 나의 아이들이다. 이것은 나의 집이다. 이것은 나의 고양이다." 똑같은 방식으로 우리는 말한다. "이것은 나의 종교이다." 그 뒤 우리는 그 종교의 관습에 의해 구속되고, '나는 여기에 가면 안 돼. 나는 저것을 먹으면 안 돼.'라고 생각한다. 만일 우리가 종교를 참되게 이해하지 못한다면, 우리는 한 종교를 맹목적으로 따르며 나머지 다른 종교들에 대해 적개심을 느끼게 될 것이다. 우리의 종교를 다른 사람에 대한 사랑과 관심을 키우는 데 사용하는 대신, 우리는 그것을 적개심과 악의를 조장하고 서로 다르다는 개념을 유지하는 데 사용한다. 그러나 사실 우리가 신의 종교를 따른다면, 우리가 받아들이거나 거부할 것이 아무것도 없다. 신의 종교는 모두의 종교이기 때문이다.

한번은 악바르 왕이 수상인 비르발에게 물었다. "나와 신 가운데 누가 더 위대한가?"

비르발은 매우 현명했다. 그는 주저 없이 대답했다. "폐하께서 더 위대하십니다."

왕은 우쭐해졌지만 다시 물었다 "어떻게 그럴 수가 있느냐?"

"오, 폐하, 만일 폐하께서 누군가를 받아들이고 싶지 않으시면 그를 폐하의 왕국에서 아주 쉽게 내쫓을 수 있습니다. 그러나 신이 어떻게 자신의 왕국에서 누군가를 내쫓을 수 있겠습니까? 신이 그를 어느 곳으로 보낼 수 있겠습니까?"

대부분의 종교인들은 악바르 왕과 같다. 그들은 자기 종교에 속하는 사람들만을 받아들이고 그 외의 사람들은 배척한다. 그러나 어느 종교가 누구라도 배제한다면, 그것은 신의 종교가 아니다. 신은 모든 곳에 존재한다. 그런데 신이 대체 누구를 거부할 수 있겠는가?

나는 어떤 종교에도 속하지 않는다. 신은 모든 사람을 받아들이며, 모든 종교는 신에게 속한다. 그래서 나 역시 모든 종교와 모든 사람을 받아들인다. 왜냐하면 나는 신의 헌신자이고 인류의 헌신자이기 때문이다. 인류애가 없는 곳에는 신도 없다. 나는 강의를 시작하기 전에 항상 모든 사람에게 고개를 숙여 인사하고 말한다. "나는 커다란 존경심과 사랑으로 여러분 모두를 진심으로 환영합니다." 나는 사람들을 즐겁게 하거나 아첨하기 위해 그렇게 하는 것이 아니다. 신이 모든 인간 안에 거주하는 것을 알기에 그렇게 한다. 나는 이것을 완전히 확신한다. 내가 맹목적으로 믿기 때문이 아니라 그것이 나의 직접 경험이기 때문이다.

오랫동안 명상을 하고 엄청난 노력을 기울인 후에야 나는 내 스승의 은총을 통하여 내 안에서 신을 경험했다. 당신 역시 신에게 도달할 때는 자신의 가슴속에서 신을 발견하게 될 것이다. 내면에 있는 신을 한번 인식하게 되면, 모든 사람 안에서 신을 보게 될 것이다. 그러면 왜 진실한 종교는 다른 인간을 환영하게 되는지를 이해하게 될 것이다.

신의 아들들

기독교에서는 신의 아들인 예수 그리스도를 통하지 않으면 아무도 신에게 이를 수 없다고 가르칩니다. 진리에 이르는 길은 많다는 개념을 기독교인들이 어떻게 받아들일 수 있을까요? 이 문제는 제 마음에 큰 갈등을 일으키는 원인입니다.

만일 그들이 진리를 발견한 사람 모두를 신의 아들로 여긴다면 이러한 방식으로 느끼지 않을 것이다. 『바가바드 기타』에서 크리슈나는 때때로 인류를 고양시키기 위하여 자신을 나타낸다고 말한다.[1] 그러므로 갈등을 일으킬 필요가 없다. 당신의 가슴이 신을 향한 사랑으로 가득 차게 하라. 그리고 누구든지 신에 대한 진실을 가르치는 사람에게 감사하라. 이렇게 하면 당신은 틀림없이 신을 발견하게 될 것이다.

신은 모든 길을 걸으며 수많은 아들들이 있다는 것을 나는 의심하지 않는다. 예수 외에도 모든 전통의 수많은 성자들이 신과 하나가 되었다. 샴즈 이 타브리즈, 만수르 마스타나와 같은 수피들, 투카람, 갸네쉬바라와 같은 힌두교인들도 신에 도달하였다. 신의 거처는 모두에게 열려 있다.

많은 종교 집단에서는 그들의 종교만이 진리에 이르는 유일한 길이라고 주장한다. 어떤 사람들은 크리슈나를 믿지 않으면 구원받을 수 없다고 주장한다. 어떤 이슬람교도들은 코란을 믿지 않으면 구원받을 수 없다고 주장한다. 어떤 기독교도들은 예수를 믿지 않으면 구원받을 수 없다고 주장한다. 다른 종교를 믿는 사람들도 비슷한 주장을 한다. 그러나 신은 이러한 종교의 주장에 동의한 적이 없다. 모든 종교들은 멀지 않은 과거에 생겼지만, 신은 태초부터 존재했다. 신은 어느 종교의 창시자와도 "당신만이 나를 팔 수 있는 독점권을 가지고 있다."라고 말하며 계약을 맺지는 않을 것이다. 종교의 의의는 내면을 향하도록 강조하는 데 있지, 다른 종교보다 더 우월하다는 일부 구성원의 믿음에 있지 않다.

왜 종교들은 세상을 바꾸지 않았는가?

당신의 메시지는 새로운 것이 아닙니다. 이를테면 모세나 예수와 같은 스승들도 같은 이야기를 했습니다. 그러나 세상은 그다지 바뀌지 않은 것 같습니다. 사람들이 자신들에게 주어진 가르침을 이해하지 못하는 것은 무슨 까닭입니까?

다른 사람들에게 어느 한 종교를 믿으라고 말하는 사람들 대부분은 그들 스스로 종교를 실천하지 않는다. 대신에 그들은 종교의 이름으로 싸움을 일으킨다. 나는 예수가 자신을 따르는 사람들에게 다른 종교인들을 미워하라고 말한 것을 들어 본 적이 없다. 역시 나는 모세가 유대인들에게 다른 종교인을 존중하지 말라고 말한 것을 들어 본 적이 없다. 예수는 말했다. "신의 왕국은 내면에 있다." 사람들에게 신에 대해 어떻게 얘기해 주어야 하느냐고 모세가 신에게 물었을 때 신은 말했다 "그들에게 나는 스스로 존재하는 자라고 말하라." 그러나 어느 누가 그러한 가르침을 배웠는가? 만일 어느 유대인이 "나는 스스로 존재하는 자이다."라는 가르침을 배웠다면, 그는 참된 유대인이다. 만일 어느 기독교인이 "신의 왕국은 내면에 있다."라는 말을 이해했다면, 그에게는 마찰의 여지가 없을 것이다. 만일 어느 힌두교인이 "나는 그것이다."의 진실을 알았다면, 그가 다른 사람들과 싸울 아무런 이유가 없을 것이다. 오직 평등의 이해를 잃어버

릴 때에만 사람들은 집착과 거부를 발달시킨다. 사람들은 하나
임의 종교를 따라야 한다. 그러면 그들은 모든 사람에게 사랑을
가지고 대할 것이다. 그것이 세상이 필요로 하는 종교의 본질이
다.

기도와 명상

기도와 명상에는 어떤 차이가 있습니까?

기도의 마지막 단계가 명상이다. 당신이 신에게 기도하고 또
기도할 때, 당신은 마침내 신 안에 완전히 몰입될 것이다. 그것
이 명상이다.

신학의 기만

인도의 델리에 불라 샤라는 이름의 위대한 구도자가 살고 있
었다. 그는 40년 동안 수많은 종교와 철학을 공부했고, 그가 만
난 모든 스승으로부터 입문을 받았다. 그러나 그에게는 어떠한
진전도 없었다. 그가 고작 얻은 것이라고는 수많은 경전과 스승
들로부터 받은 지식들로 무거워진 머리와 의심으로 가득 찬 마

음뿐이었다. 마침내 그의 머리는 지식으로 너무나 무거워져서 머리를 똑바로 지탱할 수 없었다. 어느 날 한 친구가 뭐가 잘못된 것이냐고 그에게 물었다.

불라 샤가 대답했다. "오, 친구여, 어떻게 나의 상태를 설명할 수 있을까? 나는 너무 무거운 짐을 지고 있는데 그것을 버릴 수가 없다네."

친구는 "자네를 도울 수 있는 사람을 알고 있네."라고 말한 뒤, 불라 샤를 데리고 위대한 시다인 이나야트 샤에게 갔다.

친구가 말했다. "성자님, 이 사람은 모든 철학을 공부했고 머릿속에 엄청난 무게의 지식을 지고 다닙니다. 그 가운데 일부라도 버릴 수 있도록 도와주시면 그는 무척 감사해 할 것입니다."

"좋소." 성자가 불라 샤에게 말했다. "당신의 책 보따리를 다른 곳에 놓고 오시오. 그런 다음 나와 얼마 동안 함께 지냅시다." 그래서 불라 샤는 위대한 시다와 함께 머물렀다. 며칠이 지난 뒤, 이나야트 샤는 그를 만지며 그의 귀에 무슨 말을 속삭였다. 그 순간, 불라 샤가 지고 있던 모든 짐이 갑자기 사라져 버렸다. 불라 샤는 매우 성숙한 구도자였다. 그래서 그의 자각은 즉시 내면을 향했고, 그는 내면의 참나 안에 머물기 시작하였다.

집으로 돌아온 그는 모든 책을 내버렸다. 그리고 만나는 모든 사람에게 평화와 희열은 책이나 사원이나 모스크에 있는 것이 아니라 내면에 있다고 얘기하기 시작했다. "경전이나 성지에서는 신을 찾을 수 없습니다. 그러한 것들에 신경 쓰지 마십시오.

오로지 내면을 향하십시오. 그러면 신을 찾을 것입니다."

정통파 종교 선생들은 불라 샤가 하는 말을 듣고서 모두들 그에게 적개심을 품었다. 그들은 큰 집회를 소집했고 그를 소환하였다.

그들이 말했다. "불라 샤, 너는 종교를 거역하는 말을 해 왔다. 너는 큰 죄를 범하였다."

불라 샤가 대답했다. "만일 내가 죄를 지었다면, 나는 틀림없이 고통을 느껴야 합니다. 그러나 나는 고통 대신 기쁨을 느끼고 있고, 나의 모든 고통이 나를 떠났습니다. 만일 내가 죄를 저질렀다면, 당신들은 나에게 어떤 처벌을 내리겠습니까?"

성직자들이 말했다. "너는 이단의 죄를 범하였으니, 우리는 뜨겁게 달군 쇠막대로 너의 몸에 낙인을 찍을 것이다. 이단보다 나쁜 죄는 없다."

"나는 이 처벌을 받아들이겠습니다. 그러나 먼저 당신들에게 묻겠습니다. 가령 어떤 종교 선생이 한 순진한 사람에게 말하기를, '네가 이런 수행을 실천한다면 내일 혹은 1년 안에, 적어도 10년 안에는 어떤 것을 얻을 것이다.'라고 했는데, 이러한 식으로 40년이 지났지만 그 불쌍한 구도자는 그 선생을 통해 아무것도 얻지 못했다고 가정합시다. 당신들은 그런 선생에게 어떤 벌을 내리겠습니까?"

"그것은 매우 끔찍한 죄일 것이다!" 그들은 말했다. "만일 아무것도 줄 것이 없는 사람이 다른 사람을 헛되이 노력하게 한다면, 그의 몸은 스무 군데에 낙인이 찍혀야 한다."

"당신들 모두 그 의견에 동의합니까?" 불라 샤가 물었다.

"동의한다." 성직자들이 대답했다.

"당신들 모두가 나를 40년 동안 속였습니다. 당신들은 나로 하여금 다양한 경전들을 공부하게 했고 수행법들과 종교 의식들을 실천하게 했지만, 나는 아무것도 얻은 것이 없습니다. 그러므로 낙인 찍혀야 할 몸은 내 몸이 아니라 당신들 모두의 몸입니다!"

원을 그린 사람

한번은 요가 수행자, 성직자 그리고 쉐이크 나스루딘이 신에 대해서 이야기하고 있었다. 그러던 중 그들은 서로 질문했다. "당신은 매달 신에게 무엇을 바칩니까?"

요기는 땅위에 원을 그리고 말했다. "나는 얻은 물건을 모두 공중으로 던집니다. 이 원 안에 떨어지는 물건은 모두 신에게 바치고, 원 바깥으로 떨어지는 것은 내가 가집니다."

성직자 역시 원을 그렸다. "나도 얻은 물건을 모두 공중으로 던집니다. 원 안에 떨어지는 물건은 내가 가지고, 원 바깥에 떨어지는 물건은 신에게 바칩니다."

나스루딘이 말했다. "나는 그렇게 하지 않아요. 나는 모든 물건을 공중으로 던지고 말합니다. '오, 신이시여, 당신이 원하시는 것은 모두 받으십시오.' 그런 뒤에 땅에 떨어지는 물건은 내가 가집니다."

많은 종교인들은 나스루딘과 같다. 그들은 신에게 모든 것을 바친다고 생각한다. 그러나 실제로는 자기의 것들로 간직하고 있을 뿐이다.

신의 화신

예수는 신의 화신이었습니까? 당신과 예수 사이에는 어떤 차이가 있습니까?

예수는 화신이었고, 모하메드도 신의 화신이었고, 부처 역시 신의 화신이었다. 그리고 당신과 나 역시 신의 화신이다. 진리로부터 현현한 사람은 누구든지 신의 화신이다. 우리는 모두 똑같은 빛에서 나왔다. 예수는 특별한 면에서 신의 화신이었는데, 그는 신과 하나임을 깨달았기 때문이다. 모든 위대한 존재들은 이러한 특징을 공유하고 있다. 그럼에도 불구하고 모든 사람은 신으로부터 태어난다. 모든 사람은 신의 화신이다.

연기할 더 이상의 배역이 없다

이 우주에서 우리의 역할은 무엇입니까? 우리는 어떤 면에서 신에게 유용합니까?

중요한 것은 신에게 유용하느냐의 문제가 아니다. 내면으로 관심을 돌려서 자기 자신의 참나를 깨달을 때, 그는 신이 된다. 일단 그가 참나를 깨달으면, 그에게 남겨진 유일한 배역은 신의 일에 종사하고, 신의 지혜 안에 머무르면서 다른 사람에게 신에 대해 가르치는 것이며, 신에게서 분리된 영혼들을 신에게로 데려오는 것이다.

있는 그대로의 신

당신은 신을 인격신으로 혹은 더 높은 의식으로 생각하십니까?

나는 아무런 조건 없이 신을 정확히 있는 그대로 섬긴다. 신을 사랑으로 섬기는 한, 당신이 어떻게 신을 섬기느냐는 중요하지 않다. 옛날에 계율을 매우 잘 지키는 성직자가 배를 타고 어느 곳으로 가고 있었다. 도중에 그는 섬에 도착했다. 그곳에서 그는 세 명의 소박한 사람들을 만났는데, 그들은 바위와 나무와 물에 절하면서 이렇게 기도하고 있었다. "오, 주여, 당신은 이 모든 것들이 되셨습니다. 부디 저희의 기도를 들어주십시오!"

성직자는 그들의 기도를 듣고서 충격을 받았다. "당신들은 제대로 기도하는 법을 배우지 않았군요." 그는 말했다. "물, 나무, 바위에 절한들 무슨 의미가 있겠습니까?"

그 사람들은 성직자에게 용서를 빌었다. "이제껏 우리를 가르치기 위해 온 사람이 아무도 없었습니다. 우리의 영적인 스승이 되어 주십시오."

성직자는 그들에게 기도하는 법을 가르쳐 주고서 배를 타고 떠났다. 잠시 후, 그는 그를 향해 물 위로 달려오고 있는 세 사람을 보았다. 그들은 배에 도착하여 외쳤다. "오, 성직자님, 아까 우리에게 가르쳐 주신 기도 방법을 잊어버렸습니다. 제대로 기도하는 법을 잊었습니다. 다시 한 번 가르쳐 주십시오."

그 성직자는 소스라치게 놀랐다. "당신들은 어떻게 물 위를 걸었습니까?"

그들이 대답했다. "출발하기 전에 우리는 기도했습니다. '오, 주여, 당신은 전능하십니다. 우리가 바다 위를 걸을 수 있도록 바다를 굳게 해 주십시오.' 그러자 물이 굳어졌습니다."

성직자가 그들의 소박한 헌신의 결과를 보았을 때, 성직자의 오만은 사라졌다. 그가 말했다 "기도의 진정한 의미를 아는 사람은 바로 여러분입니다. 부디 저를 가르쳐 주십시오."

신에 이르기 위해서는 그저 사랑과 신뢰로 신에게 기도해야 하며, 있는 그대로의 신을 경배해야 하며, 신에게 어떤 조건도 부과하지 말아야 한다.

신에게 이르는 방법들

신은 사람들이 그들의 삶을 신을 위해 희생하기를 바라지 않는다. 그는 오직 모든 사람들이 사랑을 경험하기를 원한다. 그는 오직 모든 사람의 이로움을 바란다. 왜냐하면 그는 행복을 사랑하기 때문이다. 신의 가르침은 매우 순수하고 신성하다. 그는 종교의 창시자들에게 가르침을 주고 그들을 세상 속으로 보낸다. 신은 그 자체가 신성의 화신이므로 모든 사람들에게 참나에 도달하고자 하는 마음을 고취시킨다. 신은 평화와 정의의 빛이다. 순수와 평등은 그의 본성이다. 사랑과 헌신은 그에게 도달하는 방법이다.

진정한 종교

옛날에 한 부자가 비슈누의 헌신자들이 그들의 신에게 예배를 할 수 있도록 비슈누 사원을 지었다. 하지만 유감스럽게도 그는 적은 수의 비슈누 신도들만이 사원을 찾아온다는 것을 알게 되었다. 그래서 그는 비슈누 상을 라마 상으로 바꾸기로 결정했다. 그러자 지금까지 방문하던 비슈누 신도들은 발길을 끊었고, 대신 라마의 헌신자들이 방문하기 시작했지만 그 수는 매우 적었다. 그 부자는 "라마도 사람들을 끌어들이지 못하고 있어."라고 말한 뒤 쉬바 상으로 바꾸었다. 이제는 비슈누와 라마의 신도들이 발길을 끊었고, 대신 쉬바의 헌신자들이 찾아오기 시작했지만 역시 그 수는 매우 적었다. 그 남자는 말했다. "모든 사람들이 신성한 어머니, 샥티를 숭배하는 것이 틀림없어. 샥티를 위한 사원을 지으면 사람들을 많이 끌어들일 수 있을 거야." 하지만 그렇게 하자 비슈누와 라마와 쉬바의 헌신자들은 모두 찾아오지 않았고, 여신을 믿는 소수의 헌신자들만이 사원을 방문했다. 다시 그 남자는 생각했다. '힌두교는 더 이상 사람들에게 매력적이지 않아.' 그는 사원을 허물고 이슬람 사원을 지었다. 그러자 힌두교인들은 더 이상 찾아오지 않았고, 대신 이슬람교인이 한두 명 찾아왔다. 이것 역시 그 남자를 만족시키지 못했다. 그래서 그는 모스크를 허물고 교회를 세웠다. 그러자 이제 이슬람교인은 방문을 중지했고, 몇몇 기독교인들만이 교회를 찾아왔다. 마침내 그는 사원에 관한 일을 그만두기로 결정했다. 대신에 그는 그 자리에 테니스장과 헬스클럽을 만들었다. 그러자 모든 종교와 종파에 속한 수많은 사람들, 라마, 쉬바, 비슈누, 샥티, 알라와 그리스도의 숭배자들이 그곳에 오기 시작했다.

    이것은 종교와 종파에 관련된 문제이다. 그들 중 누구도 모든 사람을 위해서 일하지는 않는다. 외적인 종교는 모든 사람에게 동등하게 자연스러울 수 없다. 왜냐하면 그것은 후천적으로 습득한 것이기 때문이다. 오직 참나의 종교만이 모든 사람에게 자연스럽다. 참나는 태곳적부터 모든 사람과 함께 있었기 때문이다. 내면의 참나는 우리 자신의 것이다. 그것은 우리에게 이질적이지 않다. 만일 우리가 우리 자신의 참나의 종교를 따른다면, 우리는 두려움으로부터 자유로울 것이다. 내면에 있는 참나를 믿는 것은 가장 높은 이해이며, 모든 종교의 참된 본질이다.

『바가바드 기타』에서 크리슈나는 아르주나에게 참나의 종교를 설명한다. 그는 이것이 최고의 지식과 최상의 비밀이며, 지극히 순수하게 정화시키고, 직접 경험을 통해서 알려질 수 있으며, 아주 쉽게 실천할 수 있는 것이라고 말한다.[2] 이 지식은 무엇인가? 크리슈나는 설명한다. 마야 타타미담 사르밤 자가다비약타 무르티나 마츠타니 사르바 부타니 나차함 테슈바바스티타(mayā tatamidam sarvam jagadavyaktamūrtinā; matsthāni sarva bhūtāni nachāham teshvavasthitah),[3] 즉 "이 온 우주는 나의 드러나지 않은 형상을 통하여 나에 의해 퍼져 있다. 모든 존재들은 내 안에 거주하고 있다." 우리가 이 우주에서 보는 모든 것은 생물이건 무생물이건, 움직이건 움직이지 않건 간에 신에게서 나왔으며 신 안에서 살고 있다. 신이 그의 신성한 에너지를 통해 세상에 생명을 불어넣건 혹은 그의 창조물을 다시 그의 존재 속으로 거두어들이건 간에, 신이 그렇게 하는 것은 자기 자신의 유희나 기쁨에 찬 펼침 외에는 다른 목적이 없다. 이것을 이해하는 것이 참된 지식이다.

예전에 나는 원자력 발전소를 견학한 적이 있다. 내가 제일 처음 본 것은 산더미처럼 쌓여 있는 금속과 바위 그리고 다른 재료들이었다. 그 거대한 더미의 재료들은 고운 가루로 분쇄된 뒤, 끓는 물이 가득 채워진 커다란 물탱크로 옮겨졌다. 가루들은 끓는 물 속에서 차츰 용해되며 연푸른빛을 띤 빛을 방출하고 있었다. 다음 단계에서는 그 용액이 두 부분으로 분리되었다. 하나는 광선들로 이루어져 있었고, 다른 하나는 작은 물질 입자들로 바뀌었다. 그 입자들은 작은 고밀도 구체(球體) 속에 쌓였다. 그곳의 과학자들은 구체 속에 있는 모든 물질이 사실은 에너지라고 설명했다. "사실, 우리가 보는 모든 것은 바로 에너지입니다. 우리가 보는 나무도 실제로는 에너지입니다. 우리가 보는 물 역시 실제로는 에너지입니다."

나는 말했다. "정말 놀랍군요. 왜냐하면 우리의 경전들도 모든 것은 동일한 에너지의 한 형태라고 말하기 때문입니다. 그런데 이제 여러분은 이것을 과학적으로 증명하고 있군요."

모든 것이 하나의 의식 에너지로 이루어져 있다는 것을 아는 것은 최고의 과학이자 최고의 종교이다. 우리가 세상에서 그 무엇을 이룬다 해도, 이 동등함을 깨닫지 못한다면, 그것은 아무런 쓸모가 없을 것이다.

『바가바드 기타』는 사마트밤 요가 우치야테(samatvam yoga

uchyate),⁴ 즉 "요가는 동등성의 자각이다."라고 말한다. 모든 대상이 동일한 신의 창조물이며 동일한 신의 영광의 반영이라는 자각으로 한순간이라도 명상하는 사람은 최고의 종교를 따르고 있다.

위대한 수피 성자 샴즈 이 타브리즈는 이렇게 말했다. "당신의 가슴에만 신이 있다고 생각하지 말라. 모든 정원에서, 모든 숲에서, 모든 집에서, 모든 사람에게서 신을 볼 수 있어야 한다. 여행의 목적지에서, 여행의 모든 여정에서, 모든 동료 순례자들에게서 신을 볼 수 있어야 한다. 모든 길에서, 모든 철학에서, 모든 집단에서 신을 볼 수 있어야 한다. 모든 행위에서, 모든 행동에서, 모든 생각과 감정에서, 그리고 그것들의 모든 표현에서 신을 볼 수 있어야 한다. 내면의 빛 속에서만이 아니라 외부 세계에서 보는 빛 속에서도 신을 볼 수 있어야 한다. 모든 빛깔들, 심지어 어둠조차도 동일한 존재이다. 만일 당신이 신을 진정으로 사랑한다면, 만일 당신이 신의 사랑을 발견하고 신의 축복을 받고자 한다면, 우주의 모든 구석에서도 신을 볼 수 있어야 한다."

이 자각이 진정한 종교이다. 이것이 참나의 종교이다. 그리고 이것이 우리를 모든 종교의 목적지로 안내해 줄 종교이다.

주석

당신은 어디로 가고 있는가?

1 Kshemaraja, *Pratyabhijñāhridayam sūtra 2*: svecchayā svabhittau vishvam unmīlayati, "자신의 자유 의지의 힘으로 그녀(Chiti, 우주 의식)는 자신의 스크린 위에 우주를 펼친다."
2 Shankaracharya, *Aparokshānubhūti*, v.12.
3 Shankaracharya, *Viveka Chūdāmani*, v.3: durlabham traya mevaitad devānugraha hetukam manushyatvam mumukshutvam mahāpurusha samshrayaha, "이 세상에는 정말로 진귀한 세 가지가 있다. 즉 인간으로 태어나는 것, 자유를 향한 갈망, 완성을 이룬 현자의 보호와 보살핌이 그것들이다. 이것들은 신의 은총 덕분이다."
4 *Shiva Sūtras*, 1.7: jāgrat svapna sushupta bhede turyābhoga sambhavaha, "깨어 있는 상태, 꿈을 꾸는 상태, 깊은 잠을 자는 상태 등 의식의 세 가지 다른 상태 동안에도 넷째 상태인 '나'-의식의 황홀경의 경험은 지속되고 있다." 깨어 있는 상태, 꿈꾸는 상태, 깊은 잠을 자는 상태 등 세 가지 상태에 대해서는 Shankaracharya, *Viveka Chūdāmani*, vv.90-107.을 보라. 넷째 상태에 대해서는 *Māndūkya Upanishad*를 보라.
5 Bhartrihari, *Vairāgya Shataka*, v.7.
6 같은 책, v.75.

참나

1   *Brihadåranyaka Upanishad*, 2.4.1-5.
2   *Shiva Sūtras*, 1.1: chaitanyam åtmå, "참나는 의식이다."
3   Shankaracharya, *Ótmabodha*, v.36: nityashuddhavimuktaikamakhandånandamadvayam satyam jnånamanantam yatparam brahmåhameva tat, "나는 진실로 지고의 브라만이다. 그는 영원하고, 흠이 없고, 자유롭다. 그는 하나이며, 나눌 수 없고, 둘이 아니다. 그의 본성은 희열, 진리, 지식 그리고 무한함이다."
4   *Chåndogya Upanishad*, 6.12.1-3.
5   *Måndūkya Upanishad*, v.6: esha sarveshvaraha, esha sarvajna, "참나는 모든 것의 신이며 모든 것의 통제자이다." *Brihadåranyaka Upanishad*, 3.7.3-20.
6   *Kena Upanishad*, 1.59.
7   *Måndūkya Upanishad*, v.2: ayamåtma brahma, "참나는 브라만이다." Shankaracharya, *Viveka Chūdåmani*, v.257: brahma tat tvam asi, "그 브라만이 당신이다."
8   Shankaracharya, *Viveka Chūdåmani*, v.465: sadghanam chidghanam nityamånanda ghanamakriyam ekamevådvayam brahma neha nånåsti kinchana, "오직 하나의 브라만이 있을 뿐이다. 그것은 둘이 없는 하나이고, 존재의 본질이며, 의식이며, 영원한 희열이며, 행위가 없다. 그 안에는 어떠한 이원성도 없다."
9   *Svacchanda Tantra*: nåshivam vidyate kvachit, "쉬바가 아닌 것은 아무것도 존재하지 않는다."
10 Shankaracharya, *Viveka Chūdåmani*, v.257: bhråntikalpitajagatkalåshrayam svåshrayam cha sadasadvilakshanam nishkalam nirupamånavaddhi yad brahma tat tvam asi bhåvayåtmani, "우주의

바탕인 그것, …… 어떤 지주도 없는 그것, 거칠거나 미묘한 것과는 구별되는 그것, …… 그 브라만이 당신이다."

11 Bhagavad GÝtå, 13.24.

12 Shankaracharya, *Viveka Chūdåmani*, v.133: jnåtå mano'hamkritivikriyånam, "참나는 마음의 변화를 아는 자이다."

13 *Katha Upanishad*, 2.1.4: svapnåntam jågaritåntam chobhau yenånupshyati mahåntam vibbum åtmånam matvå dhÝro na shochati, "사람으로 하여금 꿈의 상태와 깨어 있는 상태를 모두 인지하게 해 주는 그것, 위대하며 모든 곳에 있는 참나인 그것을 알았기에 현자는 비탄에 빠지지 않는다." Shankaracharya, *Viveka Chūdåmani*, v. 126: yo vijånåti sakala jågrat svapna sushuptishu buddhi tad vritti sadbhåvam abhåvam aham ityayam, "깨어 있는 상태, 꿈꾸는 상태, 깊이 잠든 상태에서 일어나는 모든 일을 알고 있는 것, 마음의 존재와 부재 그리고 마음의 기능을 자각하고 있는 것, 자아 의식의 배경인 것, 이것이 바로 그것(That)이다."

14 *Yoga Våsishtha*. 또한 *Katha Upanishad*, 2.1.3: yena rūpam rasam gandham shabdån sparshåmshcha maithunån etenaiva vijånåti, kim atra parishshyate etad vai tat, "그것을 통해 형태와 맛, 냄새와 소리, 사랑의 감촉을 지각하고, 오직 그것을 통해서만 지각한다. 그것에게 알려지지 않은 것이 무엇인가? 이것이 참으로 그것이다."

15 Kshemaraja, *Paråpråveshikå*.

16 Bhagavad GÝtå, 13.14.

17 Abhinavagupta, *Tantrasåra*: upåya jalam nåshivam prakåshayed, "사다나로 쉬바를 드러나게 할 방법은 없다. 점토 항아리가 의식의 태양을 비출 수 있겠는가?"

마음

1 *Brihadåranyaka Upanishad*, 3.7.20: yo manasi tishthan manaso'ntarah, yam mano na veda, yasya manah shar¥ram, yo mano'ntaro yamayati, esha ta åtmåntaryåmy amritaha, "그는 마음 안에 거주하고 있으며, 비록 마음 안에 있지만 마음은 그를 알지 못하고, 마음은 그의 몸이며, 그는 안에서 마음을 통제한다. 그는 당신의 참나이며, 내면의 통제자이며, 영원히 죽지 않는다."
2 Kshemaraja, *Pratyabhijnåhridayam*, sūtra 5.
3 *Tantra Sadbhåva*: yå så tu måtrikå devi paratejahsamanvitå tayå vyåptamidam vishvam sabrahmabhuvanåntakam, "오, 여신이시여, 위로는 브라마로부터 아래로는 땅에 이르기까지 우주는 마트리카(måtrikå)로 가득 차 있으며, 이 마트리카는 지고한 '나' 의식의 가장 높은 빛으로 충만합니다."
4 *Shiva Sūtras*, 1.4.

내면의 힘

1 Kshemaraja, *Pratyabhijnåhridayam*, sūtra 1.
2 같은 책, sūtra 2: svecchayå svabhittau vishvam unm¥layati.
3 같은 책, sūtra 15.
4 같은 책, sūtra 17.

만트라

1 ådau bhagavån shabdha råsihi.
2 *Chåndogya Upanishad*, 2.23.3: tånyabhyatapat tebhyo'bhitaptebhya

om kårah sampråsravat, "[프라자파티]가 [세상을] 가만히 생각하고 생각한 뒤, '옴'이라는 음절을 밖으로 내보냈다." 또한 *Måndūkya Upanishad*: Om ity etad aksharam idam sarvam, tasyopavyåkhyånam, bhūtam bhavad bhavishyad iti sarvam aumkåra eva yaccånyat trikålåtÝtam tad apy aumkåra eva, "옴, 이 음절은 이 모든 것이다. 과거, 현재 그리고 미래, 이 모든 것은 오직 옴 음절이다. 그리고 이 세 겹의 시간 너머에 다른 무엇이 있더라도 그것 역시 오직 옴 음절일 뿐이다."

3 Kshemaraja, *Shiva Sūtra VimarshinÝ*, 2.7.에 대한 주석, 세상이 어떻게 낱자로부터 일어나는지를 설명해 놓은 것을 보라.

4 *Bhagavad GÝtå*, 10.25.

5 Kshemaraja, *Shiva Sūtra VimarshinÝ*, 2.1.에 대한 주석: "사람이 자기 스스로를 가장 높은 신과 다르지 않은 존재라고 내적으로 숙고하게 하는 것, 그것이 만트라다." 같은 주석에서 크쉐마라자는 또한 다음을 인용한다. *ShrÝkanthÝ Samhitå*: prithak mantrah prithak mantrÝ na siddhyati kadåchana, "만일 만트라를 암송하는 자와 만트라가 다르다는 생각으로 만트라를 암송한다면, 만트라는 결코 완성을 낳지 않을 것이다."

6 *Shiva Sūtras*, 2.1: chittam mantrah, "[가장 높은 실재를 끊임없이 묵상하는] 마음이 만트라이다."

7 Kshemaraja, *Shiva Sūtra VimarshinÝ*, 3.27.에 대한 주석: "호흡은 사(sa)라는 소리와 함께 밖으로 나가고 함(ham)이라는 소리와 함께 다시 들어온다. 그러므로 인간은 언제나 함사 만트라를 반복하고 있다."

8 *Vijnåna Bhairava*, v.24: ūrdhve pråno hyadho jÝvo visargåtmå paroccharet utpattidvitayasthåne bharanåd bharitå sthitihi. 또한 *Vijnåna Bhairava*, v.25: maruto'ntar bahir våpi viyad yugmånivartanåt

bhairavyå bhaira vasyettham bhairavi vyajyate vapuhu, "몸의 중심에서 일어나는 호흡이 잠시 멈춰지는 순간이 있고, 몸 바깥에서 일어나는 호흡이 잠시 멈춰지는 순간이 있다. 만일 마음이 이 두 정지 지점에 한결같이 고정된다면, 그 사람은 바이라바(쉬바)의 상태가 이 두 지점에서 현현한다는 것을 발견할 것이다."

9 Jnaneshwar Maharaj, *Jnåneshwar¥*, 9.196.
10 같은 책, 9.206-7.

명상

1 *Bhagavad G¥tå*, 13.24.
2 *Chåndogya Upanishad*, 7.6.1.
3 *Shiva Sūtras*, 1.1: chaitanyam åtmå.
4 *Kena Upanishad*, 1.6.
5 Patanjali, *Yoga Sūtras*, 1.2: yogash chitta vritti nirodaha, "요가는 마음의 물결을 잔잔하게 하는 것이다." 같은 책, 1.3: tadå drashtubu svarū pe'vasthånam, "그러면 보는 자는 자기 자신의 본성에 자리 잡는다."
6 같은 책, 1.27-9.
7 같은 책, 2.46: sthira sukham åsanam, "자세는 안정되고 편안해야 한다."
8 갸네쉬바라 마하라지는 이것을 다음과 같이 설명한다. "사람의 몸 전체는 종류와 색깔과 크기가 각각 네 가지인 네 개의 잎이 달린 연꽃과 같다. 이것들 각각은 나름의 의의가 있다. 첫 번째 꽃잎은 거친 몸이며 붉은색이다. 두 번째 꽃잎은 미묘한 몸이며, 우리는 이 몸으로 잠을 자고 꿈을 경험한다. 이 몸의 크기는 엄지손가락만 하며 색깔은 흰색이다. 세 번째 꽃잎은 원인의 몸이다. 이 몸의 크기는 세 번째 손가락의 끝마디 정

도이며 색깔은 검은색이다. 네 번째 꽃잎은 초원인의 몸이다. 이 몸은 참
깨 씨앗만큼 작고 색깔은 푸른색이다. 이 마지막 몸이 가장 중요하다. 이
것은 매우 찬란하고, 영적 수행의 토대이며, 가장 높은 내면의 비전이
다."

9 Somananda, *Shiva Drishti*, 7.96-8: shivo'smi sådhanå visthitåh
shivo'ham yå japo'pyaham shivam yåmi shivo yåmi shivena shiva
sådhanåha, "다음과 같은 자각으로 사다나를 행하라: 나는 쉬바의 한 형
태이다. 나는 쉬바에 도달할 것이다. 그와 같이 됨으로써 나는 그에게 도
달할 것이다. 나는 쉬바이므로 쉬바의 성품을 아주 쉽게 얻을 것이다."

10 *Svachchanda Tantra*

11 Somananda, *Shiva Drishti*, 7.100: shivah kartå shivah karma
shivo'smi karanåtmakaha, "쉬바는 모든 것을 행하는 자이며, 그는 또
한 행위 자체이다. 비록 내가 내 모든 감각들과 관계하고 있다고 해도
나는 여전히 쉬바다."

12 *Shiva Månasa Pūjå*, v.4.

구루

1 인도 경전들의 많은 구절이 이 점을 말하고 있다. *Guru G¥tå*, v.89:
brahmånandam paramasukhadam kevalam jnåna mūrtim dvandvåt¥tam
gaganasadrusham tattvam asyådilakshyam ekam nityam vimalam
achalam sarvadh¥ såkshi bhūtam bhåvå t¥tam triguna rahitam sadgurum
tam namåmi, "나는 절대자의 희열의 체현이며 지고의 기쁨을 주는 분인
삿구루에게 엎드려 절한다. 그는 체현된 지식이다. 그는 이원성의 너머에
있고, 형태가 없으며, '당신은 그것이다.'와 같은 베다의 선언의 대상이다.
그는 절대자다. 그는 영원하고, 순수하며, 움직이지 않으며, 모든 지성으

로 목격하는 자이다. 그는 자연의 세 가지 성질뿐 아니라 마음의 모든 조건들을 초월하여 있다." *Yoga Shikhå Upanishad*는 말한다: yathå guru stathaivesho yathaiveshastathå gurubu, "구루는 신이며, 신은 구루이다." *Kulårnava Tantra 13.66*.은 말한다: shiva rūpam samåsthåya pūjåm grihnåmi pårvat¥, "오, 파르바티여, 나(쉬바)는 구루에게 들어가서 그의 형상을 취한다." gururūpam samådåya bhava pashånni krintaye, "구루의 형상을 취하고서, 나(쉬바)는 속세의 올가미를 끊는다."

2 Kshemaraja, *Shiva Sūtra Vimarshin¥, 2.6.*

3 Patanjali, *Yoga Sūtras, 1.26:* sa eshah pūrveshåmapi guruh kålena anavacchedåt, "신은 심지어 가장 오래된 구루들의 구루이다."

4 Yoga Våsishtha, *Nirvana Prakarana, 28.6:* darshanåt sparshanåcchabdåt kripayå shishya, dehake, janayedyah samåvesham shåmbhavam sahi deshikaha, "바라봄이나 접촉이나 말을 통하여 제자들에게 그의 은총의 상서로운 경험을 줄 수 있는 사람만이 구루이다." 또한 *Kulårnava Tantra, 13.104:* guravo bahavah santi d¥pavachcha grihe grihe durlabho'yam gurur devi sūryavat sarvad¥pakaha, "집집마다 등불이 있듯이 구루도 많다. 하지만 태양처럼 모두에게 빛을 주는 구루는 드물다."

5 *Kulårnava Tantra, 13.110:* guror yasyaiva samparkåt parånando'bhi jåyate, "접촉을 통하여 제자에게 지고의 희열을 경험하게 하는 사람이 구루이다."

6 *Målin¥ Vijaya Tantra, 2.10(Shiva Sūtra Vimarshin¥, 2.6.*에서 인용)에서 쉬바는 말한다: sa guror matsamah prokto mantrav¥rya prakåshakaha, "만트라의 힘을 드러내는 구루는 나와 같다."

7 *Guru G¥tå, v.23:* gukåras tvandhakårash cha rukåras teja uchyate.

8 *Kulårnava Tantra, 13.108:* guravo bahavah santi shishya vittåpahårakåha durlabho'yam gururdevi shishya dukhåpahårakåha, "제자들

의 돈을 훔치려는 구루는 많지만, 그들의 고통과 슬픔을 훔치려는 구루는 매우 적다."

9 Narada, *Bhakti Sūtras*, v.5: yat prāpya na kinchid vānchhati na shochati na dveshti na ramate notsāhī bhavati, "내면의 사랑을 얻은 사람은 그 밖의 어느 것도 원하지 않는다."

참나의 종교

1 *Bhagavad Gītā*, 4.7: yadā yadā hi dharmasya glānir bhavati bhārata; abhyutthānam adharmasya tadātmānam srijāmyaham, "오, 아르주나여, 정의가 쇠퇴하고 불의가 일어날 때마다 나는 나 자신을 드러낸다."
같은 책, 4.8: parit rānāya sādhūnām vināsāya cha dushkritām; dharma samsthāpanārthāya sambhavāmi yuge yuge, "선한 자를 보호하기 위하여, 악한 자를 멸망시키기 위하여, 그리고 정의를 세우기 위하여 나는 모든 시대에 태어난다."

2 같은 책, 9.2: rājavidyā rājaguhyam pavitram idam uttamam pratyakshāvagamam dharmyam susukham kartum avyayam, "이것은 최고의 과학이고, 최고의 비밀이며, 최고의 정화제이다. 이것은 직접적인 통찰의 지식에 의해 알려질 수 있으며, 올바름을 따르고, 매우 쉽게 행할 수 있으며 영원불멸하다."

3 같은 책, 9.4.

4 같은 책, 2.48.

용어 풀이

가네쉬푸리 Ganeshpuri 마하라슈트라 주의 만다그니 산의 기슭에 있는 마을. 바가완 니티아난다는 이 지역에 정착하였으며, 여기에서 요기들은 수천 년 동안 영적인 수행을 해 왔다. 바바 묵타난다는 구루의 명령을 받아서 이 신성한 땅에 구루데바 시다 피트 아쉬람을 세웠다. 이곳에 있는 바가완 니티아난다와 바바 묵타난다의 사마디 성지는 수많은 순례자들을 불러들이고 있다.

가우랑가 또는 슈리 크리슈나 차이타니야 마하프라부 Gauranga or Shri Krishna Chaitanya Mahaprabhu (1485-1533) 신에 도취된 벵골의 성자. 산스크리트 학습의 중심지인 나바드윕에서 출생하여 위대한 학자로 성장하였다. 스물두 살 때 가야에 있는 비슈누 사원으로 순례하던 중 갑작스러운 영적 체험을 한 뒤 완전히 바뀌었다. 크리슈나를 찬송하며 집으로 돌아왔고, 그로부터 그는 인도에서 가장 큰 영적 영향을 미친 사람 가운데 한 명이 되었다. 신의 이름의 찬송에 대한 그의 사랑은 수많은 사람들의 삶에 영향을 미쳤다.

갸나 요가 Jnåna Yoga 지식의 요가. 지속적인 묵상과 자기 탐구에 기초를 둔 영적 수행의 길.

갸네쉬바라 마하라지 Jnaneshwar Maharaj (1275-1296, 원래의 뜻은 '지식의 신') 마하라슈트라 주의 시인 성자 가운데 으뜸인 그는 성자들의 가문에서 태어났으며, 그의 형인 니브리티나트가 그의 구루였다. 『바가바드 기타』에 대한 그의 주석인 『갸네쉬와리(Jnåneshwar¥)』는 세계에서 가장 위대한 영적 작품 가운데 하나로 인정받고 있다.

갸네쉬와리 Jnåneshwar¥ 『바가바드 기타』에 대한 최고의 주석서로서 갸네쉬바라가 16살 때 지었다. 마하라슈트라 사람들의 언어인 마라티어로 쓰인 첫 번째 영적 원작. '갸네쉬바라 마하라지'를 참조하라.

고행 Austerities 1) 엄격한 영적 수행. 2) 영적 성취를 위하여 세속적 쾌락의 추구를 포기하는 것.

구루 Guru (원래의 뜻은 '어두움에서 빛으로') 신과 하나임에 도달한 영적 스승 혹은 지도자. 진정한 구루는 구도자들을 영적인 길로 입문시키고 해방으로 인도한다. '샥티파트'를 참조하라.

구루 기타 Guru G¥tå (원래의 뜻은 '구루의 노래') 구루의 본질, 구루와 제자의 관계, 구루에 대한 명상을 묘사한 고대의 산스크리트 찬가. 시다 요가 아쉬람들에서는 매일 아침 구루 기타를 찬송한다.

구루데브 시다 피트 Gurudev Sidda Peeth (시다 피트의 원래 뜻은 '시다들의 거처') 구루마이와 시다 요가의 주 아쉬람으로서 바바 묵타난다의 사마디 성소가 위치한 곳이다. 바가완 니티아난다가 스와미 묵타난다에게 인도의 가네쉬푸리 근처에 방이 세 개인 소박한 집에서 살라고 지시하여 1956년에 처음 세워졌다. 이곳은 현재 세계적으로 유명한 영적 센터이다. '아쉬람'과

'가네쉬푸리'를 참조하라.

구루마이 Gurumayi   (원래의 뜻은 '구루에 몰입된 사람') 스와미 치드빌라사난다를 부를 때 존경의 의미로 쓰는 마라티어 용어.

기타 Gītā   (원래의 뜻은 '노래') '바가바드 기타'와 '구루 기타'를 참조하라.

깨달음 Enlightenment   영적인 길에서 얻는 궁극적인 성취. 이때 '나'라는 제한된 느낌이 지고의 '의식'에 잠겨 하나가 된다. '해방'을 참조하라.

깨어남 Awakening   '샥티 파트'를 참조하라.

나낙데바 또는 구루 나낙 Nanakdev or Guru Nanak   (1469-1538) 시크교의 창시자. 펀잡 지방의 라호르 근처에서 태어났다. 폭넓게 강의를 하였으며, 힌두교도들과 이슬람교도들 사이의 불화 및 카스트 제도에 반대하였다.

"나는 그것이다." "I am That."   모든 인간의 내면에 거주하며, 제한하는 모든 속성들의 너머에 있는 절대 의식의 순수하고 조건 지어지지 않은 자기 자각. '아함'을 참조하라.

나라다 Narada   비슈누 신의 위대한 헌신자이자 하인인 신성한 리쉬, 현자. 많은 푸라나(Purana)에 등장하며, 헌신에 관한 권위 있는 교본인 『박티 수트라(Bhakti Sūtras)』의 저자이다.

나스루딘 쉐이크 Nasruddin, Sheikh   중세 시대 터키의 민간전승에서 처음 원한 인물로, 마음의 어리석음을 예화로 보여 주기 위하여 영적 스승들이 자주 사용하였다.

남데브 Namdev (1270-1350) 마하라슈트라 주에 있는 판다르푸르의 시인 성자이자 갸네쉬바라 마하라지의 친구. 그는 구루인 비쇼바 케차르를 만난 뒤 모든 곳에 편만한 신의 본성을 깨달았다. 그 후 크리슈나 신의 한 형상인 비탈에게 바치는, 희열로 가득한 아방가(헌신의 시)들을 지었다.

니티아난다 바가완 Nityananda Bhagawan (1961년 사망, 바가완의 원래 뜻은 '신', 니티아난다의 원래 뜻은 '영원한 희열') 종종 바데 바바(큰 바바)라고도 불렸다. 스와미 묵타난다의 구루이자 시다 계보의 전수자. 어릴 적 삶에 대해서는 거의 알려져 있지 않다. 남인도에서 태어나 남인도 지역을 오랫동안 떠돌아다녔다. 한동안 칸항가드에서 그리 멀지 않은 동굴에서 살기도 하였다. 후에는 많은 현자들이 불의 의식과 고행을 하였던 마하라슈트라 주의 만다그니 산 근처의 성지에 살았다. 가네쉬푸리 마을이 그를 둘러싸고 생겨났다. 1961년 8월 8일에 그의 몸을 버렸다. 바가완 니티아난다의 무덤은 구루데브 시다 피트로부터 1마일 떨어진 가네쉬푸리 마을에 있다.

다르마 Dharma 의무, 정의, 또는 신의 뜻을 따라 사는 것. 최상의 다르마는 자신의 가슴에 있는 진리를 깨닫는 것이다.

데르비시 Dervish 수피 전통의 무아경에 잠긴 교사.

돌눈 알 메스리 Dho'l-Nun Al-Mesri (796-861) 이집트의 북부에서 태어나 아라비아와 시리아를 널리 여행한 시인이자 성자인 이집트인 수피. 829년에 바그다드에서 이단으로 몰려 감옥에 갇혔다. 재판을 받는 동안 돌눈은 피즘에 대한 변호로 칼리프를 매우 감동시켰으며 무사히 풀려났다.

라마 Rama 비슈누의 7번째 화신. 신 라마와 그의 부인 시타는 다르마의 인격화 그리고 이상적인 남편과 아내로 여겨지고 있다. 『라마야나』에는 라마 신의 생애 이야기가 있고, 『요가 바시슈타(Yoga Våsishtha)』에는 라마의 구루인 현인 바시슈타가 그에게 준 가르침을 자세히 이야기하고 있다. '라마야냐', '비슈누', '요가 바시슈타'를 참조하라.

라마누자 Ramanuja (1017-1137) 남인도에서 태어난 이 철학자이자 현자는 베단타에 기초를 둔 비이원론 학파의 창시자이다. 이 학파에서는 인간의 영혼은 신성하지만 지고한 영혼인 신과 분리되어 있다고 가르친다.

라마야나 Råmåyana 현자 발미키가 지은 산스크리트 대서사시. 비슈누의 7번째 화신인 라마 신의 생애와 공적에 대하여 이야기하고 있다. 머리가 열 개인 악마 라바나 왕이 라마의 아내인 시타를 유괴하고, 라마가 하누만의 도움으로 라바나에게 승리하는 이야기가 담겨 있다.

라마크리슈나 파라마함사 Ramakrishna Paramahamsa (1836-1886) 성모인 칼리의 모습으로 있는 신을 숭배한 벵골의 위대한 성자. 스와미 비베카난다의 구루이자 라마크리슈나 수도회의 창시자.

라야 요가 Laya Yoga 마음이 참나 안으로 몰입되는 것. 의식의 내면화.

라자 요가 Råja Yoga 마음을 고요하게 하는 훈련. 파탄잘리의 『요가 수트라』에 의하면, 라자 요가는 묵상과 집중 그리고 명상을 포함한다.

락슈미 Lakshmi 풍요와 부의 여신. 비슈누의 배우자. '비슈누'를 참조하라.

루미 잘라루딘 Rumi Jalalu'd-Din (1207-1273, 마울라나(Mawlana)라고도 불린다. 원래의 뜻은 '우리의 스승') 페르시아의 가장 탁월한 수피 시인 성자. 그는 터키에 정착하였고, 젊은 나이에 모든 학문에 통달하였으며 존경받는 법학 박사가 되었다. 무아경의 방랑 성자 샴즈 이 타브리즈(Shams-i-Tabriz)를 만난 후, 진지한 학자에서 취한 듯 신의 사랑을 노래하는 자로 변모했다.

링감 Lingam (원래의 뜻은 '표시' 혹은 '특성') 쉬바의 창조적 능력을 나타내는 쉬바의 신성한 상징. 돌, 금속 혹은 점토로 만들어진 타원형 모양의 쉬바의 상징.

마야 Måyå 참나의 본질을 가린 채 신으로부터 분리되어 다양성을 경험하게 하는 힘이라는 의미로 베단타에서 사용하고 있는 용어. 마야의 힘은 궁극의 진리를 감추며, 실재를 거짓으로, 거짓을 실재로, 일시적인 것을 영원한 것으로 보이게 하는 환영을 만든다.

마이트레이 Maitreyi 현자 야그나발키야의 아내. 그녀의 이야기는 『브리하다라니야카 우파니샤드(Brihadåranyaka Upanishad)』에 기록되어 있다. 그녀는 남편의 막대한 부를 포기하고 대신 남편의 영적 지혜를 구한 구도자였다.

마이트리 우파니샤드 Maitr¥ Upanishad 이 교리의 스승인 마이트리의 이름을 따서 명명된 주요 우파니샤드. 이 우파니샤드는 마음과 감각들과 관련하여 참나의 본성을 말하고 있으며, 생각의 통제가 어떻게 해방으로 인도하는지를 설명하고 있다.

마하라슈트라 Maharashtra 인도의 서쪽 해안에 있는 주. '가네쉬푸리'를 참조하라.

마하바라타 Mahâbhârata 현자 비야사가 지은 산스크리트 서사시. 왕국의 분할을 둘러싼 판다바와 카우라바 왕자들 간의 전쟁을 자세히 기록하고 있다. 인도의 세속적이고 종교적인 교훈들이 풍부하게 담겨 있는 방대한 이야기.『바가바드 기타』는『마하바라타』의 뒷부분에 실려 있다.

만수르 마스타나 또는 만수르 알 할라즈 Mansur Mastana or Mansur Al-Hallaj (858-922) 바그다드에서 대부분의 일생을 보낸 희열에 넘친 수피 시인 성자. 그는 이라크, 페르시아, 인도, 케쉬미르, 그리고 중국의 변방까지 여행하였다. 그는 당시 정통 이슬람교에서 용납할 수 없는 "나는 신이다."라는 선언으로 인하여 이단으로 몰려 처형되었다.

만트라 요가 Mantra Yoga 신성한 말의 요가, 소리의 과학으로서 시다 요가에 필수적인 요가. 만트라 요가를 통한 결합의 길은 신성한 만트라의 반복과 그 의미에 대한 깊은 음미에 기초하고 있다.

만푸리 Manpuri 16세기의 시인 성자. 악바르 왕과 동시대의 사람.

메카 Mecca 모하메드(570년 사망)의 탄생지이자 이슬람교의 성지. 메카로의 성지 순례는 모든 이슬람교인이 지켜야 하는 5대 의무 가운데 하나이다. 이슬람교인들은 세계 어느 곳에 있든지 기도할 때 메카의 유명한 성지인 카바를 향한다.

묵타난다 스와미 Muktananda, Swami (1908-1982, 원래의 뜻은 '해방의 희

열') 바바가 수도승의 서약을 하였을 때 받은 이름.

문다카 우파니샤드 Mundaka Upanishad (문다카의 원래 뜻은 '깎는 것') 가르침을 이해하는 사람은 잘못과 무지가 깎여 나간다. 이 주요 우파니샤드는 브라만의 지식과 구루의 필요성을 이야기하며, 부활과 해방을 설명하고 있다. '우파니샤드'를 참조하라.

미라바이 Mirabai (1433-1468) 크리슈나 신에 대한 헌신의 시들로 유명한 라자스탄의 왕비. 그녀는 크리슈나를 향한 사랑에 너무나 몰입되어, 모함하는 사람들이 독을 주었을 때도 감로처럼 받아 마셨으며 전혀 해를 입지 않았다.

바가바드 기타 Bhagavad Gītā (원래의 뜻은 '주님의 노래') 대서사시 『마하바라타』의 일부로서 세계에서 가장 위대한 영적 문헌 중 하나. 기타에서 크리슈나 신은 전장에서 아르주나에게 해방에 이르는 길을 설명한다. '마하바라타'를 참조하라.

바가완 Bhagawān (원래의 뜻은 '신') 영광스럽고 탁월하며 존경받을 만한 존재. 대단한 존경을 나타내는 용어. 스와미 묵타난다의 구루는 바가완 니티아난다로 알려져 있다. '니티아난다 바가완'을 참조하라.

바르트리하리 Bhartrihari 5세기 철학자이자 왕이었던 시인으로 왕국을 포기하고 요기(yogi)가 되었다. 영적인 시들을 많이 지었다.

바바 또는 바바지 Baba or Babaji (원래의 뜻은 '아버지') 성자에 대한 사랑과 존경의 호칭.

바시슈타 Vasishtha 고대의 현자. 신 라마의 구루. 인도의 가장 중요한 영적 작품인 『요가 바시슈타』는 신 라마에 대한 그의 가르침으로 구성되어 있다. '요가 바시슈타'를 참조하라.

바이라바 Bhairava 지고의 실재인 쉬바의 이름.

박티 Bhakti 신이나 구루에 대한 헌신.

박티 요가 Bhakti Yoga 헌신의 요가. 신에게 끊임없이 사랑을 바치고 한결같이 기억하는 것을 기반으로 신과 하나 되는 영적 수행의 길. '나라다'를 참조하라.

베다 Vedas 네 가지 권위 있는 고대의 힌두 경전. 리그 베다, 야주르 베다, 사마 베다, 아타르바 베다가 있다.

베단타 Vedanta (원래의 뜻은 '베다들의 끝') 인도 철학의 여섯 정통파 가운데 하나. 바다라야나가 창시했다. 절대자 즉 참나에 관한 우파니샤드들 안의 논의에서 비롯되었으며, 샹카라차리야에 의해 체계화되었다. '우파니샤드'를 참조하라.

불라 샤 Bullah Shah (1680-1758) 펀잡 지방 출신의 신비주의 시인. 그의 스승 이나야트 샤에 대한 사랑과 열망으로 가득 찬 카피(kafi, 헌신의 시)들은 노래하는 집단인 카왈(Qawwal)이 즐겨 부르는 노래들이다. 그의 무덤은 라호르 근교 카수르에 있다.

붓다 Buddha (기원전 560-480. 원래의 뜻은 '깨어난 존재') 북인도에서 왕자로 태어난 싯다르타 고타마는 왕국을 포기하고 깨달음을 추구하였다. 가야의 보리수나무 아래에서 진리를 깨닫기로 결심하고 깊은 명상에 잠겼으며 마침내 깨달음을 얻었다. 그 후 널리 돌아다니면서 명상을 통한 고통의 단절을 가르쳤다.

브라마 Brahma　지고의 신. 힌두교의 삼위일체 가운데 우주의 창조자의 측면을 나타내는 신. '쉬바'와 '비슈누'를 참조하라.

브라마난다 Brahmananda　19세기 라자스탄의 성자. 푸쉬카르에 살면서, 브라마에게 바쳐진 인도 유일의 사원에서 신을 열렬히 숭배했다. 위대한 시인이자 요기로서 이슈바라 다르샨(Áshvara Darshan, 신의 친견)과 많은 신비적 바잔(bhajan, 헌신의 노래)을 지었다.

브라만 Brahman　절대적 실재를 표현하는 베단타의 용어.

비나 Veena　인도의 현악기.

비디야란야 Vidyaranya　(원래의 뜻은 '지식의 숲') 샹카라차리야의 다섯 번째 후계자. 베단타 경전인 『판차다시(Panchadashī)』의 저자.

비베카난다 스와미 Vivekanada, Swami　(1863-1902) 라마크리슈나 파라마함사의 제자이자 현대 인도의 가장 영향력 있는 영적인 인물들 가운데 한 명. 수많은 여행을 하면서 서구에 베단타의 가르침을 소개하였다.

비베카 추다마니 Viveka Chūdāmani　(원래의 뜻은 '식별의 최고 보석') 아드바이타 베단타에 관한 8세기의 산스크리트 경전으로 샹카라차리야가 지었다.

오직 절대자이자 우주적 영혼인 브라만만이 실재하며 개별적 영혼은 브라만과 동일하다는 일원론 철학을 역설하고 있다.

비슈누 Vishnu 지고의 신. 힌두교의 삼위일체 중에서 창조물을 유지하는 신의 측면. 세상이 악해지고 혼란해지는 시기에는 비슈누 신이 인간을 보호하고 정의를 다시 세우기 위하여 화신으로 출현한다고 한다. 라마와 크리슈나는 이 가운데 가장 중요한 화신들이다. '브라마', '쉬바'를 참조하라.

비스타미 하즈라트 바야지드 또는 아부 야지드 알 비스타미 Bistami, Hazrat Bayazid or Abu Yazid Al Bistami (875년 사망) 페르시아 북동부 지역의 비스탐에 은둔하며 무아경에 잠겨 살았던 낙쉬반디 파의 수피 성자. 그의 많은 시들은 신비가의 신 속으로의 전적인 합일에 대하여 대담하게 묘사하고 있다.

사다나 Sådhanå 영적인 길에서의 육체적, 정신적 수행. 영적인 훈련. '수행'을 참조하라.

사두 Sådhu 신성한 존재, 승려, 고행자.

사르마드 Sarmad (1660년 사망) 유대계의 아르메니아 성자로 인도에 정착하였다. 무굴 황제 아우랑제브에 의해 이단이라는 이유로 죽임을 당하였다. 지극한 황홀경 상태에 잠긴 그는 모든 존재 안에서, 심지어 자신을 처형하는 사형 집행인 안에서도 신을 보았다.

사마디 Samådhi 절대자와의 명상적 합일 상태.

사마디 성소 Samådhi Shrine 위대한 요기의 몸이 마지막으로 쉬는 장소. 이런 성소들은 경배의 장소이며, 성자의 영적 능력으로 충만하다.

사우스 폴스버그, 뉴욕 South Fallsburg, Newyork   1979년 바바 묵타난다가 시다 재단의 국제 본부로 설립한 시다 명상 아쉬람이 위치한 곳.

산스크리트 Sanskrit   (원래의 뜻은 '완벽하게 짜여진 말') 인도의 학문적 언어. 적어도 기원전 1200년경에 시작된 베다와 우파니샤드에서 고대 형태로 처음 발견된다. 인도의 학자들은 거의 10,000개의 영감 받은 산스크리트 작품을 열거할 수 있다고 한다.

산야사 Sannyåsa   수도승으로의 입문. 또한 전통적 인도인의 4번째 생활 단계로서 세속적인 의무를 완수한 뒤에 자유롭게 참나 실현의 목표를 추구한다.

산야시 Sannyåsi   인도의 전통에서 출가의 서약을 한 사람. 승려.

삿구루 Sadguru   진정한 구루, 신성한 스승. '구루'를 참조하라.

샥티, 쿤달리니 샥티 Shakti, Kundalini Shakti   영적 힘. 쉐이바이트 철학에 따르면, 우주를 창조하고 유지시키는 신성한 우주적 힘이다. 신성한 의식의 내재적 측면. '치티', '쿤달리니'를 참조하라.

샥티파트 Shaktipat   (원래의 뜻은 '은총의 하강') 구루로부터 제자에게로 영적 힘인 샥티가 전달되는 것. 은총에 의한 영적인 일깨움. '구루', '쿤달리니', '샥티'를 참조하라.

샴즈 이 타브리즈 Shams-I-Tabriz   10세기의 수피 성자. 페르시아 타브리즈 출신의 방랑하는 아바두타였으며, 페르시아의 가장 위대한 신비가 시인인 잘라루딘 루미의 스승이었다.

샹카라차리야 Shankaracharya (788-820) 철학자 현자. 개별 영혼과 지고의 영혼이 동일함을 주장하는 아드바이타 베단타 즉 절대 비이원론를 역설하면서 인도 전역을 여행하였다. 가르치고 저술하는 활동 외에도 인도의 방방곡곡에 마트(math)와 아쉬람(âshram)들을 세웠다. 스와미 묵타난다와 스와미 치드빌라사난다가 속한 사라스와티(Saraswati) 승단은 샹카라차리야에 의해 창시되었다.

소함 So'Ham (원래의 뜻 '나는 그것이다.') 각각의 들숨과 날숨과 함께 저절로 일어나는 참나의 자연스러운 소리 파동. 소함을 자각하게 되면, 구도자는 자신의 개별적 자기와 지고의 참나가 하나임을 경험한다. '함사'로 반복하기도 한다.

수카 또는 수카데브 Shuka or Shukadev (생존 연대 미상) 고대의 위대한 현자. 비야사의 아들이자 자나카 왕의 제자. 그는 많은 경전에 언급되어 있으나 『슈리마드 바가바탐』의 화자로 더욱 유명하다. '슈리마드 바가바탐'을 참조하라.

수피 Sufi 이슬람교의 전통에서 신비한 사랑의 길인 수피즘을 수행하는 사람.

수피즘 Sufism 삶의 목적은 가슴에 있는 신성한 원리를 깨닫는 것이라고 가르치는 이슬람교 신비주의.

수행 Practices 영적 수행을 위하여 마음과 몸을 정화하고 강화하는 행위들. 시다 요가 수행은 찬송, 명상, 만트라 반복, 하타 요가, 세바(sevā, 봉사)를 포함한다. '사다나'를 참조하라.

순다르다스 Sundardas (1596-1689) 라자스탄에서 태어난 유명한 시인 성자. 힌디어로 쓰인 그의 바잔(bhajan, 헌신의 시)들의 주요 모음집이 바로 『순다르 그란트하바티(Sundar Granthavāti)』이다.

쉐이바이트 Shaivite 쉬바를 지고의 참나로 숭배하는 사람.

쉬바 Shiva 1) 쉐비이즘에서 지고의 쉬바(파라마쉬바)는 모든 곳에 편재한 지고의 실재이며, 움직이지 않고 초월적인 신의 의식이다. 2) 힌두 삼위일체에서 쉬바는 무지의 파괴자로서의 신의 측면이다. 그는 최초의 고행자로서, 헌신자들에게 은혜를 베푸는 신으로서 숭배되고 있다. '브라마', '비슈누'를 참조하라.

쉬바 수트라 Shiva Sūtras 쉬바 신이 9세기의 현자 바수굽타차리야(Vasuguptacharya)에게 계시한 산스크리트 경전. 77개의 수트라(잠언)로 이루어져 있다. 전설에 의하면 케쉬미르의 바위에 새겨져 있는 것을 발견하였다고 한다. 쉬바 수트라는 케쉬미르 쉐비이즘으로 알려진 철학파에게 경전적인 권위를 지니고 있다. '케쉬미르 쉐비이즘'을 참조하라.

슈리마드 바가바탐 또는 슈리마드 바가바타 푸라나 Shrÿmad Bhāgavatam or Shrÿmad Bhāgavata Purāna 현자 비야사가 저술한 인기 있는 헌신의 경전. 이 책에는 신 크리슈나의 삶과 가르침을 비롯하여 신의 여러 화신들의 이야기, 그리고 성자들과 제자들의 이야기들이 수록되어 있다.

슈리 비디야 안타르 야가 Shr¥ Vidyå Antar Yåga   심상이나 만트라 등의 수단으로 여신 쿤달리니의 내면 예배를 다루고 있는 경전.

슈베타슈바타라 우파니샤드 Shvetåshvatara Upanishad   현자 슈베타슈바타라가 모습으로 나타난 브라만에 대하여 말하고 있는 주요 우파니샤드. '우파니샤드'를 참조하라.

스와미 또는 스와미지 Swami or Swamiji   산야시, 승려를 부르는 존칭.

시다 Siddha   완전해진 요기. 단일 의식의 상태 즉 깨달음을 이룬 사람. '깨달음', '해방'을 참조하라.

시다루다 스와미 Siddharudha Swami   스와미 묵타난다가 베단타를 배웠고 산야사의 맹세를 한 위대한 시다. 남인도 후블리에 있는 그의 아쉬람에서는 '옴 나마 쉬바야' 찬가가 끊임없이 계속되고 있다.

시다 명상 Siddha Meditation   시다 마스터에 의해 내면의 에너지가 일깨워지는 것을 바탕으로 한 자연스러운 명상의 형태.

시다 요가 Siddha Yoga   (원래의 뜻 '완성의 요가') 개인을 신과 결합시키는 방법으로서 시다 구루의 은총에 의한 내면의 일깨움인 샥티파트와 함께 시작된다. 스와미 묵타난다는 이 수행 방법을 시다 요가라 이름 붙였고, 1970년에 처음으로 서방 세계에 들여왔다. 현존하는 지도자로는 스와미 치드빌라사난다가 있다. '구루', '쿤달리니', '샥티파트'를 참조하라.

시크 Sikh   구루 나낙의 가르침을 따르는 이들. '나낙데브'를 참조하라.

시타 Sita 비데하의 왕 자나카의 딸. 비슈누의 일곱 번째 화신인 라마의 아내. 그녀는 악마 라바나에 의하여 납치되었다가 마침내 하누만에 의하여 구출되었다. 그들의 이야기는 『라마야나』에 실려 있다.

아르주나 Arjuna 인도의 대서사시 『마하바라타(Mahåbhårata)』에 등장하는 전쟁 영웅 가운데 한 명. 크리슈나 신의 위대한 제자이다. 『바가바드 기타(Bhagavad G¥tå)』는 크리슈나 신이 아루주나에게 전한 가르침들이다. '바가바드 기타'와 '마하바라타'를 참조하라.

아바두타 Avadhūt 이원성을 초월한 위대한 신비적 포기자. 그의 행동은 일반적인 사회 관습에 얽매이지 않는다.

아쉬람 Óshram 영적 수행을 하는 공동체. 구루나 성자가 머무는 곳.

아슈타바크라 Ashtavakra (생존 연대 미상. 원래의 뜻은 '여덟 군데가 구부러진') 인도 서사시에 나오는 유명한 불구자 현인으로 자나카 왕에게 실재의 본질에 대하여 가르쳤다. 그의 가르침은 『아슈타바크라 기타(Ashtåvakra G¥tå)』에 수록되어 있다. 이 책은 『아슈타바크라 상히타(Ashtåvakra Samhita)』로도 알려져 있으며, 해방에 이르는 길을 설명하고 있다. '자나카 왕'을 참조하라.

아함 Aham (원래의 뜻은 '나') 순수한 내면의 참나. 경험하는 주체. 나-의식.

아함 브라마스미 Aham Brahmåsmi 베단타(Vedanta)의 대전제인 네 가지 마하바키야(mahåvåkya), 즉 위대한 선언 가운데 하나. "나는 브라만이다."라는 뜻이다. 브라만은 지고의 절대자이다.

악바르 Akbar (1542-1605) 가장 광대한 인도 제국을 통합했던 무굴 제국의 황제. 그는 탁월한 행정 능력과 인자한 성품, 문화와 종교에 대한 관심으로 백성들에게 존경을 받았다.

야그나발키야 Yajnavalkya (생몰 연대 미상) 『브리하다라니야카 우파니샤드(Brihadåranyaka Upanishad)』에 그의 가르침이 기록되어 있는 현자. 자나카 왕의 구루.

야무나 강 Yamuna River 북인도에 있는 성스러운 강. 크리슈나는 야무나 강변에서 어린 시절을 보냈다.

엑나트 마하라지 Eknath Maharaj (1528-1609) 수백 편의 아방가(abhanga, 헌신의 시)를 쓴 인도 마하라슈트라 주의 시인 성자. 불가촉천민 제도를 없애려 했다는 이유로 브라민 계급에서 제명되었다. 엑나트는 방언으로 종교적 주제들을 씀으로써 사람들 사이에서 영적 부흥이 일어나도록 인도하였다.

옴 Om or Aum 근본 소리. 이 소리로부터 온 우주가 나온다. 모든 만트라의 내적 본질.

옴 나마 쉬바야 Om Namah Shivåya (나마 쉬바야의 원래 뜻은 '쉬바에게 드리는 인사') 시다 계보의 산스크리트 5음절 만트라. 세속적인 성취와 영적 깨달음을 둘 다 주는 힘 때문에 '위대한 구원의 만트라'로 알려져 있다. 쉬바는 내면의 참나인 신성한 의식을 의미한다.

요가 Yoga (원래의 뜻은 '결합') 참나, 신과 하나인 상태. 그 상태로 인도하는 수행들. '박티 요가', '하타 요가', '갸나 요가', '쿤달리니 요가', '만트라

요가', '시다 요가'를 참조하라.

요가 바시슈타 또는 바시슈타 라마야나 Yoga Våsishtha or Våsishtha Råmåyana 아드바이타 베단타에 관한 유명한 산스크리트 문헌. 12세기에 현자 발미키가 지은 것으로 추정된다. 바시슈타는 삶과 죽음, 인간의 고통에 대한 신 라마의 철학적 질문에 답한다. 모든 창조물은 마음의 변형에 불과하다는 것이 주요 가르침이다. 즉, 세상은 당신이 보는 대로 존재하며, 마음이 멈추면 환영도 멈춘다는 것이다.

요가 수트라 Yoga Sūtras 4세기에 파탄잘리가 산스크리트로 기록한 요가 경전. 라자 요가 수행의 기본 경전이다. 마음의 움직임이 멈추고 마음의 목격자가 자신의 희열 안에서 쉬는 사마디 즉 요가의 상태에 도달하는 방법들을 자세히 기술하고 있다.

요기 Yogi 요가 수행자. 또는 요가 수행을 통하여 완전함에 도달한 자. '요가'를 참조하라.

우파니샤드 Upanishads (원래의 뜻은 '가까이 앉음') 인도 고대 현자들의 가르침. 참나는 절대자인 브라만과 동일하며, 삶의 목적은 브라만과 하나임을 깨닫는 것이라는 것이 우파니샤드의 주요 가르침이다. 베다 가르침의 정점을 이룬다. '베단타'를 참조하라.

우파만유 Upamanyu 쉬바의 비전을 본 고대의 현자. 그는 크리슈나 신에게 그의 경험을 얘기하고 영적 입문을 주었다. 그의 이야기는 『마하바라타』에 실려 있다.

의식 Consciousness   지성적이며 더없이 독립적인 신성한 에너지. 온 우주를 창조하고, 우주에 충만하며, 우주를 지탱하는 힘. '치티'와 '샥티'를 참조하라.

이나야트 샤 라호리 Inayat Shah Lahori   (1728년 사망) 콰디리(Qadiri) 전통의 탁월한 수피 성자이자 불라 샤의 스승. 학문적인 저자인 그는 라호르에서 채소를 길러 생계를 이었다.

입문 Initiation   '샥티파트'를 참조하라.

자나카 왕 Janaka, King   (생몰 연대 미상) 라마 신의 배우자인 시타의 아버지. 비데하의 왕으로서 자신의 의무를 완벽하게 이행함으로써 해방에 이른 현자. 우파니샤드 철학을 크게 후원하였다. 그의 구루는 현자 야그나발키야였다.

자아 Ego   요가에서는 몸, 마음, 감각들과 동일시되는 '나'라는 제한된 느낌. 종종 '고통의 장막'으로 묘사된다.

자파 Japa   신의 이름이나 만트라를 반복하는 것.

절대자 Absolute   최고의 실재. 지고의 의식. 순수하고 오염되지 않은 변함없는 진리.

존 우드로페 경 Woodroffe, Sir John   캘커타의 전직 인도 대법원 법관. 인도 탄트라 전통에서 매우 존경받는 학자가 되었다. 『뱀의 힘(The Serpent Power)』의 저자.

참나 Self 개개인 속에 거주하고 있는 신 의식.

참나 깨달음 Self-Realization 개별성의 느낌이 순수한 의식과 합쳐지는 상태.

치드빌라사난다 스와미 Chidvilasananda, Swami (원래의 뜻은 '의식의 유희의 희열') 구루마이가 수도승의 서약을 하였을 때 그녀의 구루인 스와미 묵타난다가 준 이름.

치티 Chiti 신의 의식 에너지. 신의 창조적인 측면. '샥티'를 참조하라.

카르마 Karma (원래의 뜻은 '행위') 1) 모든 행위. 신체적, 언어적, 정신적인 행위를 모두 포함한다. 2) 운명. 과거의 행위들, 주로 전생의 행위들이 이 원인이 된다. 카르마에는 세 가지 범주가 있다. 첫째는 현재의 삶에서 일어나게 되어 있는 프라랍다 카르마(prårabdha karma)이고, 둘째는 현재는 씨앗의 형태로 저장되어 있으나 미래의 삶에서 일어날 산치타 카르마(sanchita karma)이며, 셋째는 현생에서 만들어지고 있는 크리야만 카르마(kriyamån karma)이다.

카르마 요가 Karma Yoga 행위의 요가. 신에게 바치는 봉헌물로서 행위들을 행하며, 그런 행위들의 결과에 초연한 영적 수행의 길.

카바 Ka'ba '메카'를 참조하라.

카비르 Kabir (1440-1518) 바라나시에서 이슬람교도인 부모에게서 태어난 위대한 시인 성자. 베 짜는 직공으로 일하다가 라마난다의 제자가 되었다. 힌두교도와 이슬람교도들이 모두 그를 따랐으며, 그는 종교적 파벌주의를 극복하는 데 강력한 영향력을 발휘하였다.

카타 우파니샤드 Katha Upanishad 성자 나치케타스가 죽음의 신 야마에게 은총을 받고 절대자의 지식에 관한 지고의 가르침을 요청하는 이야기가 실려 있는 주요 우파니샤드. '우파니샤드'를 참조하라.

케나 우파니샤드 Kena Upanishad (원래의 뜻은 '누군가에 의한') 브라만은 지고의 실재이며, 브라만에 의해 마음과 말, 감각들이 온전히 기능한다고 하는 주요 우파니샤드. '우파니샤드'를 참조하라.

케쉬미르 쉐이비즘 Kashmir Shaivism 온 우주를 쉬바 신의 현시로서, 혹은 그의 신성한 의식 에너지인 샥티 혹은 치티의 유희로서 인식하는 비이원론 철학. 케쉬미르 쉐비이즘은 베단타와 더불어 시다 요가의 기본 경전으로 사용되고 있다. '쉬바 수트라'를 참조하라.

쿤달리니 Kundalini (원래의 뜻은 '둘둘 감겨 있는 것') 모든 인간의 척추 기반부에 있는 물라다라 차크라 안에 둘둘 감겨 있는 근원적 샥티 혹은 에너지인 지고의 힘. 이 지극히 미묘한 힘은 입문을 통하여 일깨워지며 모든 체계를 정화하기 시작한다. 수슘나 나디를 통하여 위로 올라가면서 다양한 차크라들을 관통하며, 마침내 머리의 정수리에 있는 사하스라라에 도달한다. 이 일이 일어날 때 개별적 자기는 지고의 참나 속으로 들어가 하나 되며 삶과 죽음의 윤회에서 벗어난다. '샥티파트'를 참조하라.

쿤달리니 요가 Kudalini Yoga 일깨워진 쿤달리니 에너지가 전개됨에 따라 개별적인 자기가 지고의 참나와 결합하게 되는 진행 과정.

크리슈나 Krishna (원래의 뜻은 '검은 자' 또는 '불가항력적으로 영혼을 끌어당기는 자') 비슈누의 8번째 화신. 크리슈나 신의 생애 이야기는 『슈리마드 바가바탐(Shr¥mad Bhågavatam)』과 『마하바라타』에 기록되어 있다.

크리야 Kriyås (원래의 뜻은 '행위') 일깨워진 쿤달리니가 일으키는 육체적, 정신적, 정서적 정화 작용. '쿤달리니'를 참조하라.

키블라 Kibla 경건한 이슬람교인이 기도하는 동안 향하는 방향. 메카를 향한다. '메카'를 참조하라.

투카람 마하라지 Tukaram Maharaj (1608-1650) 마하라슈트라 주의 위대한 재가자 시인 성자. 갸네쉬바라 마하라지의 직접적인 영적 계승자였던 그의 구루 바바지로부터 꿈속에서 입문을 받았다. 그는 자신의 영적 경험들, 깨달음, 신성한 이름의 영광을 표현하는 수천 편의 아방가(헌신의 시)들을 지었다.

툴시다스 Tulsidas (1532-1623) 북인도 출신의 시인 성자. 라마 신의 생애 이야기를 힌디어로 쓴 『라마 차리타마나사(Råma Charitåmånasa)』의 저자이다. 이 책은 아직도 인도에서 가장 인기 있는 경전들 중의 하나이다.

파라쉬바 Parashiva (원래의 뜻은 '지고의 쉬바') 근본적인 신. 지고의 구루.

파탄잘리 Patanjali 4세기의 현자. 인도의 6가지 정통 철학 가운데 하나의 설명이자 라자 요가 수행의 권위 있는 교본인 『요가 수트라(Yoga Sūtras)』의 저자. '요가 수트라'를 참조하라.

판다르푸르 Pandharpur 마하라슈트라 주에 있는 순례지. 크리슈나 신의 한 형상인 비탈의 헌신자를 위한 예배 장소.

판차다시 Panchadashī '비디야란야'를 참조하라.

푸라나 Purānas (원래의 뜻은 '고대의 전설들') 현인 비야사가 쓴 18권의 신성한 책들. 우주 창조와 신의 화신들, 여러 신들의 가르침, 고대 현인들과 왕들의 영적 유산에 관한 이야기와 전설들, 찬송들이 담겨 있다.

프라나 Prāna 개별적 신체와 온 우주의 생명을 유지하는 생명력.

프라나야마 Prānāyāma (원래의 뜻은 '호흡 통제') 호흡의 체계적 조절과 통제를 통하여 마음을 평정에 이르게 하는 요가 기법.

프라사드 Prasād 축복받은 선물, 신성한 선물. 종종 신에게 처음으로 바쳐져 축복을 받은 음식을 가리킨다.

프라티야비갸나흐리다얌 Pratyabhijnāhridayam (원래의 뜻 '인식의 교리의 심장') 케쉬미르 쉐비이즘의 프라티야비갸 철학을 요약한 11세기의 경전으로서 크쉐마라자가 지었다. 이 경전에서 말하는 핵심은, 사람은 자신을 육체와 동일시함으로써 자신의 진정한 본성을 잊어버렸으며, 깨달음은 자신의 진정한 본성을 인식하거나 기억해 내는 과정이라는 것이다.

프랄라드 Prahlad 신 나라야나의 위대한 어린이 헌신자. 그의 비범한 믿음을 통하여 프랄라드는 그의 악마 아버지 히라니아 카쉬푸의 박해를 이겨 냈으며, 신은 자신의 헌신자를 돌본다는 것을 입증하였다. 그의 이야기는 『슈리

마드 바가바탐』에 실려 있다.

하누만 Hanuman (원래의 뜻은 '강한 턱을 가진 자') 신 라마의 완전한 종이었던 헌신자. 그의 이야기는 대서사시 『라마야나(Rāmāyana)』에 기록되어 있다.

하타 요가 Hatha Yoga 요가 수행법의 하나. 들숨(프라나)과 날숨(아파나)의 합일에 의하여 사마디 상태에 도달한다. 신체적, 정신적 요가 수행은 신체와 미묘한 몸을 정화시키기 위하여 행해진다. 하타 요가의 목적은 내면의 에너지인 쿤달리니를 일깨우는 것이다.

해방 Liberation 삶과 죽음의 윤회에서 벗어나는 것. 절대자와 하나임을 깨달은 상태. '깨달음'을 참조하라.

행위의 기관 Organs of Action 말하고, 붙잡고, 움직이고, 생식하고, 배설하는 등의 행위를 조절하는 힘.

찾아보기

가슴
  소함과 148, 149
  …과 만트라 139, 144, 155, 156
  …속에 있는 신 22, 42, 47, 56, 59,
    60, 72, 157, 236,
    238, 241, 255
  …중심 또는 차크라 115, 141, 142
가정생활 19, 49, 77
감각
  구루의 9
  내면의 47, 56, 102, 112, 171
  …과 쿤달리니 41, 52, 102
  …의 추구 35, 102, 115
감사 206, 242, 245
감정들 55, 80, 113-114, 136, 172
  치료와 83-87
개별성 148, 187, 230
  '자아', '이해, 잘못된'을 보라.

갸네쉬바라 마하라지 55, 129, 156, 157
경전 23, 31, 85, 95, 100-101, 106,
  110, 132, 139, 144, 148, 169,
  174, 201, 221, 225, 244-247
계보 332 '시다 계보'를 보라.
고통 31-32, 59, 69, 92, 110, 148, 171,
  246
  …과 즐거움 39, 81, 172
고행 144, 161
공 29
  '네 가지 상태'를 보라.
과학
  소리의 139-141
구루 195
거짓 197, 198
명상과 114, 173, 189
  …와 만트라 103, 114, 131, 138, 143,
    216

찾아보기 289

…와 샥티파트 103, 105, 107, 114, 117, 120, 123, 124
…와 신 208
…와 제자 103, 107, 121, 143, 154, 215, 218-220, 227, 230
…와의 교제 103, 216, 217, 221, 229
…의 자격들 199, 200-205
…의 정의 138, 199, 200
…의 중요성 200, 209, 217
'은총', '시다 계보'를 보라.
구루 나낙데바 24, 25, 64
금욕 89, 179, 204
기대 80, 156, 182
기도 65, 180, 244, 250
기독교 22, 162, 236-238, 241-243, 252
'예수', '종교'를 보라.
기쁨 31, 34, 35, 36
  마음과 36-37, 55, 59
  만트라와 185, 186, 187, 203
  변형과 38, 42, 78, 117, 139, 171
깊은 수면 29, 47
'네 가지 상태'를 보라.
깨달음 66, 95, 99, 138, 185-187, 226
'성취', '완성', '실현'을 보라.
깨어 있는 상태 27, 29, 57, 171-172
'네 가지 상태'를 보라.

꿈의 상태 27, 28, 57, 172
'네 가지 상태'를 보라.
나나 아울리아 214
"나는 그것이다." 147, 151, 152, 192, 243
나디 101, 113
수슘나 나디 111-112
나라다 154
나스루딘 쉐이크 33, 34, 64-71, 198, 247-248
내면의 아는 자 57, 72
'목격자'를 보라.
내면의 음악 40, 55, 116
내면의 평화 177
네 가지 몸 171
네 가지 상태 29
니티아난다 바가완 77, 143, 221, 223, 224, 226, 227, 229, 230, 231, 268
다라나 148
돌눈 219
동일시 102, 135
  제한된 137, 171, 192
두려움 195, 253
드로나차리아 121-122
라마 57, 134, 226, 236, 238, 252
라마누자 117-118

라마크리슈나 파라마함사 103, 238
라비다스 210-212
락슈미 183, 184
링감 53
마디야마 140-141
  '말의 수준'을 보라.
마음 73-96
  구루의 170, 195, 203, 204, 217
  참나와 47, 52, 56, 57, 58
  치타로서의 79-80
  호흡과 169-170
  …과 깨달음 59, 95-96
  …과 마트리카 샥티 80-81
  …과 쿤달리니 102
  …의 가치 75, 76-79
  …의 고요 41, 76, 83, 85, 188
  …의 동요 75, 83
  …의 성질 37, 76, 166, 167
  '만트라', '정화', '생각'을 보라.
마이트레이 49-50
마트리카 샥티 80-82, 140
마하바라타 121
만수르 마스타나 42, 51, 174, 242
만트라 131-158
  명상과 149, 150-151, 167-168, 170, 176

아자파-자파 149
입문과 103, 137
차이타니야 137, 138
  …와 마음 136, 137
  …와 쿤달리니 104
  …의 과학 136, 139
  …의 반복 82, 89, 102, 104, 114, 133, 137, 138, 145, 154
  …의 이해 134, 135
  …의 정의 131-132, 133
  …의 하강 141-142
만푸리 156
말의 수준 141
명상 159-193
  수련과 56, 76
  마음과 76
  만트라와 114, 150, 153
  종교와 244, 255
  프라나야마와 108, 169-170
  …과 치유 82-83, 87
  …의 경험 29, 38, 39, 41, 49, 76, 115, 171-173, 187-188
  …의 목적 71, 165, 189, 191
  …의 자세 37, 168-169
  …의 정의 162, 163, 164
  '구루', '참나'를 보라.

찾아보기 291

모세 243
모하메드 248
목격자 57, 82, 165-167
몰입 87, 137, 175, 177, 181
무지 17, 61, 126, 199, 203, 225, 239
 '이해, 잘못된'을 보라.
묵상 51, 52, 72, 97, 139, 147, 150
묵타난다 스와미 53
 …와 니티아난다 바가완 221
물라다라 차크라 101
 '차크라'를 보라.
미묘한 몸 111, 171-172
 '네 가지 몸'을 보라.
믿음
 구루에 대한 173-174, 220
 만트라에 대한 104, 154-155
 맹목적인 242
 사다나에 대한 105
 바가바드 기타
 만트라에 관한 133
 명상에 관한 56, 162
 신의 현현에 관한 241, 253
 찬송에 관한 157
 참나에 관한 58
바르트리하리 35, 45, 213
바시슈타 57, 213

바이라바 148
바이카리 141
 '말의 수준'을 보라.
뱀의 힘 200
베단타 31, 36, 63, 86
변형 22, 103, 110, 137, 205, 218
봉사 190
부 44, 65, 86, 144
부정성
 …과 마트리카 샥티 80
 …의 정화 144, 145, 156
불라 샤 244
붓다 162
브라마난다 150
브라마데바 201
비갸나 바이라바 148
 '케쉬미르 쉐이비즘'을 보라.
비디야란야 184
비르발 239
비마르샤 58
 '자각'을 보라.
비베카난다 스와미 103, 283
비스타미, 하즈라트 바야지드 59, 60
비야나 112
 '프라나'를 보라.
사난드 144-145

사다나
  만트라와 13, 103
  명상과 113-115, 149, 182
  봉사의 190
  스와미 묵타난다의 173, 221-222, 223, 229
  …의 이해 67, 71, 162, 192, 194, 220, 221
사랑
  구루와 123, 203-205, 216-217
  만트라와 137, 154, 155, 186
  명상과 116, 173, 180, 187, 193
  샤티파트와 80, 103, 106, 108
  신과 57, 173
  진정한 종교와 235, 239-241, 244, 249, 250, 251
  찬송과 102, 156, 157
사르마드 233
사마나 112
  '프라나'를 보라.
사마디
  니르비칼파 188
  사비칼파 188
  자연스러운 109, 175
사하스라라 39-42, 109-116-117
산야사 183-184

삶의 목적 19, 23, 30, 31, 205
  '탄생'을 보라.
삿 54
  '진리'를 보라.
삿 칫 아난다 54
생각
  명상하는 동안의 166
  …과 샤티파트 105
  …의 힘 88
  '마음'을 보라.
샤티
  구루의 102, 103-105, 123, 131, 202, 218, 220
  마트리카 80-82, 132
  우주적 어머니로서의 100-101
  쿤달리니 100-101, 111, 117, 148, 170
  …의 정의 100
  …의 통제 107, 124, 126
샤티파트
  명상과 114, 170
  …를 받음 105, 106, 120, 126, 226
  …를 주는 방법 120, 123, 204, 227
  …의 정의 103
  …의 효과 102, 103, 105, 118
샴즈 이 타브리즈 242, 255
샹카라차리야 51, 194

성자
가우랑가 156
갸네쉬바라 마하라지 55, 129, 156-157, 242
구루 나낙데바 24-25, 64
나나 아울리아 214
나라다 154
남데브 156
돌눈 219-220
라마누자 117-118
라마크리슈나 파라마함사 103
라비다스 210-212
만수르 마스타나 42, 51, 174, 242
만푸리 156
미라바이 156
바르트리하리 35, 45, 213
불라 샤 244-247
브라마난다 150
비스타미 59-60
사르마드 233
샴즈 이 타브리즈 242, 255
순다르다스 25, 203
시다루다 스와미 63
엑나트 마하라지 205
이나야트 샤 245
잘라루딘 루미 237

카비르 17, 24, 44, 195
투카람 마하라지 116, 133, 156-157, 205, 242
툴시다스 134
풀리 23
성적 유동체 204
성취
 마지막 186
 신의 혹은 참나의 35, 186
 …의 수단들 173
 '깨달음'을 보라.
성 프란체스코 103
세상
 …에서의 사다나 27, 29
 …의 일시성 26, 35
 …의 진정한 이해 20
소리
 내면의 109
 …의 과학 139-141
소원을 이루어 주는 나무 92, 94
소함 142, 147-153, 176, 186, 192
수련 84, 199
 '영적 수행'을 보라.
수면 22, 29, 162
 '네 가지 상태'를 보라.
수슘나 나디

…의 정화 111-113
순다르다스 25, 203
숭배
　거짓 53, 66
　쉬바 53-55, 63, 81, 142-146, 153,
　　192-193, 199, 201, 252
　쉬바 수트라 81, 199
　'케쉬미르 쉐이비즘'을 보라.
쉬보함 63, 192
슈리 비디야 안타르 야가 97
시간 54-55, 157
　'세상의 일시성'을 보라.
시다
　시다 구루 102, 104, 107, 117, 170
　시다 계보 153, 203, 226
　시다 요가
　　…의 만트라 131, 142
　　…의 정의 107-114
시다루다 스와미 63
신
　내면의 20, 21, 175, 205
　소리로서의 132-134, 157
　호흡과 148, 169
　…과 마음 75, 78
　…과 진정한 종교 235-248,
　　　249-255

…과의 동일시 22, 23, 176-177
…으로의 몰입 55, 59, 157, 178, 181
…의 경험 42, 66-72, 102, 109, 116,
　　185-187, 199, 202, 205
…의 다섯 가지 행위 199
…의 본성 42, 51, 52, 54, 59-64,
　　157, 235
…의 숭배 148, 183, 194
…의 이름 136, 137, 155, 156, 157
…의 형상 26, 39, 53, 173-174
'성취', '구루', '가슴', '참나'를 보라.
신성 20, 22, 238, 251
실현
　구루의 203
　…과 마음 95
　'성취', '깨달음', '완성'을 보라.
심리학 82, 83, 84
　'요가'를 보라.
아난다 54, 55
아날-하크 51
아름다움, 내면의 35, 39, 41
아바두타 224
아부 벤 아담 235
아사나(요가 자세) 168, 169
아슈타바크라 28, 29, 151, 152
아자파-자파 149

아함 브라마스미 51
악바르 왕 180, 181, 239, 240
알라 236, 240, 252
약물 83
어린아이 21, 78, 121, 178, 202, 239
　…와 부모 163
에너지 20, 38, 40, 80, 99, 103, 104,
　　127, 132, 147, 202-203, 253
　'쿤달리니'를 보라.
엑나트 마하라지 205
엑클라비야 121-123
영감 49, 110
영적 길 67-68 '사다나'를 보라.
영적 수행 44, 67, 70-71, 78, 107, 114,
　　162, 190, 216, 227
　…의 목적 84, 199
　'수련'을 보라.
영적 중심 39, 109, 111, 112, 115
　'차크라'를 보라.
영혼 60-62, 90-91, 117, 145, 249
예수 103, 238, 239, 241, 242, 243, 248
　'종교'를 보라.
옴 132
　'소리'를 보라.
옴 나마 쉬바야 142-145, 153, 176
　'만트라'를 보라.

완성 23, 110, 156, 213, 223, 226, 230
요가
　갸나 108
　라야 109
　라자 109
　만트라 109
　박티 108
　카르마 109
　하타 38, 108, 189
　…의 정의 38
　'시다 요가', '영적 수행'을 보라.
요가 수트라 83
욕망 35, 80, 85, 113, 156, 193, 204
우다나 112
　'프라나'를 보라.
우주 20, 39, 49, 52, 79, 81, 94-95,
　　100-102, 116, 132, 142, 148
우파니샤드
　마이트리 73
　슈베타슈바타라 159
　카타 47
　케나 166
　'베단타'를 보라.
우파만유 144
웃음 186
원인의 몸 171-172

'네 가지 몸'을 보라.
위대한 존재들 103, 135, 213, 248
　'성자'를 보라.
은총 25, 59, 199, 236
　구루의 103, 114, 124, 125, 170, 197,
　　　　200, 202, 205, 212, 218, 219,
　　　　222, 226, 241
　명상과 117, 185
　…의 유지 125, 126
의식 23, 29-30
　마음과 77, 94-96
　마트리카 샥티와 80
　명상과 170, 173-175, 176-177, 165
　순수한 '나' 38, 42-44, 51-53, 58,
　　　　78, 79, 141, 249
　칫으로서 20, 54, 100-104
　…과 만트라 133, 136, 137-139,
　　　　147-150
　…으로서 구루 190-192, 194-205,
　　　　215, 224
　…의 목격자 255
　'치타', '참나'를 보라.
이나야트 샤 245
이야기
　개의 뼈 36
　구리 동전 88

나나 아울리아와 지방 관리 214
나스루딘과 당나귀 64
나스루딘과 손전등 71
나스루딘의 고추 33
나스루딘의 봉헌 247
나스루딘이 구루가 되다 198
나스루딘이 열쇠를 찾지 못하다 68
라마누자와 씨름꾼 117
매춘부와 성자 88
물 위를 걷기 154
벌과 코끼리 42
불라 샤 244
붓다와 음악가 162
비스타미와 데르비시 59-60
사업가가 마음을 잃다 76
사원이 헬스클럽이 되다 252
성자가 신사를 모욕하다 24
소원을 이루어 주는 나무 92
쇠똥 190
수도승과 여신 182
묵타난다가 쉬바 링감을 숭배하다 53
묵타난다가 원자력 발전소를 방문하다
　　　　254
묵타난다와 의사 77
묵타난다의 명상실 106
묵타난다의 친구가 부모님을 비난하다

86
신기료장수의 물 210
아담과 님프 235
악바르, "누가 더 위대한가?" 240
악바르의 기도 자리 180
야그나발키야와 마이트레이 49
엑클라비야의 숭배 121
여러 가지 이름의 포도 237
인간 존재의 가치 24
자나카가 소함을 반복하다 152
자나카의 악몽 26
젖 짜는 여인과 사두 154
제자가 상자를 열다 219-220
지옥에 간 사난드 144
이원성 81, 140
이해
  올바른 69, 84
  잘못된 61, 70, 199, 203, 239
인간의 몸 24, 25
'네 가지 몸'을 보라.
인내 222
인도의 철학자들 20
인류 209, 235, 240, 241
인상 92, 113, 137, 185
일깨움 119, 120
입문 103, 104, 183, 244

만트라 142, 143
'샥티파트'를 보라.
자각
  명상과 39, 61, 148, 149, 153, 164
  일원성의 81
  참나의 51, 55, 58, 166, 171, 177, 189, 191, 192, 193
  쿤달리니, 일깨움과 67, 102, 109
자기 통제 109, 199, 222
자나카 왕 26, 29, 151, 152, 213
자만 69, 155
자세 108, 168-169
'아사나'를 보라.
자아 69, 126, 166, 192, 221
자유 22, 100, 110, 207-208
잘라루딘 루미 237
절대자 51, 99, 103, 158, 166, 226
정화
  마음의 47, 78, 84, 253
  만트라와 143-146, 156, 192
  명상을 통한 39, 56, 108, 112-116, 124, 136, 176, 179
제자
  거짓 199-200
  …의 성품 24, 61-62, 65, 71, 102-105, 138, 189, 218-220

'태도', '구루'를 보라.
존 우드로페 경 200
존중 90, 235, 243
종교
   기독교 236
   이슬람교 236
   진정한 52, 78, 243-244, 251-255
   …의 잘못된 이해 237-239, 244-247
   …의 정의 52, 238
종교 의식 78, 90, 133, 144, 161, 247
죄 89, 91, 94, 145, 156, 164, 184, 191, 204, 246
죽음 44, 89, 95, 174
중심을 잡는 기법 171
   '다라나'를 보라.
즐거움 31, 35-37, 40, 49, 55, 57, 59, 75, 81, 110, 172, 195, 201
   '고통과 즐거움'을 보라.
지반 묵타 175
지성 58, 71, 85, 109, 166, 191, 223
   …과 참나 56, 166, 203
   '마음'을 보라.
지식
   구루의 121, 203, 221, 244
   제한된 63, 81
   진정한 99, 190, 194, 201, 253, 254

참나의 39, 52, 59, 61, 62, 99, 108
쿤달리니와 113
…과 만트라 131
'이해'를 보라.
진리
   만트라와 148-149, 158, 186
   명상과 30, 164, 192, 199, 202
   …와의 동일시 22, 188, 192
집중 102-103, 141, 148-152, 161-163, 167-171
   '묵상'을 보라.
집착과 거부 192, 244
차크라 112
   가슴 중심 115
   물라다라 101
   '사하스라라'를 보라.
찬송 102, 109
   …의 힘 155-158
참나 47-72
   명상과 44-45, 49, 62, 72, 159, 163, 170, 189
   의식으로서의 44
   …를 아는 것의 중요성 23-24, 30, 35
   …속으로의 몰입 38
   …와 구루 197, 200, 207, 208, 216
   …와 마음 73, 75-77

…와 만트라 82, 136, 138-143, 149
　…와 신 26, 52, 59
　…와 희열 혹은 기쁨 39
　…의 경험 39, 42, 99-102
　…의 본성 51-52, 54-56, 57-58
　…의 종교 233-255
창조 20, 50, 68, 79, 80, 91, 94, 100-
　　101, 107, 111, 132, 138, 141, 199
천국과 지옥 115
초원인의 몸 171
　'네 가지 몸'을 보라.
치유 40, 82, 83, 84, 85, 124, 125
　'정화'를 보라.
치티 79-80
　'쿤달리니', '샥티'를 보라.
칫 54-55, 111, 193
　'의식'을 보라.
카르마 109, 113, 184, 185, 194
카비르 17, 24, 44, 195
카티야야니 49, 50
케쉬미르 쉐이비즘
　구루에 관한 199
　만트라에 관한 135
　참나 혹은 신에 관한 54
쿤달리니
　…에 대한 믿음 97, 110-111, 173

　…와 만트라 132, 148
　…의 일깨움 82, 102-104, 107-109,
　　170
　…의 정의 38, 99, 100, 101
　…의 펼쳐짐 101, 111-127
　'샨티'를 보라.
크리슈나 56, 58, 133, 157, 226, 238,
　　241, 242, 253
　'바가바드 기타'를 보라.
크리야 108
탄생
　인간 탄생의 가치 24
태도 84, 123, 155, 218, 222
투카람 마하라지 116, 133, 156-157,
　　205, 242
툴시다스 134
파라바니 140, 142
　'말의 수준'을 보라.
파라쉬바 200
파슈얀티 56, 140, 141, 142, 162
　'말의 수준'을 보라.
파탄잘리 마하리쉬 83
판차다시 184
판차크샤리 143
평등 225, 243, 251
포기 70, 193, 195, 210

300　당신은 어디로 가고 있는가?

푸른 존재 173
푸른 진주 42, 116, 117, 173
프라나 111, 147
  만트라와 136, 147, 169
  아파나와 112, 113, 148
  프라나야마 161, 169-170, 189
  '호흡'을 보라.
프라사드 221
프라카샤 57-58
프라티야비갸나흐리다얌 79, 100, 102, 111
  '케쉬미르 쉐이비즘'을 보라.
프랄라드 92
하타 요가 38, 108, 189
  '아사나'를 보라.
함사 147 '소함'을 보라.
합쳐짐 38 '참나'를 보라.
해방 73, 110, 126
  만트라 반복과 82, 133, 136
행복 22, 31-32, 36, 39, 40, 113
  마음과 56, 73, 75, 78
  …의 추구 37, 92, 103, 177
헌신 88, 123, 125, 154, 173, 250, 251
  '사랑'을 보라.
현자들
  나라다 154

바시슈타 57, 213
사난드 144-145
샹카라차리야 51, 194
수카 213
아슈타바크라 28-29, 151-152
야그나발키야 49-50
우파만유 144
자나카 왕 26, 29, 151-152, 213
파탄잘리 83
호흡
  소함과 147, 148, 150, 151, 153
  프라나야마 131, 145, 169, 170
  …기법들 102, 108, 112, 195
  '프라나'를 보라.
화 83, 113, 192
  '부정성'을 보라.
환영 94, 106, 109, 136, 165-166, 176-177, 185-187, 235, 240
희열
  만트라와 133, 141, 156, 157, 170
  지고의 23, 37, 42, 54, 55, 56, 59, 96, 174, 175, 177, 195, 204
  쿤달리니와 106, 109, 111, 115, 116

스와미 묵타난다

스와미 묵나탄다
그리고 시다 요가 스승들의 계보

스와미 묵타난다는 1908년 남인도 망갈로르 시 근교에서 부유한 지주의 아들로 태어났다. 열다섯 살 무렵에는 나중에 자신의 영적 스승으로 모시게 될 위대한 성자인 바가완 니티아난다와 우연히 여러 번 만났다. 이 만남들은 소년에게 전환점이 되었다. 얼마 후 그는 신을 직접 체험하기 위하여 집을 떠나기로 결심하였다. 이렇게 시작된 여행은 거의 25년 동안 이어졌고, 그는 결국 인도 전역을 세 차례에 걸쳐 여행하게 되었다. 그가 만난 첫 번째 스승은 시다루다 스와미였다. 그는 당시에 유명한 학자이자 성자들 가운데 한 명이었으며, 묵타난다의 집에서 북쪽으로 200마일쯤 떨어진 후블리에 있는 아쉬람에 살고 있었

바가완 니티아난다

스와미 묵타난다의 구루

다. 거기에서 그는 베단타를 배웠고 산야사 즉 수도승의 서약을 했으며, '해방의 희열'이라는 뜻의 스와미 묵타난다라는 이름을 받았다.

1929년에 시다루다 스와미가 세상을 떠나자, 스와미 묵타난다는 이런저런 아쉬람들을 찾아다니며 60명 이상의 영적 스승들을 만났고 그들로부터 배움을 받았다. 그러는 중에도 그는 신을 경험하게 해 줄 사람을 늘 찾고 있었다. 그는 18년간을 찾아다녔다. 그러는 동안에 그는 인도의 주요 경전들에 정통하게 되었고, 하타 요가에서 요리하는 법과 아유르베다 치료약들에 이르기까지 다방면의 기술들을 습득하고 수련을 쌓았다. 그러나 여전히 자신이 찾고 있던 것을 발견하지 못하였다.

마침내 그가 만난 성자들 가운데 한 명이 그를 전에 여러 번 만난 적이 있던 시다 마스터 즉 완벽한 영적 스승인 바가완 니티아난다에게로 보냈다. 바가완 니티아난다는 그 당시에 뭄바이에서 북동쪽으로 50마일 떨어진 곳에 있는 가네쉬푸리라는 작은 마을에 살고 있었다. 바가완 니티아난다가 바로 자신이 오랫동안 찾고 있었던 구루임을 알아본 스와미 묵타난다는 나중에 말하기를, 이 만남이 "나의 오랜 방랑에 영원히 종지부를 찍게 만들었다."고 회고했다. 그는 바가완 니티아난다로부터 내면의 영적 에너지를 일깨우는 시다들의 신성한 입문인 샥티파트를 받았다. 쿤달리니로도 알려져 있는 이 에너지는 각 인간 존재의 내면에 있는 신성한 에너지이다. 일단 일깨워진 그것은 구

구루마이 치드빌라사난다

도자로 하여금 내적 경험의 가장 미묘한 수준들에 도달할 수 있게 한다.

그의 입문을 받고서 스와미 묵타난다는 그의 구루가 보여 준 영적인 길에 헌신하는 제자가 되었다. 이것은 9년에 걸친 격심한 변형의 시작이었다. 그 기간에 묵타난다는 전체적인 정화의 과정을 거쳤고, 의식의 내적 영역들을 탐구했으며, 마침내 자신의 가장 안쪽에 있는 본성의 충만함과 희열을 한결같이 경험하게 되었다. 1956년에 바가완 니티아난다는 이 제자의 내면 여행이 끝났다고 선언하였다. 스와미 묵타난다는 신과의 합일의 경험, 참나 깨달음을 얻은 것이다.

스와미 묵타난다는 제자로서의 목표를 성취한 후에도 헌신적인 제자로 머물면서 가네쉬푸리 근처에서 조용히 살았다. 바가완 니티아난다는 자신의 아쉬람 가까이에 그를 위해 작은 아쉬람을 지어 주었고, 구루와 제자는 서로 1마일도 채 떨어지지 않은 곳에서 5년 동안 살았다. 그 뒤 1961년, 바가완 니티아난다는 세상을 떠나기 바로 직전에 시다 마스터들의 은총을 주는 힘을 스와미 묵타난다에게 전수하였으며, 다른 사람들을 영적으로 일깨울 수 있는 능력을 주었다. 그날 바가완 니티아난다는 그에게 "온 세상이 그대를 보게 될 것이다."라고 말하였다.

스와미 묵타난다로 세상에 알려지게 된 바바는 그 이후 수십 년 동안 세상을 여행하였으며, 자신이 받았던 것과 같은 샥티파트 입문을 다른 사람들에게 전하였고, 구도자들에게 시다 마스터들의 자연스러운 요가를 소개하였다. 그는 자신의 구루에게 받은 은총을 자유롭게 전수하였고, 수많은 사람들에게 자신이 시다 요가의 '왕도'라고 부른 것, 즉 신에게 이르는 넓고도 쉬운 길을 열어 주었다. 명상에 대하여 전혀 들어 보지 못한 사람들도 바바의 현존에서는 삶에 새로운 초점과 의미를 주는 내면의 고요함에 들어가게 되었다. 그는 수많은 집단들에게 샥티파트 입문을 주는 프로그램을 도입하였으며, 사람들에게 그들의 내면에서 펼쳐지는 변형의 진행 과정을 변함없는 열정으로 설명하였다. 바바가 세계적으로 유명해짐에 따라, 그의 아쉬람(지금은 '구루데바 시다 피트'로 알려져 있다)은 방문하는 구도자들을 수용하기 위해 확장되었으며, 곧 다른 아쉬람들과 수백 개의 시다 요가 명상 센터들이 세계 도처에 설립되었다.

1982년, 세상을 떠나기 직전에 스와미 묵타난다는 그의 후계자로 스와미 치드빌라사난다를 지명하였다. 어린 시절부터 그의 제자였던 그녀는 1973년부터 그와 함께 여행을 했고, 그의 저작물과 강연들, 헌신자들과 나눈 비공식적인 대화들을 영어로 번역하였다. 어린 시절부터 신에 대한 큰 갈망을 지닌 성숙한 영적 구도자였던 그녀는 모범적인 제자가 되었다. 스와미 묵타난다는 그녀의 사다나를 세심하게 인도했으며, 그녀가 자신의 뒤를 잇는 구루가 되도록 주의 깊게 준비시켰다. 1982년 5월 초순에 치드빌라사난다는 공식적으로 수도승의 서약을 하였고, 그 후 같은 달에 스와미 묵타난다는 자신의 구루가 전해 준 것과 같은 영적 유산인 시다 계보의 힘과 권위를 그녀에게 전하였다. 이후 구루마이로 널리 알려진 그녀는 점점 더 증가하는 구도자들에게 샥티파트를 주고 시다 요가 명상을 가르쳐 왔으며, 그들에게 다음과 같은 스와미 묵타난다의 가르침을 전하고 있다.

그대의 참나를 명상하라.
그대의 참나를 존중하라.
그대의 참나를 숭배하라.
그대의 참나를 이해하라.
신은 그대로서 그대 안에 거주하고 계신다.

더 읽을거리

스와미 묵타난다의 저서
Play of Consciousness: A Spiritual Autobiography
From the Finite to the Infinite
I Have Become Alive
The Perfect Relationship
Reflections of the Self
Secret of the Siddhas
I Am That
Kundalini
Mystery of the Mind
Does Death Really Exist?
Light on the Path
Mukteshwari
Bhagawan Nityananda of Ganeshpuri
명상(Meditate)
Nothing Exists That Is Not Shiva

구루마이 치드빌라사난다의 저서
My Lord Loves a Pure Heart
Kindle My Heart
Pulsation of Love
Courage and Contentment
The Yoga of Discipline
Smile, Smile, Smile!
Enthusiasm
Inner Treasures
The Magic of the Heart
Remembrance

시다 요가 명상의 가르침과 수행을 더 배우고 싶다면
아래의 주소로 연락하기 바랍니다.

SYDA Foundation
371 Brickman Road, P.O. Box 600,
South Fallsburg, NY 12779-0600, USA
(845) 434-2000

혹은

Gurudev Siddha Peeth
P.O. Ganeshpuri
PIN 401 206
District Thana
Maharashtra, India

스와미 묵타난다와 스와미 치드빌라사난다의 저작물에 대한 정보를 더 원한다면 아래의 주소로 연락하기 바랍니다.

Siddha Yoga Bookstore
371 Brickman Road, P.O. Box 600,
South Fallsburg, NY 12779-0600, USA
Toll Free (USA and Canada) 1-888-422-3339
All Other Countries 1-845-434-2000, ext. 1700

홈페이지: www.siddhayoga.org

당신은 어디로 가고 있는가?

지은이 스와미 묵타난다
옮긴이 김병채
초판 1쇄 발행일 2006년 8월 2일
초판 2쇄 발행일 2019년 6월 20일

펴낸이 황정선
출판등록 2003년 7월 7일 제62호
펴낸곳 슈리 크리슈나다스 아쉬람
주소 경남 창원시 의창구 북면 신리길35번길 12-9
대표 전화 (055) 299-1399
팩시밀리 (055) 299-1373
전자우편 krishnadass@hanmail.net
홈페이지 www.krishnadass.com

ISBN 89-91596-09-6 03270
Printed in Korea